MICHAEL COLLINS PIPER

EL IMPERIO ROTHSCHILD
LA NUEVA BABILONIA DE LOS QUE REINAN SUPREMOS

Los fariseos modernos y los orígenes históricos, religiosos y económicos del Nuevo Orden Mundial

*Ø*MNIA**V**ERITAS®

MICHAEL COLLINS PIPER

Michael Collins Piper fue un escritor político y presentador de radio estadounidense. Nació en 1960 en Pensilvania, Estados Unidos. Fue colaborador habitual de *The Spotlight* y su sucesor, *American Free Press*, periódicos apoyados por Willis Carto. Falleció en 2015 en Coeur d'Alene, Idaho, Estados Unidos.

El imperio Rothschild – La nueva Babilonia de los que reinan supremos
*Los fariseos modernos y los orígenes históricos,
religiosos y económicos del Nuevo Orden Mundial*

The New Babylon – Those who reign supreme
*The Rothschild Empire: The Modern-Day Pharisees and the Historical,
Religious and Economic Origins of The New World Order*

Primera edición en Estados Unidos: junio de 2009 American Free Press

Traducido y publicado por
Omnia Veritas Limited

⊘MNIA VERITAS.
www.omnia-veritas.com

ÍNDICE

Los parásitos nómadas se trasladarán de Londres a Manhattan. Y esto se presentará bajo el camuflaje de eslóganes nacionales. Se presentará como una victoria americana. No será una victoria americana.

Hasta que no sepamos quién prestó qué a quién, no sabremos nada de política, no sabremos nada de historia, no sabremos nada de disputas internacionales.

- Ezra Pound

Sobre la portada: Esta obra clásica de 1926 del artista alemán George Grosz (1893-1959), titulada "Eclipse de sol", representa la corrupción de la República de Weimar, descrita por el escritor Ian Baruma como presa de "magnates autocráticos de los medios de comunicación, generales descontentos, élites estrechas de miras, reaccionarios fundamentalistas y conspiradores ultranacionalistas".

Esta imagen -y la evaluación de Baruma sobre Weimar- refleja con bastante exactitud la corrupción desenfrenada de la élite del Nuevo Orden Mundial, los Nuevos Fariseos, que operan dentro de la esfera del Imperio Rothschild en la actualidad. Sin embargo, discrepamos con el término "conspiradores ultranacionalistas" porque, por supuesto, no hay nada nacionalista en la aristocracia judía global; al contrario, son altamente internacionalistas, trabajando para realizar el viejo sueño talmúdico de la utopía judía. Estos belicistas, estos reyes de las finanzas, todos los depredadores plutocráticos, deben y tienen que ser detenidos en seco y tratados como los parásitos que son. Este libro, *La nueva Babilonia*, traza su sórdida historia.

FRANCOIS GENOUD
(1915-1996)

DEDICACIÓN

Al Gran Estratega de la Resistencia Global y la Lucha contra el
Nuevo Orden Mundial

FRANCOIS GENOUD - "JEQUE" FRANÇOIS

A poca gente le suena el nombre de "François Genoud". Sin embargo, durante unos sesenta años, este banquero, editor y geopolítico suizo -descrito en una ocasión como "el hombre más misterioso de Europa"- fue el estratega por excelencia -aunque en la sombra- que trabajó por la cooperación global entre los nacionalistas del mundo que trataban de desbancar el implacable impulso del imperio Rothschild por establecer un nuevo orden imperial mundial, ese viejo sueño energizado por las infernales enseñanzas del Talmud babilónico.

En los últimos días de la Segunda Guerra Mundial y posteriormente, Genoud contribuyó decisivamente a la huida de refugiados europeos anticomunistas cuyo único delito era defender a sus naciones de las fuerzas comunistas y judaicas sedientas de venganza que invadían el continente.

Puede que haya miles de personas que vivan hoy en el planeta y deban su existencia a que Genoud salvó a sus antepasados de la tortura y la ejecución bajo la justicia de los vencedores.

Ya en 1936, el joven Genoud forjó lo que se convirtió en una amistad y una relación de trabajo para toda la vida con el Gran Muftí de Jerusalén, el líder espiritual de los musulmanes de Palestina que -junto con sus hermanos cristianos- acabaron sufriendo la gran catástrofe de 1948 conocida como la Nakba, el robo de su patria, expulsados de sus hogares ancestrales a punta de pistola hacia el exilio, muchos de ellos en míseros pozos negros al aire libre -llamados "campos de refugiados"- en los que tantos de sus descendientes aún languidecen.

En 1958, Genoud fundó el Banque Commerciale Arabe en Ginebra, desde el que gestionó las finanzas de las fuerzas nacionalistas del mundo árabe que pretendían liberarse de las empresas imperiales dominadas por el imperio Rothschild. Genoud desempeñó un papel fundamental a la hora de facilitar el advenimiento de la República Árabe independiente de Argelia.

En los años siguientes, Genoud, ferviente partidario de la causa palestina, trabajó con los fundadores cristianos del famoso Frente Popular para la Liberación de Palestina, George Habash y el Dr. Waddi Haddad, quien apodaba cariñosamente a su colega suizo "Sheik François". Ni que decir tiene que Genoud fue uno de los principales mecenas de la Organización para la Liberación de Palestina.

Junto con otros amigos -como el nacionalista estadounidense Willis Carto y el ex general alemán Otto Remer- Genoud también trató de promover la causa de la verdad histórica -en particular la que rodea a los acontecimientos de la Segunda Guerra Mundial- para que coincidiera con los hechos. Junto con otro antiguo colaborador, el franco abogado francés Jacques Verges, el dinámico Genoud siguió siendo una fuerza en la lucha contra el imperialismo sionista mundial hasta el final de su notable carrera.

¡Qué hombre, Jeque François!

- MICHAEL COLLINS PIPER

Arriba, los cinco hermanos Rothschild repartidos por su padre, Meyer Amschel (recuadro), en las capitales financieras de Europa: Londres, Fráncfort, París, Nápoles y Viena. Siguiendo la inspiración de su padre, cuya mentalidad, según un admirado biógrafo, era la de ser un hombre de negocios, los hermanos Rothschild emprendieron sus propias aventuras. Guiados por los principios del Talmud, los cinco hermanos forjaron una notable red financiera que estableció el imperio mundial de los Rothschild.

Puede que sea posible separar los intereses judíos de los israelíes, pero el truco aún no está hecho. Lo que afecta a Israel afecta al judaísmo mundial, y viceversa. Los puristas y los teóricos pueden debatir la separación de Iglesia y Estado, judíos e israelíes, judaísmo y sionismo, pero en el mundo real el vínculo es fuerte, rápido y aparentemente indivisible.

- Gerald Krefetz, autor estadounidense de origen judío en *Los judíos y el dinero: mitos y realidad*

Hay que reconocer, como rara vez ocurre en la historia judía, que [los] resentimientos expresados y las acusaciones vertidas contra los judíos no eran calumnias totalmente ficticias ni estereotipos maliciosamente revividos y activados, simplemente difundidos por paranoicos propagadores del odio a partir del bagaje del pasado antisemita premoderno. Había suficiente verdad empírica en estas imágenes negativas, exageradas y sobregeneradas para darles fuerza persuasiva.

- Dr. Norman Cantor *La cadena sagrada: la historia de los judíos*

Cuando hablamos de la religión judía, sólo pensamos en la Biblia, en la religión de Moisés. Esto es una ilusión; los judíos de la Edad Media eran talmudistas; no todos han dejado de serlo. Incluso hoy en día, el Talmud tiene más autoridad que la Biblia. *Los Archivos israelitas* reconocen la autoridad absoluta del Talmud sobre la Biblia y el *Universo israelita* dice: "Durante 2000 años, el Talmud ha sido y sigue siendo objeto de veneración para los israelitas, para quienes es el código religioso".

-Viscount Léon de Poncins, *Los poderes secretos detrás de la revolución*

Meyer Rothschild era un ferviente creyente del Talmud y lo eligió como único principio rector de todas sus acciones.

-S. J. Cohen

La vida ejemplar del inmortal banquero M. Meyer Amschel Rothschild

Este extraño cuadro de 1849 (izquierda), que representa una ceremonia religiosa judía en el palacio londinense de la dinastía Rothschild, fue de hecho encargado por la propia familia, lo que demuestra su inquebrantable lealtad a los principios de su fe. No es de extrañar, pues, que esta dinastía, la más rica del mundo, se haya convertido en "la" familia real de la comunidad judía internacional.

La base de su inmensa riqueza siguió siendo la base de los asuntos judíos mundiales.

Abajo, un rabino enseña a un estudiante la filosofía del Talmud, fundamento indiscutible de la religión judía. Es en el Talmud donde se encuentra el origen de lo que hoy suele denominarse "Nuevo Orden Mundial".

EL PROPÓSITO DE ESTE LIBRO ...

Aunque hoy en día se habla mucho de un concepto conocido como "Nuevo Orden Mundial", lo patético es que la mayoría de los que hablan del Nuevo Orden Mundial se niegan -y se niegan categóricamente- a abordar sus verdaderos orígenes, su verdadera naturaleza.

A lo largo de los años se han publicado muchos documentos para explicar qué es el Nuevo Orden Mundial, y el objetivo de este volumen es asimilar y reunir aquellos documentos que describen correctamente el Nuevo Orden Mundial y la filosofía en la que se basa.

Hoy circula una extraordinaria cantidad de desinformación y desinformación deliberada sobre el Nuevo Orden Mundial, gran parte de ella en la cada vez más influyente Internet.

Por desgracia, gran parte de este material totalmente engañoso es promulgado por autoproclamados "patriotas" que ignoran o suprimen la incómoda, fría y dura verdad de que los orígenes del Nuevo Orden Mundial se encuentran en la serie de comentarios religiosos judíos conocidos como el Talmud, una obra ocultista a menudo vil que es la base del pensamiento religioso judío de hoy, al igual que lo fue cuando apareció por primera vez durante el "cautiverio" judío en Babilonia.

La conquista del mundo es el objetivo final. Nuestra América, la sangre de sus jóvenes y nuestro tesoro nacional están siendo utilizados para avanzar en esta agenda a través de guerras imperiales que han marcado el comienzo de una era en la que la humanidad podría enfrentarse a un holocausto nuclear.

Nuestro objetivo aquí es definir los fundamentos filosóficos del Nuevo Orden Mundial tal y como ha sido instituido y tal y como a quienes lo desean les gustaría que se estableciera.

Los orígenes del Nuevo Orden Mundial son inequívocamente claros, y las fuerzas que lo respaldan son fácilmente visibles. Sus partidarios tienen caras y nombres muy reales. Estos fariseos modernos no se esconden detrás de entidades oscuras e imposibles de precisar como los "Illuminati" o un "culto alemán de la muerte", como algunos nos quieren hacer creer.

Las fuerzas del Nuevo Orden Mundial se han unido en torno al imperio internacional de la dinastía Rothschild, cuyos tentáculos se extienden ahora hasta los niveles más altos del sistema estadounidense. El Nuevo Orden Mundial es real y de eso se trata. Estoy personalmente en deuda con todos aquellos que me han precedido en la exploración de este inquietante tema en términos claros. Espero haber hecho justicia a su trabajo.

[Los judíos] vieron al pueblo viviendo en seguridad, tranquilo y desprevenido, sin que le faltara nada en toda la tierra y poseyendo riquezas.

Levantaos [dicen los judíos] y vayamos a su encuentro, pues hemos visto la tierra y es una tierra fértil.

No tardéis en tomar posesión de la tierra, pues es un pueblo desprevenido. La tierra es inmensa, sí, y Dios la ha puesto en nuestras manos; no falta de nada en la tierra.

-Jueces 18:7-18:10

Aunque los judíos han aprendido a parecer, hablar y vestir como los demás estadounidenses, no están totalmente asimilados, ni en sus propias mentes ni a los ojos de sus vecinos...

Para colmo, los judíos suelen considerarse, en secreto o no, moral e intelectualmente superiores a sus vecinos... De hecho, los judíos son unos intrusos de gran éxito que a veces tienen la osadía de burlarse de ello.

- El profesor Benjamin Ginsberg, judío estadounidense, escribe en
El abrazo fatal: los judíos y el Estado

Esta obra de arte del siglo XV ilustra la incineración pública del Talmud judío en Albi, Francia, en 1207. Domingo, fundador de la Orden de Predicadores (más tarde llamada Orden de Dominicos), dirigió el asunto. Más tarde, la Iglesia Católica Romana lo elevó a la categoría de santo. La revelación de los desvaríos y enseñanzas odiosas y anticristianas del Talmud despertó un profundo disgusto entre los cristianos de Europa y dio origen a lo que suele denominarse "antisemitismo".

Es importante señalar que el Talmud no ha sido modificado ni un ápice por quienes siguen sus enseñanzas desde la época en que fue quemado por cristianos indignados.

ESA ES NUESTRA TESIS ...

Para entender lo que está ocurriendo en nuestro mundo actual, primero debemos reconocer que existe un problema. Mucha gente no lo reconoce. Sin embargo, identificar el origen del problema se convierte en un problema en sí mismo, ya que los medios de comunicación y las universidades (en los que buscamos conocimiento) están controlados por las fuerzas que constituyen el problema. Además, nos enfrentamos al triste hecho de que incluso muchas de las buenas personas que intentan llamar la atención sobre el problema no comprenden el panorama general.

Aunque muchas personas son conscientes del llamado "Nuevo Orden Mundial" y comprenden que las fuerzas financieras depredadoras están trabajando para llevarlo a cabo, muchas menos entienden las enseñanzas extrañas y místicas que sustentan la base filosófica del Nuevo Orden Mundial.

Y aunque algunos reconocen que la familia bancaria Rothschild desempeña un papel clave en la creación de un nuevo orden mundial, sigue habiendo mucha desinformación y desinformación deliberada sobre esta dinastía. Muchos insisten en que los Rothschild son "sólo una parte" del problema, que "los Rothschild no representan a todos los judíos" y que "los Rothschild ni siquiera son judíos de verdad". Pero hablaremos de ello más adelante.

La verdad es que se podría compilar toda una enciclopedia sobre la dinastía Rothschild y su impacto en el curso de la historia, su manipulación de prácticamente todas las naciones del planeta, su explotación parasitaria de las finanzas y la industria, su perniciosa influencia en los medios de comunicación, las universidades y otros medios de moldear la opinión pública durante más de 200 años.

El objetivo de este libro no es presentar una historia más de los Rothschild. Se han escrito muchos libros sobre este tema, en los que se describen las intrigas de esta dinastía, sus relaciones con la realeza y la aristocracia europeas, los asombrosos relatos sobre la inmensa riqueza de la familia, sus elegantes palacios y notables colecciones de arte y literatura, y su extraordinaria influencia mundial.

La familia Rothschild es el "rey de reyes", aunque sólo sea por su inmensa riqueza. Y son, sin duda, la familia real de los judíos. Así que no es casualidad que el 2 de enero de 2009, Moses L. Pava, un profesor judío de ética empresarial, admitiera cándidamente en el periódico judío *Forward* que:

"Nuestras comunidades judías, que antaño honraban a rabinos y eruditos, ahora honran casi exclusivamente a quienes tienen las mayores cuentas bancarias. Y los que tienen las mayores cuentas bancarias son los Rothschild".

Aunque en las páginas de *La Nueva Babilonia* nos centramos en la dinastía Rothschild, tenemos que decir de entrada que si no hubiera un solo Rothschild vivo hoy en día, el nombre "Rothschild" seguiría simbolizando una fuerza particular, un fenómeno que se extiende mucho más allá de una sola familia.

Pero para entender el concepto de lo que comúnmente se denomina "el nuevo orden mundial" -la idea de un gobierno "único" o "global"- debemos reconocer estos factores esenciales:

- QUE los orígenes de este gran proyecto, el Nuevo Orden Mundial, se pueden encontrar (sin sombra de duda) en las antiguas enseñanzas del Talmud judío;

- QUE, en última instancia, el Nuevo Orden Mundial es la realización del sueño talmúdico de lo que se ha llamado la "Utopía Judía", es decir, un Imperio Judío global, la dominación del planeta por la élite judía;

- El surgimiento del movimiento sionista dedicado a la creación de un Estado judío -el Estado de Israel- como entidad geográfica y política fue parte integrante del proyecto del Nuevo Orden Mundial, fundamento filosófico del Imperio judío;

- QUE el auge de las finanzas judías internacionales y la consiguiente aparición de la dinastía Rothschild como principal influencia en este campo constituyen el núcleo del programa para hacer avanzar el Nuevo Orden Mundial;

- QUE la consolidación del poder de los Rothschild sobre el Imperio Británico sentó las bases del Nuevo Orden Mundial;

- QUE los Estados Unidos son hoy -debido a la influencia de los Rothschild en su seno- el motor virtual del poder de los Rothschild, que son "la nueva Babilonia" en la visión judía del mundo, la fuerza a utilizar para instaurar el nuevo orden mundial.

En La Nueva Babilonia, exploramos todo esto y más. Examinamos en detalle a los actores clave -los Nuevos Fariseos- que actúan como satélites de la dinastía Rothschild, particularmente en América, para hacer avanzar la utopía judía.

Queremos subrayar que no estamos sugiriendo que "los Rothschild", "los judíos" o "los sionistas" controlen *por completo* el mecanismo de poder en el mundo actual. Sin embargo, su nivel de influencia es tan grande que, en cierto sentido, pueden considerarse el punto de apoyo sobre el que descansa el equilibrio de poder moderno: cada día, trabajan incansablemente para asegurarse de que, al final, obtendrán el poder absoluto.

Todavía hay fuerzas, incluso a altos niveles, que se resisten a la utopía judía.

Sin embargo, muchos poderes no judíos han llegado a aceptar la influencia judía como una realidad con la que hay que contender. Por lo tanto, estos elementos han capitulado y están permitiendo que su propio deseo de poder dicte su cooperación con el Nuevo Orden Mundial, con la esperanza, suponemos, de ser premiados con algunas migajas cuando la Utopía Judía llegue a existir.

Pero se engañan a sí mismos, pues no comprenden las intenciones filosóficas del Nuevo Orden Mundial tan claramente esbozadas en las enseñanzas judías. En verdad, el ancestral sueño judío de un Nuevo Orden Mundial -expuesto en el Talmud e incluso en el Antiguo Testamento antes que en él- fue, en un sentido definitivo, la fuerza motriz que impulsó el ascenso del Imperio Rothschild.

En este sentido, y no a la ligera, podríamos recordar la vieja pregunta: "¿Qué fue primero? ¿El huevo o la gallina?".

Avancemos ahora y enfrentemos al Nuevo Orden Mundial y lo que es. Y derrotarlo con el conocimiento que tenemos ante nosotros...

Se trata de una reproducción del cuadro de Robert Fleaux de 1851, "Asalto al barrio judío de Venecia", que conmemora un levantamiento de ciudadanos venecianos en el siglo XV contra los mercaderes y prestamistas judíos que habían llegado a dominar los asuntos comerciales y públicos de esa ciudad-estado italiana. Acontecimientos similares tuvieron lugar en toda Europa cuando los ciudadanos descubrieron que sus respectivas economías habían caído en manos de una élite judía cada vez más poderosa e interconectada. Finalmente, hacia finales del siglo XVIII y en los primeros años del XIX, el imperio Rothschild emergió y se estableció como la fuerza líder dentro del poder monetario judío internacional y se convirtió en la fuerza motriz detrás de la red financiera y política que hoy conocemos como el inminente Nuevo Orden Mundial.

Llegarán los años

Pasan los años

Auge y caída de los reinos

Ha llegado el momento de tomar el control

El mundo nos pertenece

- Extracto de una canción popular reciente
titulada "El mundo nos pertenece

Aunque la destrucción del Templo de Jerusalén en el año 70 d.C. por los romanos dirigidos por el gran general Tito fue un acontecimiento decisivo en la historia judía (véase más arriba), el pueblo judío se recuperó rápidamente y, durante los siglos siguientes, extendió su influencia por todo el mundo. El hecho es que, varios cientos de años antes, los judíos, incluso bajo el llamado "cautiverio", habían alcanzado un gran poder en Babilonia. Fue en Babilonia donde se elaboró la filosofía judía de conquista del mundo en la serie colectiva de enseñanzas y debates conocida como el Talmud, que sigue siendo hasta hoy la fuerza motriz del Nuevo Orden Mundial.

PRÓLOGO

América, la "nueva Babilonia"

La serie de libros populares "Left Behind" (Dejados atrás) del evangelista televisivo Tim LaHaye, ampliamente promocionada y superventas, describe "la nueva Babilonia" como una metrópolis resplandeciente construida sobre la antigua ciudad de Babilonia en Irak, conocida en la antigüedad como Mesopotamia.

En la visión de LaHaye de los acontecimientos futuros, Nueva Babilonia se convierte en la sede del poder mundial -medios de comunicación, comercio, gobierno, la base de una única religión mundial- dirigida por el Anticristo: la capital del Nuevo Orden Mundial. Al final, Dios destruye Nueva Babilonia y el Reino de Cristo reina en la Tierra.

Aunque, en opinión de los principales teólogos cristianos, los fundamentos teológicos de LaHaye son, en el mejor de los casos, dudosos, su evaluación contextual de la Nueva Babilonia como centro de un Nuevo Orden Mundial es acertada. Pero hasta ahí llega la exactitud o fiabilidad de LaHaye.

Aunque LaHaye y los de su calaña nos quieren hacer creer que los gobernantes de la Nueva Babilonia son los enemigos del pueblo judío, la verdad es muy diferente. Y mientras la Vieja Babilonia de la historia estaba localizada en lo que ahora es el mundo árabe, descubriremos en las páginas de este volumen que la *Nueva* Babilonia está en un lugar muy diferente y ya está en su lugar.

Los gobernantes de esta nueva y muy real Babilonia son las fuerzas de las finanzas judías internacionales, una élite muy unida que opera dentro de la esfera de influencia de la dinastía Rothschild. Estos son los elementos que trabajan para lograr el Nuevo Orden Mundial - la dominación mundial judía.

No es una coincidencia que la retorcida visión del mundo de LaHaye reciba tanta publicidad en los medios impresos y audiovisuales dominados por los judíos, ya que LaHaye -al igual que una multitud de otros supuestos líderes "cristianos" (incluidos John Hagee y Pat Robertson)- se postra ante el altar del Estado de Israel y de hecho considera al pueblo judío como el Mesías. Estos llamados

Los "líderes" son cabras de Judas que llevan a su rebaño al matadero.

Este punto debe tenerse siempre presente: Babilonia ocupa un lugar central no sólo en la historia judía, sino también en las enseñanzas teológicas judías.

Para entender todo esto, tenemos que remontarnos a un pasado lejano.

El Departamento de Religión y Filosofía de la Universidad británica de Cumbria nos ofrece una visión general de la historia de la estancia de los judíos en Babilonia:

La historia de los judíos en Babilonia comienza con el exilio babilónico, que comenzó en las últimas décadas del siglo VI [a.C.]. En 588-597 [a.C.], Nabucodonosor, rey de Babilonia, sitió las murallas de Jerusalén, devastó la ciudad y ordenó la deportación de gran parte de la población judía a Babilonia. En Babilonia, a los deportados judíos les fue bastante bien. Conservaron su libertad y se les permitió ejercer y desarrollar sus profesiones. Como habían traído consigo sus escrituras sagradas, pudieron conservar su identidad religiosa distintiva en lugar de asimilarse a la población circundante.

Tras la caída del Imperio babilónico a manos del rey persa Ciro en 538 [a.C.], se permitió a los judíos regresar a Palestina.

Mientras que los miles de judíos que regresaron a Palestina encontraron una región completamente devastada por la guerra, a los que permanecieron en Babilonia les siguió yendo bien bajo sus nuevos gobernantes persas.

Los judíos participaban plenamente en la vida económica del Imperio persa, alcanzando en ocasiones altos cargos políticos y, aunque probablemente no tenían un templo como punto central de la vida religiosa, evitaban la tentación de abandonar las creencias judías tradicionales.

Las dificultades surgieron en la segunda década del siglo II de la era común, cuando los judíos se sublevaron en Babilonia en rebelión contra el Imperio Romano.

Tras esta rebelión, estalló otra más grave, dirigida por Simeón Ben Kochba, en 132 [d.C.] a raíz de la decisión del emperador Adriano [117-

138 d.C.] de construir un templo a Júpiter Capitolino en el emplazamiento de las ruinas del segundo templo.

Cuando la rebelión inspirada por Ben Kochba fue aplastada por los romanos en 135 [d.C.], muchos judíos huyeron a Babilonia, revitalizando allí la comunidad judía.

De hecho, como muestran los archivos, fue en Babilonia donde se sentaron las bases del judaísmo tal y como lo conocemos hoy. La Universidad de Cumbria ofrece un resumen del judaísmo babilónico:

> El judaísmo babilónico se adhiere a los principios fundamentales de la fe judía: la creencia en un único Dios Creador; la creencia de que Israel es el pueblo elegido de Dios, del que saldrá el Mesías, o ungido de Dios, para unir al pueblo judío en la tierra de Israel; y la autoridad de la Torá. De la comunidad babilónica nació el Talmud de Babilonia, un comentario sobre la Mishná (colección de leyes rabínicas recopiladas hacia el año 200 [d.C.] por el rabino Judá).

El Talmud de Babilonia se publicó a finales del siglo V. El material talmúdico consta de dos elementos: la Halajá, que trata cuestiones jurídicas y rituales, y la Agadá, que trata cuestiones teológicas y éticas.

Los judíos tradicionales están obligados a observar la Halakha del Talmud de Babilonia.

El hecho de que el Talmud de Babilonia se encuentre en el corazón de la religión judía y haya seguido guiando su filosofía a lo largo de muchos siglos es un punto esencial que sencillamente no se puede negar. Nacido en Finlandia, Dimont llegó a Estados Unidos en 1930 y más tarde sirvió en la inteligencia estadounidense en Europa. En 1962, se publicó su libro *Jews, God & History (Judíos, Dios e historia)*, que recibió una gran acogida popular y fue descrito *por Los Angeles Times* como "indiscutiblemente la mejor historia popular de los judíos escrita en lengua inglesa".

El asombroso libro de Dimont ofrece un estudio provocador y franco del pueblo judío, su historia, su fe y su actitud hacia "el otro", es decir, aquellos a quienes los judíos llaman gentiles o "Goyim", término que, tal como lo entienden los judíos, significa simplemente "ganado". En otras palabras, los no judíos -todos los no judíos de todas las razas, credos y colores- no son más que bestias, animales, seres inferiores.

Judíos, Dios e Historia" de Dimont sigue siendo un testamento estándar y muy querido del triunfo judío a través de los tiempos y sobre lo que se consideran las civilizaciones muertas del pasado goyim, por así decirlo, y las civilizaciones decadentes del presente goyim. Reflexiona sobre la definitiva dominación judía de la tierra y sus pueblos. Hablando del exilio judío en Babilonia, Dimont señala:

> "Muchos libros de historia judía pintan una imagen del exilio babilónico: Muchos libros de historia judía describen el cautiverio judío en Babilonia en términos de tristeza y desolación. Afortunadamente, esta imagen es inexacta. En el siglo VI a.C., Babilonia estaba gobernada por una serie de reyes ilustrados que trataban a sus cautivos con tolerancia."

Los judíos que "lloraron junto a los ríos de Babilonia" eran sólo un puñado de fanáticos; el resto de los judíos se enamoró del país, prosperó y se cultivó.

Las rutas comerciales babilónicas llevaron a los judíos a todos los rincones del mundo conocido, convirtiéndolos en hombres de comercio e intercambio internacional. En las bibliotecas de Babilonia, los judíos encontraron un tesoro mundial de manuscritos. Adquirieron el amor por los libros y el gusto por el saber.

Han adquirido buenos modales, gracia y refinamiento.

El poeta desconocido que, en el Salmo 137, cantó: "Si te olvido, Jerusalén, que mi mano derecha olvide su astucia, si no me acuerdo de ti, que mi lengua se pegue al paladar", puede haber estado expresando un sentimiento común al comienzo del exilio. Si je ne me souviens pas de Toi, que ma langue s'attache au palais", puede haber expresado un sentimiento común al comienzo del exilio, pero ciertamente no uno prevalente 50 años después. Entre tanto, las palabras y el ambiente habían cambiado.

Cuando el trineo de la historia judía dio media vuelta para regresar a Jerusalén, pocos judíos babilonios iban a bordo.

Luego, por supuesto, cuando Ciro ofreció a los judíos el derecho a regresar a Jerusalén, señaló Dimont, "esto despertó emociones y lealtades conflictivas". Según Dimont, los judíos se preguntaban: "¿Por qué volver a Jerusalén? "¿Por qué volver a Jerusalén, donde sólo nos miran a la cara la desolación, la pobreza y el trabajo incesante?

Esta situación, según Dimont, puede compararse a la de los judíos estadounidenses ante la creación del moderno Estado de Israel en 1948. "Al igual que el judío estadounidense de hoy, el judío babilonio decía: 'Soy un buen babilonio [estadounidense], ¿por qué debería irme?

De hecho, como ha señalado el Sr. Dimont:

Los judíos no sólo habían prosperado en el exilio babilónico y se habían vuelto más refinados, sino que también se habían multiplicado. Mientras que al principio del exilio apenas había 125.000 judíos en todo el mundo, en la propia Babilonia había 150.000. Aproximadamente una cuarta parte de ellos decidió aprovechar el edicto [del gobernante persa] y regresar a Jerusalén.

Tras su liberación, la estancia de los judíos en Babilonia, señala Dimont, fue totalmente "voluntaria". Los intelectuales judíos que se quedaron crearon en Babilonia la primera capital cultural de la diáspora judía y, desde allí, empezaron a influir en la vida judía de la lejana Jerusalén.

En su último libro, *Les Juifs indestructibles,* Max Dimont describe la floreciente existencia de los judíos en Babilonia:

> Las rutas comerciales babilónicas guiaron a los judíos aventureros por todo el mundo entonces conocido, transformándolos de "hombres parroquiales" en ciudadanos cosmopolitas. Sus puestos comerciales se convirtieron en centros de prósperas comunidades judías. En las bibliotecas de Babilonia, los intelectuales judíos encontraron un nuevo mundo de ideas frescas. En el espacio de cinco décadas, los judíos exiliados ascendieron a la cima de la sociedad babilónica, en empresas comerciales, en el mundo académico, en los círculos de la corte.

Se convirtieron en líderes empresariales, hombres de letras, consejeros de reyes, pero seguían siendo judíos.

De hecho, como veremos, el estatus de los judíos en Babilonia refleja precisamente el papel de los judíos en América (y en gran parte de Occidente) hoy en día.

En 1937, el periodista Ferdinand Lundberg (que no era judío, por cierto, a pesar de su nombre) causó sensación con su libro *America's Sixty Families,* el primer estudio exhaustivo de la creciente acumulación de una vasta riqueza e influencia por parte de un pequeño grupo de estadounidenses -muchos de ellos familias casadas o unidas por conexiones empresariales- que habían llegado a dominar la república americana. Lundberg escribió:

> Estados Unidos es hoy propiedad y está dominado por una jerarquía de las sesenta familias más ricas, apoyadas por no más de noventa familias menos ricas. Fuera de este círculo plutocrático, hay quizás otras trescientas cincuenta familias, menos definidas en términos de desarrollo y riqueza, pero que representan la mayor parte de los

ingresos de 100.000 dólares o más que no corresponden a los miembros del círculo interior. Estas familias son el centro viviente de la moderna oligarquía industrial que domina los Estados Unidos, operando silenciosamente bajo una forma de gobierno democrática *de jure*, detrás de la cual un gobierno de facto, absolutista y plutocrático en sus líneas, ha ido tomando forma gradualmente desde la Guerra Civil.

Este gobierno de *facto* es, de hecho, el gobierno de Estados Unidos, informal, invisible, oscuro. Es el gobierno del dinero en una democracia del dólar. Bajo sus codiciosos dedos, y en su posesión, las sesenta familias tienen la nación más rica jamás creada en el taller de la historia...

Los grandes terratenientes estadounidenses de hoy superan históricamente a la orgullosa aristocracia que rodeó a Luis XIV, el zar Nicolás, el emperador Guillermo y el emperador Francisco José, y ostentan un poder mucho mayor.

En la época en que Lundberg escribía, había un núcleo sólido de riqueza judía sustancial entre las "sesenta familias" enumeradas. Los tiempos han cambiado, sin embargo, y la riqueza y la influencia judías han aumentado exponencialmente, pero el tema ha seguido siendo en gran medida tabú, entonces como ahora.

Unos 30 años después de la publicación de *America's Sixty Families*, Lundberg ha vuelto con una secuela. Este nuevo volumen, titulado *The Rich and the Super-Rich (Los ricos y los superricos)*, es una panorámica de la situación actual en el mundo, en gran parte secreto, de los superricos en las costas estadounidenses.

En The Rich and the Super-Rich (Los ricos y los superricos), Lundberg hace una valoración bastante interesante de la situación en Estados Unidos a mediados de la década de 1960: La mayoría de los estadounidenses -ciudadanos del país más rico, más poderoso y más ideal del mundo- no poseen, en gran medida, más que sus posesiones domésticas, unos cuantos aparatos relucientes como coches y televisores (normalmente comprados a plazos, a menudo de segunda mano) y la ropa que llevan puesta. Una horda, si no la mayoría, de estadounidenses vive en chabolas, tugurios, casas victorianas de segunda mano, barriadas desvencijadas y bloques de apartamentos desvencijados... Al mismo tiempo, un puñado de estadounidenses están dotados de medios extravagantes, como los príncipes de los cuentos de Las mil y una noches.

Hoy, en el siglo XXI, la élite actual: son príncipes, pero no son árabes. Los medios de comunicación estadounidenses hablan de la riqueza de los jeques árabes, pero la riqueza acumulada por la comunidad judía estadounidense -y la influencia política que conlleva- empequeñece la de estos príncipes árabes.

Aunque se acepta hasta cierto punto que existe un poderoso "lobby israelí" en Washington -a veces incluso denominado "lobby judío" por las personas menos precavidas-, la imagen pública de este lobby es la de uno dedicado exclusivamente a los intereses del Estado de Israel. Los periódicos judíos debaten libremente la cuestión de la influencia de la comunidad judía y su repercusión en la política exterior estadounidense, pero incluso los periódicos y revistas de la llamada "corriente dominante" se interesan a veces por el tema.

Sin embargo, lo que pocos estadounidenses saben, y que la comunidad judía preferiría mantener en secreto, es el creciente peso financiero, cultural y social de la comunidad judía estadounidense. Si hay judíos pobres, lo cierto es que los judíos estadounidenses se están convirtiendo en aspirantes al título de "élite estadounidense", sin excepción.

Los judíos estadounidenses son, en efecto, los equivalentes modernos de los príncipes de los cuentos de Las mil y una noches. Y aunque no constituyan la mayoría, *per se*, de los superricos de la famosa lista "Forbes 400", su riqueza combinada sin duda rivaliza (o muy probablemente supera) la de la élite no judía.

Esta élite judía opera en la esfera directa de la dinastía Rothschild, el coloso financiero con sede primero en Frankfurt, que luego extendió su influencia a Gran Bretaña y a toda Europa, y después a todo el mundo.

Mientras que el Imperio Británico fue inicialmente el mecanismo del alcance imperial de Rothschild, los Estados Unidos - a lo largo de la historia - han surgido ahora como el motor central del poder de Rothschild. Y el poder Rothschild ha sido la culminación del ascenso genérico de las finanzas judías internacionales. La dinastía Rothschild emergió de esta red financiera judía para reinar suprema.

No es un error, ni una frívola elección de palabras, que en *Judíos, Dios e Historia*, Max Dimont se refiera directamente a Estados Unidos, en todo un capítulo que lleva ese título, como "la nueva Babilonia". Explica que "el centro de la vida intelectual judía se ha trasladado del Viejo Mundo al Nuevo, igual que el centro de la vida intelectual judía en tiempos bíblicos se había trasladado de Palestina a Babilonia tras la caída de Judá...". Dimont se preguntaba si se trataba de un parecido superficial con hechos pasados o de una auténtica repetición de la historia. En el siglo VI a.C., los babilonios destruyeron el centro palestino del judaísmo, al igual que en el siglo XX d.C., Hitler destruyó el centro europeo del judaísmo. Pero la idea del judaísmo no murió con estas dos destrucciones.

Cuando la historia presentó a los judíos de Babilonia un pasaporte que les permitía regresar a una Palestina reconstituida, declinaron la invitación, al igual que los judíos estadounidenses declinaron una invitación similar para regresar a un Israel reconstituido . Con su negativa, los judíos de Babilonia crearon la Diáspora. Con su negativa, los judíos estadounidenses perpetuaron la diáspora. En Babilonia, el judaísmo de la diáspora fue ganando lentamente ascendencia intelectual sobre el judaísmo palestino.

En el siglo XX, la historia puso el cetro del judaísmo de la diáspora en las voluntariosas manos de los judíos estadounidenses.

Dimont se preguntó si el judaísmo estadounidense podría "producir una serie de gigantes intelectuales capaces de forjar las ideas necesarias para la supervivencia de la diáspora". Es totalmente posible, argumentó, que Estados Unidos pueda desempeñar el papel de Babilonia para el judaísmo del siglo XXI. "Quizá ya estemos empezando a ver la aparición de un nuevo judaísmo en suelo estadounidense", se preguntó Dimont, "igual que surgió un nuevo judaísmo en suelo babilónico...". Se preguntó Dimont: "¿Será el papel histórico del judaísmo estadounidense el de marcar el comienzo de la fase universalista [del judaísmo]?".

La existencia de una diáspora fue, por tanto, la única condición esencial para la supervivencia de los judíos más allá de la duración normal de una civilización. Si no se hubieran exiliado, si hubieran permanecido en Palestina, probablemente no representarían una fuerza cultural en el mundo actual más que los restos de los caraítas [una secta de judíos que rechazó el Talmud como fundamento del judaísmo].

Hoy, como en el pasado, tenemos tanto un Estado de Israel independiente como la Diáspora. Pero, como en el pasado, el Estado de Israel es hoy una ciudadela del judaísmo, un refugio, el centro del nacionalismo judío donde viven sólo dos millones de los doce millones de judíos que hay en el mundo. La Diáspora, aunque ha atravesado las épocas al capricho de las civilizaciones, sigue siendo el alma universal del judaísmo.

En otras palabras, el Estado de Israel no es el "alma universal" del pueblo judío. El pueblo judío no tiene fronteras. El mundo pertenece a los judíos.

Como decía una canción popular: "Pasarán los años. Los años pasarán. Los reinos se levantan y caen. Ha llegado el momento de tomar el control. El mundo nos pertenece". Esta es la filosofía del Nuevo Orden Mundial.

Así, mientras que en un libro anterior, *La nueva Jerusalén*, planteábamos la cuestión de si Estados Unidos se había convertido en "la nueva Jerusalén" -la capital espiritual del judaísmo sigue siendo esa ciudad de Palestina-, los hechos históricos, religiosos y económicos que exploraremos retrospectivamente en este nuevo volumen sugieren que Estados Unidos puede describirse con mayor precisión, en todos los aspectos críticos, como "la nueva Babilonia".

Thomas Jefferson: El judaísmo es una "religión depravada".

Aunque el querido autor de la Declaración de Independencia, Thomas Jefferson, fue un ferviente defensor de la libertad religiosa en América para los judíos y todos los pueblos, lo que ha sido cuidadosamente censurado en los libros de historia es el hecho absoluto de que Jefferson consideraba claramente la religión judía como absolutamente abominable. En una carta a John Adams del 13 de octubre de 1813, este intelectual muy leído comentó sobre el Talmud y otras enseñanzas judías: "¡Qué miserable depravación de sentimientos y moral debe haber prevalecido para que tales máximas corruptas hayan ganado credibilidad! Es imposible deducir de estos escritos una serie coherente de doctrinas morales".

Describiéndose a sí mismo como "un verdadero cristiano, es decir, un discípulo de las doctrinas de Jesús", Jefferson escribió a William Short (31 de octubre de 1819) que consideraba a Jesús como "el más grande de todos los reformadores de la depravada religión de su propio país", añadiendo en una carta posterior a Short (4 de agosto de 1820) que mientras Cristo predicaba "la filantropía universal, la caridad y la benevolencia", los judíos seguían unas enseñanzas que les inculcaban "el espíritu más antisocial hacia otras naciones". Jefferson escribió que Jesús, como "reformador de las supersticiones de una nación", se encontraba en una posición "siempre peligrosa" al oponerse a los "sacerdotes de la superstición" -los fariseos-, a quienes describió como "una raza sanguinaria... cruel y despiadada como el Ser al que representaban como el Dios de la familia de Abraham, Isaac y Jacob, y el Dios local de Israel". Si viviera hoy, Jefferson estaría luchando contra el Nuevo Orden Mundial: el sueño de un imperio judío global.

La peregrinación del senador John McCain y de su buen amigo judío Joe Lieberman (ambos a la izquierda) a la sede londinense de Lord Jacob Rothschild (a la derecha) simboliza la penetración del imperio Rothschild en las costas estadounidenses. Estos dos políticos estadounidenses figuran hoy entre los principales partidarios del Nuevo Orden Mundial.

PRÓLOGO

Los que reinan: John McCain, otro discípulo estadounidense del imperio Rothschild

Algunos cínicos afirman que la visita del senador John McCain a Londres en la primavera de 2008 para asistir a una recaudación de fondos para su candidatura presidencial, organizada por Lord Jacob Rothschild, del imperio bancario internacional, puede haber sido simplemente un caso en el que McCain acudió directamente a Rothschild para recibir sus órdenes en lugar de que se las transmitiera uno de los muchos sirvientes de Rothschild que se dedican a decir a los políticos de todo el mundo qué hacer, cuándo hacerlo y cómo hacerlo.

Como para subrayar sus lealtades, antes de visitar a Rothschild, McCain viajó a Israel, el Estado de Oriente Medio que cuenta con la familia Rothschild entre sus principales mecenas, hasta el punto de que un Rothschild anterior, Edmond, de la rama parisina de la familia bancaria internacional, aparece ahora honrado en la moneda israelí.

Tal vez no sorprenda que McCain fuera acompañado a la gala Rothschild (y a Israel) por su buen amigo judío y ferviente defensor de Israel, el senador Joseph Lieberman (I-Conn.), que ha apoyado a McCain y ha sido mencionado a menudo como compañero de fórmula vicepresidencial de McCain o probable secretario de Estado en una administración McCain.

Aunque la legislación estadounidense no permitía al patrocinador de McCain, Lord Rothschild (como ciudadano británico), contribuir directamente a la campaña de McCain, se permitió a Rothschild organizar una recepción a gran escala para recaudar fondos para McCain, a la que asistieron estadounidenses londinenses de la esfera de influencia de Rothschild que estaban dispuestos a pagar un mínimo de 1.000 dólares por persona por el privilegio de codearse con el candidato estadounidense, que entonces era claramente el favorito de la familia Rothschild para la nominación del Partido Republicano estadounidense.

Que el imperio Rothschild apoye a McCain no sorprende a quienes conocen su trayectoria.

En primer lugar, McCain es miembro desde hace mucho tiempo del Consejo de Relaciones Exteriores (CFR). El 30 de octubre de 1993, *el Washington Post* describió el CFR como "lo más parecido que tiene Estados Unidos a un establishment gobernante", diciendo que era "la gente que durante más de medio siglo ha dirigido nuestros asuntos internacionales y nuestro complejo militar-industrial", "Lo que el *Post* no dijo, es que el CFR es de hecho sólo una división con sede en Nueva York del Royal Institute of International Affairs, que ha funcionado como el brazo de política exterior de la dinastía Rothschild, durante mucho tiempo el principal impulsor entre bastidores de las empresas imperiales de Gran Bretaña, la fuerza real detrás del llamado Imperio "Británico".

Por lo tanto, aquellos que prefieren hablar del CFR como la fuerza impulsora detrás del Nuevo Orden Mundial - pero evitan mencionar la conexión Rothschild - son, en el mejor de los casos, deshonestos.

Las conexiones entre bastidores de McCain en su estado natal de Arizona son igualmente intrigantes y ponen aún más de relieve por qué los Rothschild están interesados en McCain.

Como ha señalado *American Free Press* -*el primer* y único medio de comunicación que lo ha hecho-, el difunto suegro de McCain, Jim Hensley, era una figura clave en la red de crimen organizado que rodeaba a un tal Kemper Marley, que servía de tapadera en Arizona para la familia Bronfman -jugadores clave de un poderoso sindicato del crimen judío al que a menudo (aunque incorrectamente) se hace referencia como "la Mafia"-, que utilizaba a Marley para controlar los dos principales partidos del Estado.

La familia Bronfman ha sido durante mucho tiempo aliada de los Rothschild como uno de los principales mecenas multimillonarios de Israel y del movimiento sionista mundial, hasta el punto de que Edgar Bronfman, el jefe de la dinastía, fue durante muchos años presidente del Congreso Judío Mundial (CJM), que ahora dirige su hijo Matthew, presidente del consejo del CJM. (En 2000, cuando McCain se presentó por primera vez a las elecciones presidenciales, Edgar Bronfman contribuyó a su campaña. Por aquel entonces, McCain contaba entre sus asesores más cercanos con el omnipresente portavoz de los intereses judíos, William Kristol, de la revista neoconservadora *The Weekly* Standard, decididamente proisraelí, cuyo propietario, el barón de los medios de comunicación Rupert Murdoch, alcanzó la riqueza y el poder gracias al patrocinio de las familias Rothschild y Bronfman.

Cabe señalar que Kristol asistió a las reuniones secretas de Bilderberg, patrocinadas cada año por la familia Rothschild en asociación con sus secuaces estadounidenses, la familia Rockefeller (para una historia completa de Bilderberg por el único periodista que ha viajado por el mundo durante 30 años siguiendo sus actividades, véase *Bilderberg Diary*, de Jim Tucker). La conexión McCain-Bronfman-Rothschild es, por tanto, íntima a múltiples niveles y explica en gran medida la tendencia de McCain a defender febrilmente los intereses israelíes (y judíos).

McCain se declaró "guiado" por los "principios wilsonianos", la filosofía internacionalista según la cual el poder militar estadounidense debe utilizarse para imponer lo que, en última instancia, es el Nuevo Orden Mundial.

El dossier muestra que McCain ha formado parte durante mucho tiempo de un grupo de élite que promueve la acción militar estadounidense para defender a Israel. Según el número del 2 de agosto de 1996 del *Jewish Chronicle*, con sede en Londres, McCain fue miembro de la autodenominada Comisión sobre el Interés Nacional de Estados Unidos, que publicó un informe en el que se clasificaba a Israel como un interés primordial de Estados Unidos, digno de "tesoro y sangre", una conclusión que muchos podrían cuestionar. El informe sitúa la supervivencia de Israel "al mismo nivel que la prevención de ataques nucleares y biológicos contra Estados Unidos como interés vital estadounidense". The *Chronicle* resumió el informe, citando al grupo, con el titular: "Los estadounidenses deberían ir a la guerra para defender a Israel".

En 2006, por sus entusiastas esfuerzos en favor de Israel, el Instituto Judío para Asuntos de Seguridad Nacional (JINSA) concedió a McCain su "Distinguished Service Award", llamado así en memoria del difunto senador Henry M. Jackson (D-Wash.), otro "Goy" que, como McCain, trabajó descaradamente las veinticuatro horas del día para defender los intereses judíos e israelíes mientras servía en el Congreso.

Sin embargo, ser aclamado por JINSA es un dudoso honor, ya que varias personas asociadas a JINSA, incluido su fundador Stephen Bryen, y el amigo íntimo de Bryen, Richard Perle (otro asistente habitual a las mencionadas reuniones del Grupo Bilderberg), así como Paul Wolfowitz (brevemente, y más recientemente, Presidente del Banco Mundial) han sido investigados por el FBI en los últimos años bajo sospecha de espiar para Israel.

En la primavera de 2008, McCain recibió el apoyo oficial y público de la familia real del sionismo internacional, los Rothschild.

Más tarde, como para subrayar el punto, Lynn Forrester de Rothschild, la esposa nacida en Estados Unidos de Evelyn de Rothschild -otro de los Rothschild con sede en Londres- dejó su puesto en el Comité de Política Nacional Demócrata (donde había apoyado las ambiciones presidenciales de Hillary Rodham Clinton) y respaldó a McCain frente al candidato presidencial demócrata Barack Obama.

Irónicamente, en el mismo contexto, el antiguo partidario de McCain (y satélite de los Rothschild) Edgar Bronfman se negó a respaldar a McCain después de que el candidato presidencial republicano eligiera a la controvertida gobernadora de Alaska Sarah Palin como compañera de fórmula. Aunque la Sra. Palin es una ferviente partidaria de Israel, Bronfman encontró a la mujer desagradable y optó por apoyar a Barack Obama.

Pero el hecho es que el propio Obama -a pesar de los rumores que sugieren que no era muy amigo de Israel- siempre ha operado bajo la tutela de poderosos intereses judíos vinculados a Israel y al sindicato judío del crimen organizado, a saber, las familias Crown y Pritzker, con sede en Chicago (más sobre ellas más adelante en estas páginas).

En las elecciones presidenciales de 2008, la dinastía Rothschild y los nuevos fariseos ejercieron un control efectivo sobre los dos candidatos presidenciales de los principales partidos de Estados Unidos.

En cualquier caso, no cabe duda de que los Rothschild son la "familia real de la judería internacional". El escritor israelí Amos Elon, en su libro *Fundador: A Portrait of the First Rothschild and His* Time, publicado en 1996, relata la historia de cierto judío que, cuando le preguntaron por qué los judíos estaban tan orgullosos si no tenían príncipes ni participaban en ningún gobierno, respondió: "No somos príncipes y, sin embargo, somos una familia real: 'No somos príncipes, pero los gobernamos'.

El rabino Joseph Telushkin, destacado árbitro religioso judío moderno y portavoz de las preocupaciones judías, escribió: "Hasta el día de hoy, los Rothschild siguen siendo los aristócratas de la vida judía.... símbolos de la riqueza". (Sorprendentemente, en aras de la exactitud, Telushkin afirmó sin embargo que los Rothschild ya no son la familia más rica entre los judíos, afirmación que la realidad, tal como se describe en las páginas de *La Nueva Babilonia*, sugiere lo contrario).

Y el hecho de que el legado de los Rothschild haya estado siempre consagrado a los principios de su fe judía es un punto que no debe olvidarse. Es esencial para comprender el papel que la familia Rothschild y sus satélites de la banca internacional han desempeñado en la configuración de los asuntos mundiales: su singular búsqueda de un nuevo orden mundial.

En nuestras primeras páginas citábamos a uno de los primeros biógrafos del fundador de la familia Rothschild, Meyer, un biógrafo admirativo, que afirmaba que "Rothschild era un ferviente creyente en el Talmud y lo eligió como único principio rector de todas sus acciones". Este hecho esencial merece ser citado una vez más.

El famoso historiador judío Chaïm Bermant señaló que Meyer Amschel, el fundador de la dinastía Rothschild, fue educado en una escuela rabínica y "apreciaba todas las tradiciones judías". Su esposa, Gittel, era la clásica matriarca judía de leyenda, como atestiguan todos los relatos sobre la familia Rothschild.

A propósito de los Rothschild, el historiador israelí Amos Elon, en su propia biografía del padre fundador de los Rothschild, escribió: "A diferencia de otros judíos asimilados, ellos enfatizaban, incluso alardeaban, de su etnia y religión".

Los Rothschild eran judíos muy religiosos, *muy* religiosos.

Amschel en Frankfurt (hijo de Meyer) conservó sus "viejas costumbres y hábitos hebreos" y se decía que era "el judío más religioso de Frankfurt" e incluso tenía una sinagoga en su propia casa. Los Rothschild no se fían de los conversos del judaísmo al cristianismo. "Es algo malo", dice James Rothschild, "cuando se trata de un apóstata".

Según el reciente estudio de Niall Ferguson (con la ayuda de la familia Rothschild), los Rothschild eran especialmente tenaces en su religiosidad: "Cualquier debilitamiento de la unidad judía les parecía [a los Rothschild] una derrota en un mundo hostil".

Se sabe que los Rothschild persiguieron a un miembro de su propia familia, Hannah, que se casó con un pagano y se convirtió al cristianismo.

Niall Ferguson señaló que Hannah había "cruzado una de las pocas barreras que quedaban entre los Rothschild y la élite social europea, y quizá la única que los propios Rothschild deseaban preservar". No cabe duda, por tanto, de que los Rothschild conservaron una actitud talmúdica y judeocéntrica, a pesar de sus relaciones comunes con las cabezas coronadas y las nobles familias cristianas de Europa.

Esto es tanto más notable cuanto que otras familias de banqueros judíos de Inglaterra se casaron con muchos miembros de familias aristocráticas inglesas. (Dicho sin rodeos: Los judíos conseguían los títulos y el prestigio y los aristócratas ingleses conseguían el dinero de los judíos).

Niall Ferguson señala que hubo una época en la que los Rothschild tenían "un estatus mítico y talismán a los ojos de otros judíos; no sólo los judíos de los reyes, sino los 'reyes de los judíos', ambos exaltados por su riqueza y conscientes de sus propios orígenes humildes".

Ya en 1835 y 1836, incluso el pequeño *Niles* (Ohio) *Weekly Register*, en la nueva nación americana, comentaba que "los Rothschild son las maravillas de la banca moderna...." y añadía, enfáticamente: "Vemos a los descendientes de Judá, después de una persecución de 2.000 años, mirando por encima del hombro a los reyes, elevándose más alto que los emperadores y teniendo todo un continente en sus manos".

Los Rothschild gobiernan un mundo cristiano. Ningún gabinete se mueve sin su consejo. Extienden su mano con igual facilidad de San Petersburgo a Viena, de Viena a París, de París a Londres, de Londres a Washington.

El Barón Rothschild ...es el verdadero Rey de Judá, el príncipe de los cautivos, el Mesías largamente esperado de este pueblo extraordinario. Él tiene las llaves de la paz o de la guerra, de la bendición o de la maldición...

Son los intermediarios y asesores de los reyes de Europa y de los líderes republicanos de América. ¿Qué más podrían desear?

Thomas Duncombe, miembro del Parlamento británico, resumió muy bien el reconocimiento del inmenso poder de esta familia cuando dijo a finales de la década de 1870: "Hay [...] una influencia secreta detrás del trono, cuya forma nunca se ve, cuyo nombre nunca se pronuncia, que tiene acceso a todos los secretos del Estado [...]. Estrechamente ligada a esta persona invisible e incorpórea hay una forma muy sólida y sustancial, un poder nuevo y formidable, hasta ahora desconocido en Europa; dueño de una riqueza sin límites, se jacta de ser el árbitro de la paz y de la guerra, y de que el crédito de las naciones depende de su asentimiento; sus corresponsales son innumerables; sus correos superan a los de los príncipes soberanos y los soberanos absolutos; los ministros del Estado están a su sueldo.

Ocupa un lugar destacado en los gabinetes de la Europa continental y aspira a dominar el nuestro... La existencia de estas influencias secretas es un asunto de dominio público... Creo que su propósito es tan impuro como los medios por los que han adquirido su poder, y los denuncio a ellos y a sus agentes...

Uno de los grandes cruzados contra el imperio Rothschild en el siglo XIX fue un elocuente francés, Edouard Drumont. Una de sus famosas obras se titula *La France Juive*. Hablando del fenomeno del poder judio, el escribio:

> Gracias a su genio como conspiradores y traficantes, han reconstituido un formidable poder monetario, no sólo por el poder innato que posee el dinero, sino también porque los judíos han disminuido o destruido los demás poderes para que sólo el suyo permanezca en pie; porque han modelado, dado forma, a una sociedad en la que el dinero es el verdadero dueño de todo.

Este poder del dinero, como todos los poderes, vela por sus propios intereses y se mueve en la dirección que le parece más rentable.

El reconocimiento de que los Rothschild eran una familia "internacional" en más de un sentido ha pasado a formar parte de la leyenda que rodea a este inmenso imperio monetario. John Reeves escribió *The Rothschilds: The Financial Rulers of* Nations, publicado en 1887, en el que afirmaba sin rodeos:

> "Los Rothschild no pertenecen a ninguna nacionalidad. Son cosmopolitas... No pertenecen a ningún partido. Estaban dispuestos a enriquecerse tanto a costa de sus amigos como de sus enemigos".

El príncipe Hermann Ludwig Heinrich von Pückler-Muskau, famoso noble alemán y autor de numerosos libros, comparó a Rothschild con el Sultán del Imperio Otomano. El Sultán, decía, era el soberano de todos los creyentes, mientras que Rothschild era "el acreedor de todos los soberanos".

El economista alemán Freidrich List dijo que Rothschild era "el orgullo de Israel, el poderoso prestamista y dueño de toda la plata y el oro acuñados y sin acuñar del mundo antiguo, ante cuya hucha se inclinan humildemente reyes y emperadores". En resumen, como señaló el biógrafo de Rothschild, Niall Ferguson, Rothschild era "el rey de reyes". Cabría añadir, sin embargo, que la mayoría de la gente (al menos en Occidente) considera a Jesucristo como el Rey de reyes.

En 1830, el mencionado *Niles* (Ohio) *Weekly Register se* refería a la familia Rothschild como aquellos que reclamarían Tierra Santa para el pueblo judío, presagiando el hecho de que, efectivamente, los Rothschild se convertirían en los principales mecenas del movimiento sionista que condujo a la creación del Estado de Israel en 1948:

> [Los Rothschild] son ricos más allá de todo deseo, tal vez incluso más allá de toda avaricia; y en tal situación es bastante razonable suponer que pueden buscar algo más para satisfacer su ambición ....

Si se aseguraban la posesión [de Palestina], que puede obtenerse por dinero, podrían instantáneamente, por así decirlo, reunir una gran nación, que pronto sería capaz de defenderse y de tener una influencia maravillosa en el comercio y la condición de Oriente - haciendo de Judá de nuevo el lugar de depósito de gran parte de la riqueza del "mundo antiguo".

Para el Sultán [del Imperio Otomano], el país [Palestina] tenía poco valor, pero en manos de los judíos, dirigidos por hombres como los Rothschild, ¿en qué no se convertiría, y en poco tiempo?

El hecho de que los Rothschild fueran percibidos de una manera casi mística es muy claro, en la medida en que algunos predijeron (muy acertadamente) que no sólo Palestina, sino toda Europa, caería en manos del imperio Rothschild.

En octubre de 1840, el diario francés *Univers* afirmaba:

> "En el trono de David, una vez restaurado, se sentará esta dinastía financiera que toda Europa reconoce y a la que toda Europa se somete".

El socialista francés Charles Fourier dijo:

> "La restauración de los hebreos [en Palestina] sería una magnífica coronación para los señores de la Casa Rothschild. Como Esra y Serubabel, pueden traer a los hebreos de vuelta a Jerusalén y volver a erigir el trono de David y Salomón para dar nacimiento a una dinastía Rothschild".

Es interesante observar que, en los primeros años de su desarrollo, la "primacía" británico-judía -así bautizada por Chaïm Bermant- era, según Bermant, antisionista "casi hasta la médula", oponiéndose a la creación de un Estado judío. Los Rothschild en particular -y éste es un punto especialmente importante- se oponían con especial fervor al sionismo, quizá más que otros miembros de estas familias entrelazadas.

Lionel Rothschild fue una de las pocas excepciones entre los Rothschild que se opusieron al sionismo, y en 1915, a la muerte de su padre, se convirtió en el cabeza de familia -era por tanto "El" Rothschild- y al asumir su cargo en la Cámara de los Lores, su apoyo al sionismo dio un enorme impulso a la causa sionista. Fue a Lionel a quien se dirigió la famosa Declaración Balfour. Sin embargo, fue el barón Edmond de Rothschild (Francia) quien fue apodado por los judíos de Palestina "el conocido Benefactor" por su generoso patrocinio del sionismo, y fue gracias a la conversión de esta dinastía judía al sionismo que el Estado de Israel vio finalmente la luz.

Así, el poder de las finanzas judías internacionales, dominado por la dinastía Rothschild, abrazó el sionismo como parte integrante de la búsqueda de una utopía judía. Se sentaron las bases para el advenimiento del Nuevo Orden Mundial. Y la historia del mundo se embarcó en un nuevo y peligroso camino.

Aunque este viejo campesino judío (izquierda) y el hipertrofiado plutócrata Nathan Rothschild (derecha) vivieron vidas muy diferentes, ambos fueron discípulos del Talmud, que guió al imperio Rothschild en su conquista del poder, de la que se benefició enormemente toda la comunidad judía mundial. Se dice que los judíos de todo el mundo consideraban a Rothschild no sólo el "Rey de los Judíos", sino también el "Rey de Reyes". La airada caricatura antijudía que aparece a continuación parodiaba la emancipación judía en Europa, sugiriendo que los judíos esperaban que sus recién adquiridas libertades les permitieran beneficiarse aún más a expensas de los cristianos. En realidad, la riqueza y el poder judíos crecieron exponencialmente.

INTRODUCCIÓN

Realidades entrelazadas: judíos, Israel, dinero y poder: Temas tabú en nuestro mundo moderno

Al escribir desde una perspectiva alemana en 1879, en un momento en que Alemania se consolidaba como nación, Wilhelm Marr, que se atrevió a desafiar en voz alta el poder financiero judío (y a quien a menudo se atribuye la invención del término "antisemitismo"), predijo que las finanzas judías reinarían supremas en su país natal, pero a un alto precio.

Sí, la judería elevará a Alemania al rango de potencia mundial y la convertirá en la nueva Palestina de Europa. Esto no se hará mediante una revolución violenta, sino por la voz del propio pueblo, tan pronto como la sociedad alemana haya alcanzado el más alto nivel de bancarrota social y perplejidad hacia el que nos precipitamos.

Nuestro elemento germánico ha demostrado ser cultural e históricamente impotente, incapaz de lograr nada frente a la dominación extranjera.

Es un hecho, un hecho crudo y despiadado.

El Sr. Marr dijo que los medios de comunicación controlados por los judíos en Alemania tenían un impacto en todos los aspectos de la sociedad: "El Estado, la Iglesia, el catolicismo, el protestantismo, el credo y el dogma deben inclinarse ante el Areópago judío, la prensa diaria", dijo.

(Curiosamente, incluso entonces -como señaló Marr- la influencia judía sobre "la prensa diaria" era una preocupación creciente). Y como Marr había predicho, Alemania entró efectivamente en un estado de bancarrota y decadencia en los años posteriores a la Primera Guerra Mundial, y los judíos ocuparon una posición preeminente en Alemania, más que nunca.

Sin embargo, en 1933 se produjo una revolución popular en Alemania, a través de las urnas, que condujo al ascenso de Adolf Hitler y del Partido Nacionalsocialista Obrero Alemán, lo que supuso una disminución de la influencia judía en Alemania, donde los poderes judíos habían reinado con supremacía.

Alemania ya no es, como dijo Marr, "la nueva Palestina".

De hecho, hoy podemos ver que la situación en Estados Unidos es similar a la de Alemania antes de la revolución alemana de 1933.

La economía estadounidense está en ruinas, los piratas de Wall Street -muchos de los cuales, quizás la mayoría, son judíos- han llevado a la nación al borde de la bancarrota, incluso mientras un presidente estadounidense -George W. Bush- ha diezmado el tesoro de la nación (y la sangre de su juventud) en pos de guerras exigidas por el lobby judío. Sin embargo, los intereses de poder judíos -todos ellos operando dentro de la esfera de influencia del imperio Rothschild- siguen influyendo en el curso de los asuntos estadounidenses.

El profesor Norman Cantor, un respetado erudito judío, ha resumido el inmenso poder de los judíos en Estados Unidos hoy en día. En su polémico libro *La cadena sagrada*, ampliamente criticado por su franqueza, Cantor escribió: En las cuatro décadas transcurridas desde 1940, los judíos han vuelto a casa para instalarse en la sociedad estadounidense, en la comodidad de los suburbios, en las universidades y en los privilegiados bastiones de las profesiones eruditas, en los negocios, en la política y el gobierno, y en los medios de comunicación, donde ejercen el control. Los judíos estaban sobrerrepresentados en las profesiones intelectuales por un factor de cinco o seis.

En 1994, los judíos sólo representaban el 3% de la población estadounidense, pero su impacto era equivalente al de un grupo étnico que representara el 20% de la población.

Nada en la historia judía ha igualado este grado de ascenso judío al poder, la riqueza y la preeminencia.

Ni en la España musulmana, ni en la Alemania de principios del siglo XX, ni siquiera en Israel, porque no había niveles comparables de riqueza y poder a escala mundial que pudieran alcanzarse en este pequeño país.

Cantor concluyó: "Los Morgan, los Rockefeller, los Harriman, los Roosevelt, los Kennedy, los titanes de épocas pasadas, han sido suplantados por el judío como autor de hazañas irreprochables...".

Como tal, se ha convertido en un secreto a voces en nuestro mundo de hoy que hay un gorila de 300 libras en la habitación - el papel de la comunidad judía organizada - generalmente, pero no siempre correctamente, conocido como el "movimiento sionista" - que es un poder preeminente en nuestra sociedad moderna, no sólo en los Estados Unidos, sino en gran parte de Occidente y en otras partes del planeta.

Los intereses de poder judíos han alcanzado una posición de prominencia en los Estados Unidos de hoy y ahora (y no necesariamente como resultado, tal vez a pesar de la influencia judía) los Estados Unidos son virtualmente la nación más poderosa sobre la faz de la tierra, tal vez sólo rivalizada -en toda realidad- por el propio Israel. De este modo, la comunidad judía estadounidense se ha convertido en la élite indiscutible de los Estados Unidos actuales. Podríamos llamarlos "la nueva élite". Son los que mandan.

Sin embargo, siempre hay que tener en cuenta que la principal influencia dentro de la comunidad judía fue, durante varios cientos de años, el imperio Rothschild, con sede en Europa. Esta dinastía extendió sus tentáculos a suelo americano, hasta el punto de que hoy en día hay familias judías ricas y poderosas e intereses financieros que operan dentro de la esfera Rothschild y que son sustanciales por derecho propio. Sin embargo, las raíces de esta red de poder judío en América se remontan a la familia Rothschild de Europa, que se estableció como el primer grupo bancario que gobernó los asuntos mundiales a través de su influencia en países como Francia, Alemania, Italia, Austria y, por supuesto, Inglaterra.

En los tiempos modernos y en épocas anteriores, muchas personas a las que a veces se califica de "antisemitas" han utilizado el término "los judíos" para referirse a diversos aspectos de los asuntos estadounidenses e internacionales, tanto a cuestiones internas como a la conducción de las diversas políticas exteriores de los Estados nación. Sin embargo, sería inexacto decir que el uso del término "los judíos" se refiere de hecho a todas las personas de fe judía.

De hecho, muchos de los que utilizan el término "los judíos" suelen emplearlo en referencia a la conducta, o quizá deberíamos decir a la "mala conducta", del Estado de Israel o de los judíos de Estados Unidos y de otros lugares que apoyan a Israel.

Sin embargo, hay otro aspecto del uso del término "los judíos" que quizá sea aún más importante. Una vez más, el uso de este término no se refiere al pueblo judío en su conjunto, ya sea en Israel o en cualquier otro lugar.

No, el uso del término "los judíos" en un sentido amplio y quizás general, a este respecto, se refiere en realidad al poder monetario internacional.

Este poder monetario internacional, que tiene un innegable aspecto judío en su naturaleza, procede de las intrigas y maquinaciones de una dinastía bancaria mundial, el imperio Rothschild, cuyos tentáculos se extienden por todo el planeta.

A su vez, descubrimos que a través de los tiempos, ha habido un sueño judío de larga data para el establecimiento de un orden mundial - un nuevo imperium - un Nuevo Orden Mundial, si se quiere. Y en la cima de esta pirámide del Nuevo Orden Mundial, encontramos el nombre de Rothschild. La Casa de Rothschild y su imperio son los cimientos de este Nuevo Orden Mundial.

Hubo muchos banqueros y usureros judíos en los muchos años anteriores al surgimiento del imperio Rothschild a finales del siglo XVIII, pero fue sólo con el ascenso de la dinastía Rothschild cuando este poder monetario internacional emergió como la fuerza en la que evolucionó hasta convertirse.

Había banqueros y usureros judíos, activos en muchas partes de la civilización occidental y en Oriente Medio, África, Asia y América Latina, pero no fue hasta la llegada de la dinastía Rothschild cuando este poder alcanzó una unidad que nunca antes había conocido.

De hecho, podría decirse con razón que el ascenso de los Rothschild ha creado una "familia real" de la judería internacional, o incluso una familia real de las finanzas internacionales.

A lo largo de los años, décadas y siglos que siguieron, la fortuna Rothschild, comúnmente denominada en Europa "la Fortuna", se convirtió en una fuerza central en la conducción internacional de la política monetaria y, en consecuencia, en la conducción de las políticas internacionales de las diversas naciones-estado, familias reales e incluso "democracias" que estaban en vigor y evolucionaron durante este período en el que el Imperio Rothschild permaneció como una constante, El Imperio Rothschild siguió siendo una fuerza constante y omnipresente, que actuaba no sólo entre bastidores, sino también abiertamente a través de su influencia sobre los gobiernos y los pueblos, no sólo en el mundo "civilizado", sino en última instancia en todo el mundo, ya que el Imperio Británico -en particular- abarcaba todo el globo y, en muchos sentidos, el Ministerio de Asuntos Exteriores británico era un brazo virtual de la dinastía Rothschild.

Del mismo modo, en otros países europeos, rivales de Gran Bretaña, empezaron a extender su influencia a otros continentes. Las diversas ramas de la familia Rothschild en Viena, París, Fráncfort y Nápoles, con influencias satélites en Hong Kong, Shanghai e incluso Australia, empezaron a ejercer su poder.

Así que, en este sentido, el término "los judíos" se ha aplicado a menudo al poder monetario internacional y este poder monetario internacional, por una combinación de razones -religiosas, filosóficas, económicas, todas combinadas en una fuerza geopolítica- ha sentado efectivamente las bases de lo que hoy se conoce popularmente como "el Nuevo Orden Mundial". "

Este nuevo orden mundial - que gira en torno a las operaciones del imperio Rothschild, que se ha establecido como una fuerza depredadora en los asuntos de las naciones, más notablemente los Estados Unidos de hoy - de hecho se ha entrelazado con una filosofía judía de larga data que se remonta a la época del Talmud de Babilonia, que es la fuerza rectora del pensamiento religioso judío de hoy. En este sentido, tenemos ante nosotros una nueva Babilonia.

En última instancia, no es casualidad que se acuse de "antisemitismo" a personas e instituciones que se han atrevido a criticar el papel del poder monetario internacional en los asuntos mundiales, incluso a quienes no se han referido específicamente a sus influencias y antecedentes judíos. Este ha sido un fenómeno común a lo largo de los siglos.

Más recientemente, quienes se han atrevido, por ejemplo, a criticar el monopolio monetario privado y controlado conocido como Sistema de la Reserva Federal -que, de hecho, como veremos, es una creación de las fuerzas bancarias internacionales vinculadas a Rothschild que operan en suelo estadounidense- han sido, como mínimo, "sospechosos" de antisemitismo o vistos como "potenciales" antisemitas, incluso atreviéndose a plantear la cuestión de si la existencia de este sistema está justificada. Cualquier discusión sobre el poder monetario internacional, cualquier discusión sobre el llamado "nuevo orden mundial", se considera "antisemitismo" o "antisemitismo potencial", precisamente porque cualquier discusión o investigación sobre estos temas, si se lleva hasta sus últimas consecuencias, señalaría a la familia Rothschild, los príncipes de la élite judía mundial.

En 1777, María Teresa, emperatriz de Austria, declaró: "No conozco lacra más vergonzosa para el Estado que esa nación que reduce al pueblo a la pobreza mediante el fraude, la usura y los contratos financieros, y se entrega a todo tipo de prácticas nefandas que un hombre honorable aborrecería".

La naturaleza de este edificio plutocrático, su estructura depredadora, fue revelada en un provocativo y detallado informe publicado por el gobierno alemán en 1940, un estudio que se centraba en el dominio financiero de los Rothschild (y antes de eso, principalmente de los judíos) sobre el Imperio Británico. Titulado "*Cómo la judería transformó Inglaterra en un Estado plutocrático*", el estudio afirmaba: Plutocracia significa una forma de gobierno en la que la elección de sus miembros se basa en su posesión de riqueza. La palabra plutocracia deriva de las raíces griegas=rico y kratein=gobernar. Plutocracia significa por tanto: el reinado del poder del dinero, o expresado más libremente: el gobierno del oro judío.

El ejemplo histórico de un Estado gobernado por la riqueza y la posesión es Cartago, donde también estaba representado el elemento judío. Estaba gobernada por los ricos mercaderes, representados por una especie de "cámara baja" llamada "Consejo de los Trescientos" y una "cámara alta" llamada "Consejo de los Treinta". El pueblo no tenía ninguna influencia en el gobierno.

Para los judíos, la plutocracia es la forma de gobierno más adecuada.

Gracias a la plutocracia, el inmenso capitalismo judío, cualquiera que sea el número de judíos que represente, obtiene necesariamente una posición política, porque en un Estado plutocrático, como nos enseña la historia, una pequeña camarilla judía puede dictar su ley a un gran Estado, si está en posesión del capital necesario.

El reconocimiento de esta plutocracia, en muchos sentidos, se convirtió en lo que muchos críticos han llamado "el problema judío", lo que llevó al surgimiento de sentimientos antijudíos que muchos escritores judíos han llamado a su vez "el problema judío". Y es un problema que persiste hasta nuestros días, como algunos intelectuales judíos han reconocido en repetidas ocasiones.

El Papa Clemente VIII (que reinó de 1592 a 1605) declaró sin rodeos: "El mundo entero sufre por la usura de los judíos, por sus monopolios y sus engaños. Han sumido en la pobreza a muchos desgraciados, especialmente campesinos [y] obreros...".

Con respecto a esta dominación plutocrática, merece la pena recordar las palabras del industrial y político judío alemán Walter Rathenau

(1867-1922). En 1909, Rathenau escribió en *el Neue Freie Presse de* Viena:

"Trescientos hombres, que se conocen entre sí, dirigen el destino económico del continente y buscan a sus sucesores entre sus seguidores".

Aunque los apologistas han argumentado que, en esta provocadora declaración, Rathenau no sugería que estas 300 personas fueran judías o que dirigieran gobiernos nacionales, el hecho es que dijo lo que dijo.

Theodore Fritsch, escritor alemán muy conocido por sus críticas al poder judío y autor del superventas *Manual de la cuestión judía*, examinó las observaciones de Rathenau.

En su ensayo de 1922 "El acto desesperado de un pueblo desesperado" (escrito en realidad después del asesinato de Rathenau), Fritsch señalaba que las palabras de Rathenau eran "una admisión notable" cuyas consecuencias totales no se habían comprendido del todo. Fritsch valoró la cuestión: De las consecuencias de estas palabras se desprendía que

[Rathenau] no hablaba de príncipes y estadistas en el poder, sino de un grupo de poder ajeno al gobierno que dispone de medios para imponer su voluntad al mundo, incluidos los gobiernos. Además, como hablaba del nombramiento de sucesores, es evidente que existe una organización sólidamente estructurada que funciona según principios definidos y una división de tareas y que persigue sistemáticamente sus objetivos.

Según Fritsch,

"esto demuestra nada más y nada menos que una sociedad cerrada, un gobierno en la sombra o un supergobierno, existe desde hace mucho tiempo y que dirige los acontecimientos económicos y políticos por encima de las cabezas de las naciones y los gobiernos".

¿Cuál era el origen de este gobierno en la sombra, preguntó Fritsch? Y dio la respuesta: "Las altas finanzas judías y sus lacayos a sueldo, aliados y repartidos por todo el mundo".

Fritsch señaló que mucha gente no había sacado las conclusiones correctas de los hechos presentados por Rathenau. Reflexionando sobre la tragedia destructiva de la Primera Guerra Mundial, Fritsch dijo:

Si los 300 hombres del gobierno mundial secreto dirigían el destino del mundo, ¿qué pasa con esta guerra mundial? ¿No podrían los 300 haberla evitado? Si no la evitaron, entonces la querían. Si los 300 poderes monetarios dirigieron la política mundial durante décadas, entonces también dirigieron la guerra mundial.

Tal vez [lo hicieron] para establecer finalmente su dominio a plena luz del día y expulsar a los príncipes.

"Es hora", escribe Fritsch, "de que las naciones reconozcan por fin este hecho y pidan cuentas a los culpables". Señala que el trabajo de Henry Ford, publicado en *The International Jew*, proporciona "pruebas exhaustivas" de cómo los intereses financieros judíos desencadenaron la Primera Guerra Mundial. Sobre el tema de los plutócratas judíos, Fritsch escribió que "quien se jacta, incluso en secreto, de dirigir el destino del mundo debería tener ahora el valor y la decencia *de asumir la responsabilidad de* los acontecimientos políticos del mundo".

Irónicamente, Fritsch murió en 1933, justo cuando su Alemania natal comenzaba a trabajar en el desmantelamiento del poder del imperio Rothschild en suelo europeo, justo cuando se estaban sentando las bases para el surgimiento del Estado sionista en los años inmediatamente posteriores a la Segunda Guerra Mundial.

De hecho, la élite plutocrática -la aristocracia judía en el vórtice de la dinastía Rothschild- y los Rothschild en particular, hicieron posible el ascenso del sionismo político. El sionismo fue una consecuencia del imperialismo global que se desarrolló como parte de la expansión de la riqueza y el poder de la plutocracia por todo el planeta.

El filósofo estadounidense de origen palestino Edward Said señaló la sincronía entre sionismo e imperialismo: "Cuando hablamos de sionismo e imperialismo, hablamos de una *familia de ideas*, pertenecientes a la misma dinastía, que brotan de la misma semilla". Said describió la construcción sionista-imperialista (en el contexto de la ocupación sionista de Palestina) como "todo un sistema de confinamiento, desposesión, explotación y opresión que todavía nos retiene y nos niega nuestros derechos inalienables como seres humanos", y, sin embargo, la verdad es que la ocupación sionista de Palestina no es más que un microcosmos, por así decirlo, que refleja la ocupación sionista de todo el planeta: el establecimiento de la élite judía en el poder como poderosos árbitros del curso de los asuntos mundiales, sin excepción.

Pero hay quienes intentan establecer distinciones entre los Rothschild y "el judío medio", entre el movimiento sionista y "el judío medio". Un estribillo popular y bienintencionado, que a menudo se oye como un canto casi ritual entre cierto segmento de estadounidenses que se presentan como "patriotas", es que "el judío estadounidense medio es tan víctima del Imperio Rothschild como cualquier otro estadounidense". Los "patriotas" añaden que "el judío americano medio no es parte del problema". Si el judío estadounidense medio conociera las intrigas de Rothschild, se indignaría tanto como cualquier otro estadounidense que comprenda la naturaleza del problema".

En la misma línea, a menudo se oye a estos mismos patriotas afirmar que "no todos los judíos apoyan el sionismo". Añaden que "el sionismo no es judaísmo y el judaísmo no es sionismo". Estos patriotas se apresuran a señalar que hay grupos de judíos, como los Neturei Karta, que se oponen activamente al sionismo.

Sin embargo, con respecto a los Neturei Karta, el rabino Joseph Telushkin -un publicista muy leído de lo que se reconoce como "el" punto de vista judío en nuestros tiempos modernos- dijo lo siguiente:

Los antisionistas suelen citar a Neturei Karta como prueba de que uno puede oponerse al derecho de Israel a existir sin ser antisemita.

Sin embargo, no tiene sentido invocar a los Neturei Karta para demostrar nada sobre la vida judía.

Este pequeño grupo es tan poco representativo de la opinión judía como las sectas de Virginia Occidental que manipulan serpientes venenosas durante los servicios religiosos lo son del cristianismo.

Neturei Karta tampoco acepta la afirmación antisionista de que los judíos son sólo una religión y no un pueblo.

También creen en el derecho de los judíos a la Tierra de Israel y están convencidos de que un día Dios enviará al Mesías -sin duda vestido con el distintivo atuendo de Neturei Karta- para restaurar allí a todos los judíos.

Por otra parte, muchos judíos estadounidenses que no son miembros de Neturei Karta han criticado abiertamente a Israel y se han opuesto activamente al sionismo, entre ellos varios amigos de este autor desde hace mucho tiempo: 1) el estimado Dr. Alfred Lilienthal (que falleció a la edad de 94 años el 6 de octubre de 2008); 2) el difunto Haviv Schieber, uno de los padres fundadores de Israel y miembro del movimiento Jabotinsky que dio origen a la red neoconservadora de Estados Unidos en la actualidad; y 3) el Dr. Haviv Schieber. 6 de octubre de 2008); 2) el difunto Haviv Schieber, uno de los padres fundadores de Israel y miembro del movimiento Jabotinsky que dio origen a la red neoconservadora actual en Estados Unidos; 3) el difunto Jack Bernstein, autor del muy leído *The Life of an American Jew in Racist Marxist Israel*; y 4) Mark Lane, el primer crítico del informe de la Comisión Warren sobre el asesinato de John F. Kennedy y firme defensor de las libertades civiles para todos.

Dicho todo esto, es cierto que, en general, la mayoría de los judíos estadounidenses -la inmensa mayoría de ellos- se han dejado llevar como ovejas al campo del sionismo y apoyan a Israel, con razón o sin ella.

Dennis Praeger y su colega, el rabino Joseph Telushkin, son dos escritores judíos contemporáneos que se han obsesionado con el tema del "antisemitismo". Su libro, *¿Por qué los judíos? The Reason for Anti-Semitism* (reeditado en 2003), sostienen, entre otras cosas, que la afirmación de los judíos de que han sido elegidos por Dios "para llevar a cabo la misión de acercar el mundo a Dios y a su ley moral" es una de las principales causas del antisemitismo.

Además, afirmaron que la *razón de ser* del judaísmo era cambiar el mundo para convertirlo en un lugar mejor y que este intento de cambiar el mundo, "de desafiar a los dioses, religiosos o laicos, de las sociedades que les rodean, y de plantear exigencias morales a los demás (incluso cuando no se hace expresamente en nombre del judaísmo) siempre ha sido fuente de tensiones".

Curiosamente, Praeger y Telushkin reconocen que muchas de estas "exigencias morales" impuestas a otros por los judíos no siempre se hicieron "expresamente en nombre del judaísmo".

(Se podría concluir de esto que ambos autores están sugiriendo que los judíos han utilizado grupos de "fachada" para perseguir su agenda: grupos y portavoces que no son judíos *per se* pero que promueven una agenda judía. La sugerencia de que los judíos han impuesto "exigencias morales" a los demás recuerda en cierto modo a la referencia que hizo en una ocasión el político alemán Adolf Stoecker a las "pretensiones de importancia" de los judíos. También recordó lo que llamó el "grado de intolerancia [hacia los no judíos] que pronto será insoportable", un fenómeno constante, sobre todo en los escritos judíos). Praeger y Telushkin también afirman que ha habido "profunda envidia y hostilidad entre muchos no judíos" debido al hecho de que, como proclaman los dos autores, "los judíos han llevado una vida mejor que sus vecinos no judíos en casi todas las sociedades en las que han vivido".

(Los dos publicistas judíos no parecen ser conscientes de que gran parte de las críticas al pueblo judío surgieron porque los demás consideraban que los judíos habían explotado a los no judíos y que esta explotación permitía a los judíos vivir "una vida mejor"). Otra razón para el antisemitismo, argumentan, es que otros se oponían a la forma en que los judíos "vivían de acuerdo con su conjunto de leyes" y porque "los judíos también afirmaban su propia identidad nacional". Según Praeger y Telushkin, esta afirmación de identidad amenazaba el nacionalismo de los demás. Añaden que "la implicación judía en la ilegitimidad de los dioses ajenos también estaba en la raíz del antisemitismo".

Esto es interesante en la medida en que el cristiano medio, especialmente en América, cree generalmente que el Dios judío es también el Dios cristiano, aunque implícitamente los dos autores judíos admiten lo contrario - un punto que puede confundir a muchas personas que simplemente no entienden que el Dios cristiano NO es en absoluto el Dios judío, a pesar de los malentendidos, la desinformación - y la desinformación patrocinada por los judíos.

Los judíos, como ven, quieren que los cristianos crean que comparten el Dios de Israel con los judíos, cuando, según el verdadero punto de vista judío, nada podría estar más lejos de la verdad. Y, de hecho, el punto de vista judío, al menos en este aspecto, es totalmente correcto porque, como saben los cristianos informados -y como hemos dicho- el Dios *cristiano* NO es y NUNCA ha sido el Dios *judío*.

Curiosamente, los autores también afirman que el judío es a la vez miembro del pueblo judío y de la religión judía "y lo ha sido desde el principio de la historia judía". Negar que la nación es un componente del judaísmo, escriben, es "tan insostenible como negar que Dios o la Torá son componentes del judaísmo". Praeger y Telushkin afirman que "esto es particularmente evidente hoy en día, ya que la nación judía es el único componente del judaísmo con el que se identifican tanto los judíos religiosos como los laicos comprometidos".

Los autores no comentan las frecuentes afirmaciones en publicaciones judías de que los judíos son genética o intelectualmente superiores a los no judíos. Los ejemplos más destacados son el elogiado artículo de Charles Murray de abril de 2007 "The Jewish Genius" en *Commentary*, la voz del Comité Judío Americano, un ensayo similar de *Commentary*, titulado "Chosenness and Its Enemies", publicado en diciembre de 2008, y el contundente artículo del 16 de octubre de 2005 (publicado en la revista *New York*) titulado "Are Jews Smarter?", que contenía una cita de Abe Foxman, jefe de la Liga Antidifamación, quien dijo: "Si se trata de una condición genética, no depende de nosotros aceptarla o rechazarla. Es lo que es, y así es como se desmenuza la galleta genética".

La autora de este último artículo añadió que detectó "una nota de orgullo" en la voz de Foxman cuando reflexionaba sobre la supuesta superioridad intelectual de los judíos sobre todos los demás, y esto viniendo de alguien -Foxman- que proclama que su misión es combatir las teorías del supremacismo racial.

En estas páginas veremos que muchos eminentes escritores judíos expresan sin rodeos la solidaridad judía, la exclusividad judía, el ser elegidos por los judíos e incluso la superioridad y supremacía judías.

George Bernard Shaw dijo una vez que no era casualidad que los nazis, al promover lo que se ha descrito (aunque no necesariamente de forma correcta) como un tema de "superioridad racial", se hicieran eco de la doctrina judía de un pueblo "elegido".

En la misma línea, en 1971, *Religion in Life,* una revista metodista liberal, declaró:

> "No es sorprendente que Hitler se vengara de la raza elegida decretando que no era la raza judía, sino la aria, la elegida".

Esta afirmación del judaísmo y de la identidad judía, tal como la describen estos escritores judíos -que reflejan la visión judía moderna del mundo-, va en contra del gran tema de los benefactores que esperaban incorporar al pueblo judío a la comunidad de naciones y asimilarlo a cada una de las naciones en las que vivía como pueblo.

El conde Stanislas de Clermont-Tonnerre expresó este punto de vista humanitario (que los judíos, como grupo, rechazan) cuando declaró en 1789 en la Asamblea Nacional Francesa -durante el debate sobre si se debía conceder a los judíos la igualdad de derechos- que "a los judíos se les debe privar de todo como nación, pero se les debe conceder todo como individuos.......". No puede haber una nación dentro de otra nación...".

Los respetados defensores de los judíos antes mencionados, Praeger y Telushkin, lamentan que esta actitud hacia los judíos fuera esencialmente la siguiente: "Para ser iguales a los no judíos, los judíos tuvieron que abandonar su identidad nacional judía; éste fue el precio de la emancipación. Así es como los judíos rechazan la asimilación y siguen insistiendo en que son "el pueblo elegido de Dios", por encima de todos los demás.

Praeger y Telushkin abordan la cuestión de cómo reaccionarían los judíos estadounidenses si estallara una guerra entre el moderno Estado de Israel y Estados Unidos. Hacen la extraordinaria afirmación de que es un "hecho" que "las democracias no entran en guerra entre sí" y que la única forma en que Estados Unidos e Israel podrían acabar en guerra entre sí ( ) sería si cualquiera de los dos países "abandonara sus principios democráticos y otros principios morales". Se trata de una afirmación interesante en sí misma, ya que algunas personas se preguntan (con razón) si ambos países siguen realmente "principios democráticos y otros principios morales".

En cualquier caso, Praeger y Telushkin sostienen que si Israel y Estados Unidos estuvieran en guerra, un individuo -ya sea judío, cristiano o ateo- "estaría obligado a seguir los dictados de sus valores morales, que son (o deberían ser) superiores a los de cualquier gobierno. La lealtad a cualquier país nunca debería significar el apoyo a las políticas de ese país cuando son moralmente erróneas".

En cierto sentido, pues, a su juicio (que representa la corriente principal del pensamiento judío actual) es posible que los judíos estadounidenses se opongan a Estados Unidos si creen que las políticas estadounidenses hacia Israel, en circunstancias concretas, pueden ser "moralmente erróneas".

Aunque las encuestas realizadas entre la comunidad judía estadounidense indican que algunos critican muchas de las acciones de Israel, tanto a nivel nacional como internacional, muchos de ellos admiten, cuando se ven acorralados, que les resultaría difícil tomar las armas contra Israel si se percibiera como una amenaza para Estados Unidos.

Por supuesto, la respuesta media de la comunidad judía organizada de Estados Unidos es decir que "nunca" se daría el caso de que Israel se opusiera a Estados Unidos porque, después de todo, a pesar de las diferencias ocasionales entre Estados Unidos e Israel -o eso dicen-, Israel y Estados Unidos son amigos inquebrantables. "Israel y Estados Unidos son uno", les oímos proclamar a menudo, quizá con demasiado entusiasmo, como si ellos mismos no lo creyeran realmente.

Se trata de una suposición general, por supuesto, como si se quisiera sugerir que bajo ninguna circunstancia Estados Unidos e Israel podrían tener un serio desacuerdo que pudiera dañar la tan cacareada "relación especial" entre los dos supuestos "aliados".

Así que en general, es un problema cuando se mira el Imperio Rothschild y el poder del dinero internacional, que están tan entrelazados, y cómo están tan entrelazados con el Estado de Israel y el movimiento sionista mundial, que en sí mismo, en la realidad moderna, va mucho más allá del Estado de Israel.

El sionismo, tal como lo hemos entendido generalmente en su primera encarnación oficial a finales del siglo XIX, se suponía que era un movimiento para establecer una patria judía, pero fue mucho más allá.

Y hoy, sean cuales sean las protestas, el hecho es que los intereses del Estado de Israel están vinculados a las preocupaciones e intereses culturales, políticos, financieros, religiosos y filosóficos -incluso emocionales- de la comunidad judía mundial. Son prácticamente inseparables.

Y cuando la familia Rothschild se comprometió con el movimiento sionista y el emergente Estado de Israel en Palestina, se produjo un importante acontecimiento geopolítico en la escena mundial. Antes de esa época, había (como ya se ha señalado) muchas familias judías poderosas -incluidos miembros clave de la familia Rothschild- que, de hecho, estaban poco a favor, cuando no en contra, del concepto de establecer un Estado judío en cualquier lugar.

Pero la evolución del imperio Rothschild a favor de un Estado judío marcó un punto de inflexión decisivo, que no ha dado señales de debilitarse. Así pues, incluso si esperamos (o pretendemos) que el pueblo judío, en Estados Unidos, por ejemplo, en particular, estaría dispuesto a apoyar cualquier movimiento de Estados Unidos para retirar su apoyo a Israel o incluso para reducir las actividades de Israel en Oriente Próximo, incluso en nombre de la preservación de Israel frente al peligro, tenemos que reconocer que la comunidad judía estadounidense en su conjunto, a través de sus líderes, se ha vinculado de la manera más estricta a la promoción de los intereses de Israel.

Además, debemos tener en cuenta el hecho de que Israel, gracias en gran parte al patrocinio de Estados Unidos, mediante la infusión anual de miles de millones de dólares procedentes de Estados Unidos, por no mencionar otros miles de millones de dólares proporcionados a Israel por Alemania como reparación por el "Holocausto", ha surgido por derecho propio como superpotencia en la escena mundial.

Sólo Israel es una de las potencias nucleares del mundo, lo que le confiere una posición indiscutible como fuerza central no sólo en Oriente Medio, sino en todo el mundo. Los misiles nucleares israelíes no sólo apuntan a El Cairo, Bagdad, Teherán, Trípoli y Riad. Israel también tiene misiles dirigidos a Moscú, Roma, Berlín y París.

Así, Israel -una creación originalmente bajo el patrocinio del imperio Rothschild- actúa como una fuerza geopolítica y militar preeminente en la arena global. Y en la medida en que el lobby israelí se ha convertido en una fuerza poderosa en Estados Unidos, totalmente separada de la agenda judía dominante en cuestiones internas, el hecho es que Israel es en sí mismo una extensión, otro tentáculo, de la familia Rothschild y su poder monetario internacional.

Esto es realmente asombroso si se tiene en cuenta que Israel es una creación totalmente artificial, un estado artificial totalmente inventado que no tiene base histórica alguna, a pesar de los muchos mitos que afirman lo contrario. (Para una exploración de este tema poco comprendido, véase la impactante exposición de John Tiffany, "Ancient Israel: Myth vs. Reality", en el número de mayo/junio de 2007 de *The Barnes* Review). En un contexto moderno, sin embargo, la creación de Israel en 1948 -y las intrigas que la rodearon- pueden remontarse a la Declaración Balfour y, como veremos, al intento británico de involucrar a Estados Unidos en la Antigua Guerra Mundial, conocida como la Primera Guerra Mundial.

La Declaración Balfour -fechada el 2 de noviembre de 1917-, redactada por el ministro británico de Asuntos Exteriores Arthur James Balfour para Lord Rothschild, establecía una "declaración de simpatía con las aspiraciones sionistas judías" y que el Gobierno británico "ve con buenos ojos el establecimiento en Palestina de un hogar nacional para el pueblo judío, y hará todo lo que esté en su mano para facilitar la consecución de este objetivo".

De hecho, la Declaración Balfour fue el resultado de una intriga internacional diseñada específicamente para involucrar a Estados Unidos en la guerra en Europa entre Gran Bretaña y Alemania. El objetivo era utilizar los poderosos intereses judíos en Estados Unidos para presionar al presidente Woodrow Wilson a fin de que contribuyera con sangre y tesoros estadounidenses al esfuerzo bélico británico. A cambio de ayudar en nombre de Gran Bretaña, a los belicistas judíos se les prometió la ayuda de Gran Bretaña para crear un Estado judío en Palestina.

Para que nadie crea que se trata de una extraordinaria teoría de la conspiración, cabe señalar que en 1936, en un memorándum entonces confidencial (hecho público hace tiempo) a la Comisión Británica sobre

Palestina, James Malcolm, figura central en las circunstancias que rodearon la publicación de la Declaración Balfour, afirmó categóricamente que el primer objeto de la serie de acontecimientos que orquestaron la Declaración

> "Se trataba de conseguir la considerable y necesaria influencia de los judíos, y en particular de los judíos sionistas o nacionalistas, para que nos ayudaran a introducir a Estados Unidos en la guerra en el período más crítico de las hostilidades."

En *Great Britain, the Jews and Palestine,* Samuel Landman, *que en la época de las negociaciones que condujeron a la Declaración Balfour era secretario del líder sionista Chaim Weizmann (y más tarde secretario de la Organización Sionista Mundial), confirmó la valoración de Malcolm de las circunstancias cuando dijo:*

La única manera (que resultó ser la correcta) de inducir al presidente estadounidense a entrar en la guerra era asegurar la cooperación de los judíos sionistas prometiéndoles Palestina, y así alistar y movilizar las fuerzas hasta entonces insospechadas de los judíos sionistas en Estados Unidos y en otros lugares a favor de los Aliados sobre la base de un contrato *"quid pro quo"*.

¿Qué significa todo esto? Los acontecimientos posteriores que condujeron a la Segunda Guerra Mundial -sin duda- y la posterior implicación de Estados Unidos en Oriente Próximo pueden resumirse de la misma manera. En pocas palabras, el poder judío provocó la pérdida de 53.000 vidas estadounidenses en la Primera Guerra Mundial y otras 292.131 en la Segunda, guerras libradas en gran medida, si no exclusivamente, por intereses judíos.

Dicho esto, no estamos aquí para avanzar la tesis de que *todos los* judíos están en sintonía con las exigencias del poder monetario internacional, ni que todos los judíos se inclinan a apoyar las exigencias del lobby judío en EE.UU. (ya sea en términos de agenda, nacional o internacional), ni siquiera que todos los judíos en Israel son parte del problema.

Pero, no hace falta decirlo, el hecho es que hay un número sustancial de poderosas organizaciones judías que tienen un gran impacto en la formación de la mentalidad de "los judíos" y aquí, en referencia a los judíos, nos referimos a los judíos como pueblo, no sólo al poder monetario internacional que está bajo el dominio del imperio Rothschild, la familia real de la judería internacional. Estas organizaciones tienen secciones influyentes que operan en toda

América y Occidente. Incluyen no sólo la ADL, el Congreso Judío Americano y el Comité Judío Americano -por no mencionar el infame Comité Americano-Israelí de Asuntos Públicos (AIPAC)- sino también muchas otras. Su impacto en el pensamiento del mayor número de judíos es enorme en alcance y profundidad.

Esto no quiere decir que todas estas organizaciones estén necesariamente de acuerdo entre sí. No es así. Hay diferencias de opinión en toda una serie de cuestiones. Sin embargo, en general, se preocupan por las necesidades y los deseos de la comunidad judía en su conjunto.

Pero al mismo tiempo, no tendrían su poder e influencia si no fueran, en última instancia, una parte integral de la red de poder internacional de la dinastía Rothschild, en la medida en que existe como la principal fuerza financiera que gobierna y dirige no sólo a la comunidad judía mundial, sino también, a través de su influencia en los diversos Estados-nación, la propia política de esos países. Y hoy, más particularmente, y esto es triste decirlo desde un punto de vista americano, los Estados Unidos de América.

Los Estados Unidos de América son, de hecho, el principal baluarte militar y financiero del Nuevo Orden Mundial, el sueño judío de un Imperio global. Esta es la triste pero simple verdad.

Durante muchos años, muchos patriotas estadounidenses han estado obsesionados con la idea de que las Naciones Unidas iban a ser -y aún podrían ser (piensan ellos)- el mecanismo mediante el cual se instituiría un Nuevo Orden Mundial. Los libros del autor, *Los Sumos Sacerdotes de la Guerra*, *El Golem* y *Las Cabras de Judas*, trataban esta cuestión con cierto detalle.

El hecho es que Estados Unidos es el principal mecanismo para crear un nuevo orden mundial, una realidad incómoda que no se puede negar y que pone a los patriotas estadounidenses en una situación lamentable. Y, en este sentido, también es un hecho bien conocido por personas de todo el mundo que comprenden (más que la mayoría de los estadounidenses) que el gobierno de Estados Unidos está cautivo de los medios de comunicación de masas y de quienes controlan esos medios: el poder monetario internacional.

Naciones de todo el mundo y sus dirigentes que se oponían al poder internacional del dinero fueron blanco de la destrucción. Saddam Hussein de Irak ha sido uno de los más notables en los últimos años.

Pero no se puede negar -aunque algunos se sentirán incómodos con esta afirmación- que el propio Adolf Hitler fue, de hecho, la primera gran figura de los tiempos modernos a la que se apuntó para su destrucción precisamente por las políticas que trató de poner en marcha, políticas económicas y sociales diseñadas para disminuir el papel de las finanzas judías internacionales en el control y la configuración del futuro de Alemania y Europa.

Mucho se podría decir sobre la situación en Alemania antes del ascenso de Hitler, pero baste decir, una vez más, que la razón por la que Hitler fue blanco de la destrucción fue que afirmó la soberanía nacional alemana frente a la plutocracia judía y lo que ahora se llama el Nuevo Orden Mundial.

A este respecto, por lo tanto, a menudo encontramos referencias en los principales medios de comunicación audiovisuales e impresos a personas e instituciones a las que se ha atribuido el papel de demonios y villanos, ya sean figuras nacionalistas estadounidenses como Willis Carto y David Duke (este último, a quien los medios de comunicación nos recuerdan constantemente que es un "antiguo líder del Ku Klux Klan"), personas como el líder musulmán negro Louis Farrakhan de la Nación del Islam, o un montón de otros -un puñado de políticos, académicos, comentaristas y otros - que son abierta y regularmente vilipendiados como "antisemitas" por atreverse a criticar a Israel o desafiar la agenda judía de cualquier manera, aunque sea justificadamente, que son abierta y regularmente vilipendiados como "antisemitas" por atreverse a criticar a Israel o desafiar la agenda judía de cualquier manera, aunque sea justificadamente.

Sin embargo, hay un giro interesante en esto, ya que muchas personalidades en EE.UU. y en otros lugares no son necesariamente consideradas "antisemitas" *per se*, sino que son atacadas por los medios de comunicación dominantes -que, de hecho, están en gran medida en manos de familias judías e intereses financieros- por ser "antiamericanas", o incluso tildadas de "comunistas" o denunciadas por estar bajo el pulgar del líder cubano Fidel Castro.

Nos referimos concretamente, en primer lugar, al hombre fuerte de Venezuela, Hugo Chávez, un nacionalista empedernido. Ha sido el blanco favorito de los medios de comunicación estadounidenses.

Otro objetivo es el líder ruso Vladimir Putin. Los medios de comunicación estadounidenses han planteado cuestiones sobre Putin, sugiriendo que es un retroceso al zarismo o al estalinismo o a alguna horrible combinación moderna de ambos. Rara vez, sin embargo, en los principales medios de comunicación -al menos al principio- oímos abiertamente que Chávez o Putin pudieran ser antijudíos o -como el término se traduce más comúnmente- "antisemitas". Pero fueron vilipendiados como grandes villanos.

Sin embargo, vale la pena señalar que en revistas de pequeña tirada pero influyentes que circulan en círculos judíos, así como en revistas de orientación política (ostensiblemente "laicas") como *Weekly Standard*, proisraelí, de Rupert Murdoch, sí hemos encontrado acusaciones de antisemitismo contra Chávez y Putin.

Hace relativamente poco que *el Washington Post* publicó un destacado comentario de Abraham Foxman, director nacional de la Liga Antidifamación (ADL) de B'nai B'rith, en el que Foxman aborda específicamente lo que denomina el "antisemitismo" de Chávez.

Sin embargo, esos rumores sobre Chávez y Putin (y muchos otros) en la prensa judía eran habituales y antiguos.

El hecho es que la forma en que los medios de comunicación han tratado este asunto -o no lo han tratado- es interesante.

Para consumo *popular*, personas como los líderes nacionalistas del calibre de Chávez y Putin (y el iraní Mahmud Ahmadineyad) han sido retratados por los medios de comunicación como villanos "antiamericanos", pero no se nos ha dicho la verdadera razón *por la que* han sido retratados de esta manera: La razón es que todos estos líderes y sus países se oponen al poder e influencia judíos, a la utopía judía, es decir, al Nuevo Orden Mundial.

Seríamos negligentes si no mencionáramos al franco ex Primer Ministro de Malasia, el Dr. Mahathir Mohamad, que fue uno de los principales críticos de los intentos de los depredadores internacionales de dictar las políticas de su propia república. El Dr. Mahathir también ha sido criticado como "antisemita" por atreverse a oponerse al imperialismo sionista.

De hecho, el Dr. Mahathir representa el pensamiento de muchas personas, tanto grandes nombres como individuos menos conocidos.

(Y me enorgullece decir que tuve el placer de pasar tiempo con el Dr. Mahathir que es, como he dicho muchas veces, un hombre gentil y un caballero. Mi libro, *The Golem*, que detalla la carrera de Israel hacia la supremacía nuclear, está en parte dedicado a este auténtico líder en la causa de la paz mundial). También me viene a la mente el caso de otro poderoso estadista del sudeste asiático, Ferdinand Marcos, de Filipinas.

Y aquí puedo proporcionar información de primera mano que escandalizará a quienes prefieren venerar el mito de que los judíos no son más influyentes política y financieramente que otros grupos de nuestro planeta actual.

A finales de los años ochenta, *el* semanario populista del que yo era corresponsal, *The Spotlight*, publicó una serie de inquietantes artículos en los que explicaba cómo los intereses plutocráticos internacionales -a través de la administración Reagan y la CIA (y el Mossad israelí)-estaban intentando derrocar a Marcos como líder de Filipinas. La razón era que Marcos se negaba a doblegarse ante la élite plutocrática y a permitir que su política nacional fuera dictada por los poderes fácticos. Además, Marcos controlaba un enorme tesoro de oro del que estos intereses querían apropiarse.

De hecho, como informó *The Spotlight*, la inmensa riqueza personal de Marcos fue el resultado de haber obtenido una parte sustancial de un tesoro de oro acumulado por los japoneses durante la Segunda Guerra Mundial, cuando saqueaban las naciones asiáticas ( ) que habían conquistado. En resumen, la riqueza de Marcos no procedía, contrariamente a lo que afirman los medios de comunicación "dominantes", de la apropiación indebida de dinero del tesoro de su país o de la ayuda exterior de Estados Unidos a Filipinas.

Ferdinand Marcos leyó el veraz reportaje de *The Spotlight* y de su corresponsal jefe, Andrew St. George, e invitó a St. George a visitarle en la casa de la familia Marcos en el exilio, en Hawai.

George tuvo el placer de pasar tiempo con la familia Marcos en su villa de Honolulú, pero también lo hicimos nuestro editor, Willis Carto, y yo en otras ocasiones.

De hecho, pasé un día muy memorable con los Marcos, principalmente en compañía de Imelda, que es encantadora y a la que llaman con razón "la mujer más bella de Asia". Y aunque el Presidente estaba muy ocupado, se tomó la molestia de detenerse unos minutos y me dijo, muy explícitamente: "Gracias por todo el buen trabajo que está haciendo *The Spotlight*. Lo apreciamos mucho".

Y por eso Imelda me dijo -con toda franqueza, pero de forma muy relajada y reflexiva- que "mientras estuviéramos en buenos términos con el pueblo judío de Nueva York, todo nos parecía bien".

Pero cuando se volvieron contra nosotros, todo se vino abajo".

Eso es exactamente lo que me dijo aquel día de abril de 1987, mientras nos sentábamos en su terraza con vistas al Pacífico y compartíamos una caja de bombones.

Y puedo decirles que, aun siendo consciente del inmenso poder de la comunidad judía internacional, su comentario me produjo escalofríos.

No bromeo.

Una de las personas más ricas y poderosas del mundo me dijo sin ambages que habían sido los judíos quienes habían derribado el régimen de Marcos.

Cuando Imelda hablaba del "pueblo judío de Nueva York", no pensaba en los rabinos del distrito de los diamantes, los peleteros de la Quinta Avenida, los carniceros ortodoxos de Brooklyn o los prestamistas de Harlem. No, se refería a los bancos internacionales del imperio Rothschild.

Y vale la pena señalar -a la luz del actual escándalo financiero que está causando estragos en el sistema estadounidense- que *The Spotlight* nombra específicamente a Maurice "Hank" Greenberg, la ahora infame figura detrás del gigante de los seguros AIG, como uno de los principales actores entre bastidores de la conspiración para destruir a la familia Marcos.

Del mismo modo, no es casualidad que el sionista Paul Wolfowitz, que más tarde se hizo un nombre como uno de los "neoconservadores" de la administración de George W. Bush, impulsando la guerra contra Irak, fuera también uno de los que actuaron concertadamente contra Fernando e Imelda Marcos.

Un último comentario sobre la Sra. Marcos y su famosa "colección de zapatos".

En contra de las mentiras de los medios de comunicación controlados por los sionistas, la mayoría de los miles de zapatos que guarda en sus famosos armarios del palacio de Malacanang de Manila le fueron donados por la industria zapatera filipina. Ella misma me lo dijo. Al parecer, cada vez que una empresa de calzado sacaba una nueva línea, enviaba a la Primera Dama muestras de todos los colores. Muchos de esos zapatos ni siquiera le quedaban bien.

Pero habría sido indecoroso, por supuesto, que se descubriera a la primera dama de la república tirando los zapatos a la basura del palacio, así que se dejaron a un lado, sólo para ser descubiertos cuando el palacio fue invadido tras el *golpe* dirigido por la CIA y el Mosad que forzó a la familia Marcos al exilio y los convirtió en *una causa célebre* sensacionalizada por los medios de comunicación de todo el mundo, que utilizaron esos mismos zapatos como "prueba" de que los Marcos habían malversado millones, si no miles de millones, del erario público, cuando nada, como hemos visto, podía estar más lejos de la realidad.

Y como anécdota, el día que visité a Imelda, me señaló riendo que llevaba unas sandalias de 10 dólares que había comprado en una cadena de tiendas de descuento.

Así, aunque la ya legendaria colección de zapatos de Imelda era conocida por todos los hombres, mujeres y niños que abrían un periódico o una revista en el mundo, era objeto de innumerables monólogos cómicos en televisión y era caricaturizada en dibujos animados durante semanas enteras, cientos de millones de personas en todo el mundo no sabían absolutamente nada del oro que era la verdadera fuente de su riqueza.

Así pues, utilizando la mentira y la desinformación, los medios de comunicación estadounidenses han convertido en villanos a la familia Marcos, al igual que han convertido en villanos a tantos otros que se han opuesto a la élite judía de una forma u otra durante el último siglo. Este es un hecho de la vida política que no se puede negar, como tampoco se puede negar el papel preeminente de la influencia judía en los medios de comunicación actuales.

Así que la manipulación de la prensa de la percepción pública de los líderes extranjeros en los Estados Unidos está hábilmente calculada y representa una agenda muy real que es, de hecho, la agenda del sionismo internacional, ya que está entrelazada con el poder monetario internacional: el imperio Rothschild y sus tentáculos globales, ese bloque de poder al que podemos, de hecho, referirnos correctamente - como hemos hecho a lo largo de los siglos- como "los judíos".

El gran poeta estadounidense Ezra Pound, firme crítico de los plutócratas judíos, de hecho de todos los plutócratas, presagió el ascenso de líderes nacionalistas como Ferdinand Marcos, Vladimir Putin, Hugo Chávez, Mahmud Ahmadineyad y el Dr. Mahathir Mohamad cuando escribió: "Algunas partes del mundo prefieren el control local, de su propio poder monetario y crédito. Puede ser deplorable (a ojos de Wall Street y Washington) que persistan tales aspiraciones de libertad personal y nacional, pero así son las cosas.

Algunos pueblos, algunas naciones, prefieren su propia administración a la de Baruch y los Sassoons, y el problema es el siguiente: ¿cuántos millones de británicos, rusos y americanos del norte y del sur del continente americano, más los zulúes, basutos, hotentotes, etc., y las razas inferiores, llamadas inferiores, los gobiernos fantasmas, los macabeos y sus secuelas, deben morir en el intento de aplastar la independencia de Europa y Japón?

¿Por qué todo hombre menor de 40 años debe morir o ser mutilado para apoyar una injusticia flagrante, un monopolio y un sucio intento de estrangular y matar de hambre a 30 naciones?

Pound tenía razón. El concepto de una plutocracia global y el papel preeminente del poder monetario judío internacional son elementos que sí influyen en el curso de los asuntos mundiales.

Se trata de temas de debate incómodos, especialmente para el estadounidense medio, que ha sido condicionado por los medios de comunicación a desconfiar de las cuestiones relacionadas con el pueblo judío en todo menos en lo más positivo. La imagen de "los terrores de Adolf Hitler" ha sido objeto de pesadillas para muchos estadounidenses a los que se ha informado repetidamente del sufrimiento del pueblo judío, pero estos estadounidenses desconocen los numerosos acontecimientos que condujeron al ascenso de Hitler y las circunstancias que desembocaron en el desarraigo del pueblo judío durante la Segunda Guerra Mundial.

Y vale la pena señalar que millones y millones de personas en toda Europa -personas de muchas naciones y culturas- apoyaron las políticas de Hitler sobre el poder monetario judío. Incluso el historiador judío Saul Friedlander, en su obra en dos volúmenes sobre el Holocausto, señaló el hecho poco conocido de que muchos líderes y miembros de los movimientos de resistencia antinazi en varias naciones en realidad apoyaron las políticas de Hitler hacia el poder monetario judío, a pesar de que todavía se oponían a la ocupación de sus países por las tropas alemanas - un hecho sorprendente de hecho.

Pero todo esto no es más que un comentario preliminar (aunque necesariamente extenso) sobre un tema explosivo que es necesario comprender a fondo. Todo esto es para reconocer la naturaleza "controvertida" de este tema sobre el que tanto se ha escrito y que, sin embargo, sigue siendo tan esotérico y misterioso, en parte debido a los temas del Nuevo Orden Mundial, a menudo disparatados y extravagantes, que emanan de "grandes nombres" y "grandes bocas" en los medios de comunicación alternativos, en la radio por Internet, y en una multitud de videos tontos y otras obras que no logran abordar el panorama general.

Así que comenzamos nuestro estudio de los hechos - no los mitos - sobre el Imperio Rothschild y lo que *realmente es* el Nuevo Orden Mundial, a pesar de las falsedades generalizadas y la desinformación ...

A la izquierda, un moderno sello de correos israelí en honor del rabino de origen español Moisés ben Maimón, conocido hoy tanto como "Maimónides" como "Rambam". Durante el siglo XII (la Edad Media), Maimónides "popularizó" el Talmud e hizo accesibles sus enseñanzas filosóficas a toda la civilización judía. Es uno de los filósofos que contribuyeron a institucionalizar el Talmud como fuerza motriz del pensamiento judío global. Ningún estudioso serio del Nuevo Orden Mundial puede discutir el hecho de que lo que el Talmud y otros escritos judíos esenciales proponen es precisamente el concepto que se está poniendo en práctica hoy en día como consecuencia del poder judío global en manos del Imperio Rothschild.

Aunque el imperio Rothschild se opuso inicialmente a la creación de un Estado judío, se convirtió en el mayor mecenas del sionismo una vez que reconoció las ventajas de un Estado judío estratégicamente situado en Palestina como base para maquinaciones globales. Por ello, Edmond Rothschild es aclamado como el "Padre de Israel" y honrado hoy en día en la moneda israelí.

CAPÍTULO I

El Talmud y los orígenes del Nuevo Orden Mundial

Aunque las enseñanzas sagradas judías conocidas como el Talmud -del que aprenderemos mucho en las páginas que siguen- son la fuente principal de lo que ahora llamamos el Nuevo Orden Mundial, lo cierto es que las enseñanzas del Antiguo Testamento demuestran, desde el principio, un tema judío consistente en que el mundo pertenece a los judíos y que todos los demás en el planeta están a merced y capricho de los intereses judíos.

Dos citas del Deuteronomio lo ilustran perfectamente:

> Cuando el Señor, tu Dios, te haya introducido en la tierra que has de entrar y ocupar, y haya expulsado ante ti a grandes naciones... cuando el Señor, tu Dios, te las haya entregado y las hayas derrotado, las condenarás.

> No hagas alianzas con ellos y no te apiades de ellos...

> Esto es lo que debéis hacerles: destruid sus altares, destrozad sus columnas sagradas, cortad sus postes sagrados y destruid sus ídolos con fuego.

> Porque vosotros sois un pueblo santo para el Señor, vuestro Dios; él os ha elegido entre todas las naciones de la faz de la tierra para que seáis su propio pueblo...

> Devorarás a todas las naciones que el Señor, tu Dios, te entregue...

> Destruirlos hasta aniquilarlos.

> Entregará sus reyes en tus manos, y destruirás su nombre de debajo de los cielos.

> Nadie podrá oponerse a ti hasta que pongas fin a sus acciones.

> Deuteronomio

> Cuando vayas a la guerra contra tu enemigo... primero ofrécele condiciones de paz.

Si acepta sus condiciones de paz y le abre sus puertas, todos sus habitantes le servirán como trabajadores forzados.

Si se niega a hacer las paces contigo y te ofrece batalla, asediala, y cuando el Señor, tu Dios, la haya entregado en tus manos, pasa a cuchillo a todo varón que haya en ella;

Pero tomarás como botín mujeres, niños, ganado y todo lo que merezca ser saqueado, y usarás el botín de tus enemigos que el Señor, tu Dios, te ha dado. Y así harás con toda ciudad a gran distancia de ti que no pertenezca a los pueblos de esta tierra.

Pero en las ciudades de las naciones que el Señor tu Dios te da en herencia, no dejarás un solo hombre con vida.

Debes condenarlos a todos...

Deuteronomio

Son palabras escalofriantes para cualquier no judío. Sin embargo, esto es lo que los judíos de la antigüedad y de hoy consideran la palabra de su Dios. El propio Martín Lutero reconoció con razón la naturaleza venal de tantas actitudes judías hacia el "Otro". Escribió: "El sol nunca ha brillado sobre tales actitudes: El sol nunca ha brillado sobre un pueblo tan sediento de sangre y venganza. Ningún pueblo bajo el sol es más codicioso de lo que son, de lo que han sido y de lo que serán jamás, como puede verse en su maldita usura. Se consuelan diciéndose que cuando venga su Mesías, recogerá todo el oro y la plata del mundo y lo repartirá entre ellos...

Cómo les gusta a los judíos el Libro de Ester, que se adapta tan bien a sus apetitos y esperanzas sanguinarios, vengativos y asesinos... Mi consejo es quemar sus sinagogas. Lo que no se queme se cubrirá con tierra, para que no se vea nada...

Todos los libros de oraciones y copias del Talmud, en los que aprenden tantas impiedades, mentiras, maldiciones y blasfemias, deben ser destruidos.

Hay que dar a los jóvenes judíos un mayal, una azada, un hacha, una pala, una rueca y un huso para que puedan ganarse el pan con el sudor de su frente.

El provocador libro del escritor judío Samuel Roth *Los judíos deben vivir*, publicado en 1934, aborda con franqueza las nociones judías de "elegido" y "superioridad" que se han inculcado constantemente en el pensamiento del pueblo judío a lo largo de la historia.

Empezando por el propio Señor Dios de Israel, fueron los sucesivos dirigentes de Israel quienes, uno tras otro, recogieron y guiaron la trágica carrera de los judíos, trágica para los judíos y no menos trágica para las naciones vecinas que los sufrieron.

Pero, para empezar, debíamos de ser un pueblo bastante horrible. Nuestro gran vicio entonces, como ahora, es el parasitismo.

Somos un pueblo de buitres, que vive del trabajo y la buena voluntad del resto del mundo. Pero a pesar de todos nuestros defectos, nunca habríamos hecho tanto daño al mundo si no hubiéramos tenido el genio de dirigir mal.

Reconozco nuestro parasitismo. Pero el parasitismo es tanto una virtud como un mal. Ciertos parásitos germinales son esenciales para la circulación regular de la sangre en las arterias de un cuerpo orgánico. Algunos parásitos sociales, por la misma razón, son importantes para el funcionamiento de la sangre del cuerpo político.

La vergüenza de Israel no proviene del hecho de que seamos los banqueros y ancianos del mundo. Más bien procede de la asombrosa hipocresía y crueldad que nos imponen nuestros malvados dirigentes y el resto del mundo.

Roth describió la naturaleza de las enseñanzas religiosas judías que le transmitieron en sus primeros años:

Lo que tenían los goyim [no judíos] era sólo una posesión temporal que la estúpida ley de los gentiles intentó hacer permanente. ¿No eran los judíos los elegidos de Dios?

¿No pretendía Dios, desde el principio, que todas las cosas buenas del mundo pertenecieran a sus favoritos?

El judío debía recordarlo en todo momento.

Especialmente en sus tratos con los Goyim. Era prácticamente una obligación moral para todo judío consciente engañar y estafar a los goyim siempre que fuera posible.

La impresión que esto me dejó en aquel momento fue que el mundo había sido creado por Dios para la habitación y prosperidad de Israel.

El resto de la creación -las vacas, los caballos, las ortigas, los robles, el estiércol y los goyim- ha sido colocado allí para nuestra comodidad, o para fastidiarnos, según el buen humor de Dios en ese momento.

Fue entonces cuando me di cuenta de que la actitud de Dios hacia sus elegidos era -y había sido durante muchos siglos- de severa desaprobación.

Por eso los goyim lo tenían todo y nosotros prácticamente nada.

Si fuéramos regularmente a la sinagoga en los Sabbats, y en particular en Yom Kippur -el Sabbat de los Sabbats-, Dios acabaría cediendo y quitaría de las toscas rodillas de los Goyim todos los favores divinos que en realidad estaban destinados a nosotros.

Despreciábamos al goy y odiábamos su religión. El goy, según las historias que cantaban los niños, sólo era y adoraba a una criatura desgarbada llamada *yoisel, y* una docena de otros nombres demasiado vulgares para repetirlos. El *yoisel* había sido una vez un ser humano y un judío. Pero un día había perdido la cabeza y, en aquel lamentable estado de confusión, había anunciado que era el mismísimo Señor Dios.

Para demostrarlo, propone sobrevolar la población como un ángel.

Con una página blasfema de las Sagradas Escrituras escondida bajo su brazo sudoroso, el *yoisel* sobrevoló a las multitudes de judíos en las abarrotadas calles de Jerusalén. El espectáculo que ofrecía era tan impresionante que incluso los judíos más piadosos se volvieron hacia él.

Pero Rabí Shamai, furioso por la desfachatez de esta criatura demente y temiendo una posible crisis religiosa en la tierra, arrancó dos hojas de las páginas de la Sagrada Escritura y, colocando una bajo cada brazo, voló aún más alto que el *yoisel*, con una sola página de la Sagrada Escritura como fuerza motriz. Él mismo voló por encima del *yoisel* y orinó sobre él.

Al instante, el poder del trozo de escritura en el *yoisel* quedó anulado y el *yoisel* cayó al suelo ante las burlas y mofas de los verdaderos creyentes en las calles de Jerusalén.

Roth describe este cuento como "una extraordinaria caricatura del fundador de la religión contraria". Y, por supuesto, el *Yoisel* de este cuento era Jesucristo.

La odiosa filosofía del Talmud judío -que, como veremos, es el fundamento principal del judaísmo actual y, sin duda, una guía virtual para el objetivo judío del imperio mundial- es algo que pocos "goyim" conocen. Pero deberían.

Auguste Rohling, profesor de la Universidad de Praga a finales del siglo XIX, estudió hebreo y escribió una traducción del Talmud. He aquí lo que Rohling describió como la base del Talmud:

1) El alma del judío forma parte de Dios mismo; las almas de los demás pueblos proceden del Diablo y se asemejan a las de los brutos;

2) El dominio sobre otros pueblos es un derecho exclusivo de los judíos;

3) En espera de la venida del Mesías, los judíos viven en un estado de guerra continua con otros pueblos;

4) Cuando se logre la victoria de los judíos, los demás pueblos aceptarán la religión judía, pero los cristianos no tendrán este privilegio y serán exterminados porque pertenecen al Diablo.

5) El judío es la sustancia de Dios; el gentil que lo golpea merece la muerte;

6) Los no judíos han sido creados para servir a los judíos;

7) Está prohibido que un judío muestre misericordia a sus enemigos;

8) Un judío puede ser hipócrita con un no judío;

9) Está permitido desnudar a un no judío;

10) Si alguien devuelve a un cristiano lo que ha perdido, Dios no le perdonará;

11) Dios ordenó al judío tomar usura del no judío para perjudicarlo;

12) El mejor de los no judíos debe ser exterminado; la vida honesta de un gentil debe ser objeto de odio;

13) Si un judío puede engañar a un gentil haciéndose pasar por no judío, puede hacerlo.

En 1975, el escritor ruso Valery Skurlatov, en su libro titulado *"Sionismo y Apartheid"*, puso de relieve los orígenes babilónicos del Talmud y su tesis -que ha permanecido en el corazón del pensamiento judío hasta nuestros días- del pueblo elegido de Dios: La tesis de la elección de los judíos por Dios, expuesta en el Pentateuco bíblico (la Torá), se desarrolló en detalle durante el período de actividad judía, cuando los comerciantes e intermediarios se trasladaron de Palestina a Mesopotamia [Babilonia] y Europa.

En la diáspora [la dispersión de los judíos], la antigua élite judía tuvo que mantener una estricta disciplina entre "los suyos".

Por eso el Talmud, en la primera mitad del primer milenio, y el Shulchan Arukh, en el siglo XIV, los códigos oficiales del periodo de la diáspora, hacían hincapié en la "exclusividad" de los judíos, en su superioridad innata sobre los gentiles, en su derecho a la supremacía mundial.

Durante muchos siglos, la vida de la comunidad judía se rigió estrictamente y sin concesiones por estas prescripciones del judaísmo talmúdico, que exigían que todo judío ortodoxo se enriqueciera simplemente a costa de los gentiles, y le enseñaban a mostrar iniciativa personal en los negocios y a ser siempre consciente de su "elevado estatus" en relación con los gentiles.

En particular, Skurlatov señaló que los sionistas y los judaizantes intentaban engañar a la opinión no judía de todo el mundo haciendo demasiado hincapié en diferencias ostensibles e intentando presentar el sionismo como una doctrina puramente política y totalmente moderna, diferente del judaísmo clásico. "En realidad, tanto el judaísmo como el sionismo tienen la misma base socioeconómica y, por tanto, un objetivo común: la dominación del mundo. El judaísmo, señaló, "contiene en forma codificada la estrategia, universal en las sociedades de clases, del 'pueblo elegido'. Sólo los 'suyos' son iniciados en esta estrategia secreta". El sionismo, dijo, "proclama las tácticas más apropiadas para un periodo determinado".

El escritor y apologista judío Bernard Lazare describió el Talmud como "el creador de la nación judía y el molde del alma judía".

Y se ha observado que para la gran mayoría de los judíos ortodoxos modernos, el Talmud ha suplantado casi por completo al Antiguo Testamento, que muchos cristianos siguen considerando el "libro sagrado" de judíos y cristianos.

El analista francés Gabriel Malglaive, cuyo libro *Juif ou Français?* - publicado en 1942, reflexiona sobre el papel de la religión judía y el talmudismo y su impacto en la sociedad. Malglaive escribe

> "La religión judía ha hecho algo más que transponer su ideal. Ha convertido una religión mística en una doctrina de dominación material y física".

El famoso escritor judío Herman Wouk escribió [en *The Talmud: Heart's Blood of the Jewish Faith*]:

El Talmud sigue siendo la savia de la religión judía. Sean cuales sean las leyes, costumbres o ceremonias que observemos -ya seamos ortodoxos, conservadores, reformistas o simplemente sentimentales espasmódicos-, seguimos el Talmud. Es nuestra ley común.

A lo largo de la historia, un sector del pueblo judío se ha manifestado en contra del Talmud. Eran los caraítas. ^{ème}La difunta Elizabeth Dilling, una de las grandes críticas estadounidenses del talmudismo, describió la historia de los caraítas en su obra clásica, *La religión judía: su influencia en la actualidad:* Los caraítas surgieron en la Babilonia del siglo VIII bajo Anan para atormentar al elemento superior farisaico despreciando el Talmud y haciendo del Antiguo Testamento la autoridad suprema.

Un torrente de odio fundido se volvió contra ellos. Con verdadera "fraternidad" y "tolerancia" talmúdicas, Anan fue expulsado de Babilonia y fundó la secta caraíta en Jerusalén.

Más tarde, cuando los pocos caraítas que quedaban fueron favorecidos por el zar de Rusia, a pesar de ser calificados de "intocables" por los talmudistas, estos últimos ofrecieron unirse a los caraítas para obtener inmunidad frente al disgusto del zar, pero los caraítas los rechazaron por hipócritas.

La Sra. Dilling señaló que los caraítas compartían con los cristianos "las maldiciones supremas" de los talmudistas. No es casualidad que la "gloria" de Babilonia se mencione en el Talmud, señala la Sra. Dilling. Lo que la Cruz significó para el cristianismo, escribe, "Babilonia la Grande" significó para lo que ella llama "el culto del talmudismo", es decir, el judaísmo tal como lo conocemos hoy.

La Jewish Publication Society of America, una de las más renombradas instituciones literarias judías, publicó en 1946 un volumen titulado *The Pharisees: The Sociological Background of Their Faith (Los fariseos: el trasfondo sociológico de su fe)*, escrito por Louis Finkelstein. En este volumen se afirma con toda claridad que

"El fariseísmo se convirtió en talmudismo, el talmudismo en rabinismo medieval y el rabinismo medieval en rabinismo moderno". Pero a través de estos cambios de nombre, la inevitable adaptación de las costumbres y el ajuste de la ley, el espíritu del antiguo fariseo sobrevive inalterado".

Según el historiador judío Max Dimont (citado en nuestro prefacio), que escribe en su libro *Les Juifs, Dieu et l'histoire (Los judíos, Dios y la historia)*, tras la llamada "diáspora" -la dispersión de los judíos por todo el mundo- los judíos lucharon por evitar la asimilación y la absorción en culturas extranjeras: "Los judíos afrontaron este reto creando un código jurídico-religioso -el Talmud- que les sirvió de fuerza unificadora y punto de encuentro espiritual.

Así nació en Babilonia, dice, "la era talmúdica ... [durante la cual] el Talmud gobernó a los judíos de forma casi invisible durante casi 1500 años". El Talmud, nacido en esta 'capital' de Babilonia, fue el instrumento de la supervivencia judía y ejerció una influencia decisiva en el curso de la historia judía durante 1.500 años", explica Dimont en *Juifs, Dieu et Histoire.*

El talmudismo logró tres cosas:

Cambió la naturaleza de Jehová. Cambió la naturaleza del judío y la idea judía de gobierno. La Biblia había creado al judío nacionalista; el Talmud dio a luz al judío universalmente adaptable, proporcionándole un marco invisible para el gobierno del hombre.

Son palabras notables: "un marco invisible para la gobernanza humana". No un marco "visible", sino un marco "invisible", que opera entre bastidores. Y no un marco para el gobierno de los judíos, sino un marco para el gobierno del "hombre" -¡un marco invisible, además, que no nos permite estudiar ni comprender al "Otro", los Goyim, los no judíos!

Dimont afirmó que el Talmud babilónico modificó o reinterpretó la ley mosaica del mismo modo que los estadounidenses modifican o reinterpretan la Constitución para hacer frente a nuevos problemas. En lugar de encajar los nuevos retos en los patrones del pasado, los judíos crearon nuevos patrones para adaptarse a las nuevas circunstancias".

Los fariseos, señala Dimont, fueron los grandes "defensores" de estas nuevas interpretaciones que hoy conocemos como Talmud.

El Talmud, dijo el Sr. Dimont, "tenía la función de cimentar a los judíos en un cuerpo religioso unificado y una comunidad cívica cohesionada". Y añadió:

> "El Talmud ha atravesado la historia judía: A lo largo de la historia judía, el Talmud ha tenido que proporcionar nuevas interpretaciones religiosas para adaptarse a las cambiantes condiciones de vida, así como a los nuevos y cada vez más amplios marcos de gobierno, a medida que se derrumbaban los antiguos imperios y surgían los jóvenes Estados."

A medida que el mundo judío se expandía, el marco del pensamiento y la actividad talmúdicos debía ampliarse para estar presente en el momento oportuno y aportar las soluciones adecuadas para garantizar la supervivencia de los ideales judíos.

èmeèmePodríamos señalar que esto es similar a la forma en que, a mediados del siglo XX, el trotskismo judío -la Internacional Comunista-, una manifestación moderna del talmudismo, se adaptó hasta el punto de que hoy, a principios del siglo XXI, hemos visto a los trotskistas transformarse en "conservadores", en este caso en "neoconservadores".

Dimont también señaló que *desde los primeros días de su exilio en Babilonia*, los judíos ocuparon altos cargos gubernamentales en Babilonia:

A lo largo de estos siglos, el concepto talmúdico de gobierno ha evolucionado paralelamente al concepto de Jehová. Los profetas transformaron a Jehová de un Dios judío en un Dios universal. Los talmudistas transformaron el concepto judío de gobierno exclusivo para los judíos en ideas aplicables al gobierno universal del hombre.

Los profetas concebían el judaísmo como algo que contenía mandamientos específicos para los judíos y principios generales para el pueblo en su conjunto.

Los talmudistas elaboraron leyes que permitían al judío seguir siendo no sólo judío, sino también un ser humano universal.

Para los talmudistas, los judíos de todos los países simbolizaban la división de la humanidad en nacionalidades. Había que formular leyes que respondieran a las necesidades particulares de cada entidad nacional, y leyes que permitieran a todas las naciones convivir en una nación humana unida.

Los conceptos universales de gobierno del Talmud se han convertido en la materia de los sueños de Isaías sobre la fraternidad del hombre.

Curiosamente, Dimont señala que "mientras hubo imperios fuertes y unificados, el Talmud pudo funcionar a escala universal". Añade, sin embargo, que cuando los imperios del mundo empezaron a desmoronarse, la influencia universal del Talmud quedó reducida a la nada. En esencia, *el Talmudismo prospera bajo el Imperio y el Imperialismo*. Y sigue haciéndolo hoy en día.

Maimónides -nombre por el que se conoce generalmente al rabino Moisés ben Maimón (que vivió entre 1135 y 1204)- es el filósofo judío que proporcionó lo que Dimont recuerda como "el Talmud más completo pero simplificado, modernizado, abreviado e indexado que cualquier hombre alfabetizado puede utilizar como libro de consulta". Este volumen de Maimónides se conoce como la *Mishneh Torah, la* "segunda Torá".

Más tarde, sin embargo, un judío de origen español, Joseph Caro, que vivió de 1488 a 1575 y se instaló después en Palestina, donde creó un centro de enseñanza religiosa, escribió lo que llamó el *Shulchan Aruch* (que se traduce como "La tabla preparada"). Se trataba, como dice Dimont, de una nueva "edición del Talmud para todos... una tabla de bolsillo que tendría la última palabra sobre todo". Esta codificación del Talmud es lo que sigue siendo en esencia la versión "popular" del Talmud hoy en día, que sigue siendo una guía (y una visión) de la filosofía judía que se esconde tras el afán de dominación mundial.

La otra gran obra de Max Dimont, *Los judíos indestructibles,* publicada en 1971 (y también citada en nuestro capítulo anterior), es una franca exposición del concepto de supremacía judía. En ella afirma:

> "La historia judía se compone de una serie única de acontecimientos -accidentales o intencionados- que han tenido el efecto práctico de preservar a los judíos como judíos en el "exilio" para cumplir su misión declarada de inaugurar una hermandad humana.

> Que esta misión fuera iniciada por Dios o atribuida retroactivamente a Dios por los propios judíos no altera nuestra tesis de un destino judío manifiesto.

> Sostenemos que este exilio no fue un castigo por los pecados, sino un factor clave para la supervivencia de los judíos. En lugar de condenar a los judíos a la extinción, los condujo a la libertad".

La afirmación de Dimont de que los judíos siguieron sobreviviendo a pesar de la destrucción de las sociedades en las que vivían es bastante notable: Después de que el flujo de una civilización ha alcanzado su punto álgido, la vemos refluir lentamente y finalmente hundirse en las profundidades del olvido histórico. Y vemos a los judíos de esa civilización hundirse con ella. Pero mientras todas las civilizaciones hundidas permanecen sumergidas, los judíos emergen una y otra vez de una situación aparentemente fatal, subidos a la cresta de una nueva civilización que se asienta donde la anterior se había hundido.

Los judíos hicieron su primera aparición en la historia en el mundo babilónico hacia el año 2000 a.C. Cuando el estado babilónico desapareció, los judíos entraron en el Imperio persa. Cuando el mundo persa se desintegró, anunciaron su entrada en el mundo helénico . Cuando Roma "conquistó" el mundo, se establecieron en Europa Occidental, ayudando a los romanos a llevar el estandarte de la empresa comercial a la Galia bárbara. Cuando la estrella del Islam se elevó, los judíos se elevaron con ella a una edad de oro de creatividad intelectual. Cuando el feudalismo se afianzó en Europa, se convirtieron en sus banqueros y eruditos. Y cuando la era moderna se afianzó, formaron parte del equipo de arquitectos que le dieron forma.

Aunque el cristiano medio, sobre todo en Estados Unidos, asume que los judíos, como "pueblo del libro sagrado", creen que su destino está en manos de Dios, Max Dimont adopta un enfoque diferente; o mejor dicho, plantea algunas cuestiones interesantes.

Refiriéndose a los acontecimientos tal como los describió, Dimont se pregunta "quién trazó semejante plan" para el curso de la historia judía y su participación en las diversas grandes civilizaciones -ninguna de las cuales, por cierto, fue creada por los propios judíos, pero en las que a menudo desempeñaron un papel destructor.

En respuesta a su propia pregunta sobre "quién" elaboró tal plan, Dimont responde con una pregunta propia: "¿Dios? ¿O los propios judíos? Un cínico podría pensar que Dimont antepone a los judíos al propio Dios.

Dimont parece oponerse a la idea de que los judíos como pueblo han evolucionado con el tiempo. Hoy en día, muchos responden a las críticas al libro de leyes judías, el Talmud -que está en el corazón del judaísmo actual como lo ha estado desde que el Talmud apareció por primera vez durante el exilio judío en Babilonia- afirmando que el Talmud ya no representa al pueblo judío ni su pensamiento, que el pensamiento judío ha evolucionado, que las cosas desagradables en el Talmud sobre Cristo y los cristianos, por ejemplo, no representan realmente el estado de ánimo judío.

Sin embargo, escribe Dimont:

> "Los judíos de hoy siguen perteneciendo a la misma "cultura" y al mismo pueblo que los judíos de ayer. Representan una continuidad de ideas que se remonta ininterrumpidamente cuatro mil años atrás, hasta Abraham".

La tesis de Dimont es que

"La historia judía consiste en una avalancha de ideas que han derribado imperios e inaugurado una nueva forma de pensar".

Ahora bien, obsérvese que la gente corriente, cuando se enfrenta a la historia de la Segunda Guerra Mundial y a esa serie de acontecimientos descritos generalmente como "el Holocausto", diría que la Segunda Guerra Mundial fue una gran calamidad para los judíos, porque las enseñanzas habituales sobre esa época -muchas de las cuales proceden de autores judíos que se dirigen a audiencias populares (que, por supuesto, son en su mayoría no judías)- insisten efectivamente en que la Segunda Guerra Mundial fue una tragedia extraordinaria para los judíos.

Sin embargo, el filósofo judío Max Dimont tiene una opinión interesante sobre todo esto. Escribió: "La racha de suerte de Europa ha terminado y los WASP ya no gobiernan el mundo". Se preguntaba si la Segunda Guerra Mundial no había sido, de hecho, una victoria pírrica para Occidente, sugiriendo, en una prosa aparentemente esperanzadora, que los días de la civilización occidental estaban declinando, que los días de la civilización occidental estaban contados.

Para los judíos, en cambio, Dimont saludó la Segunda Guerra Mundial como "un punto de inflexión decisivo". Como resultado de la Segunda Guerra Mundial, escribió, "los judíos tienen ahora puestos de avanzada en la diáspora en todos los continentes, en posiciones estratégicas, para cumplir el tercer acto de su destino manifiesto".

En ninguna parte es más evidente la visión judeocéntrica (e incluso judeosupremacista) de Dimont que en su capítulo sobre "La revolución sionista" que, según Dimont, es parte integrante del plan judío general para el establecimiento de un nuevo orden mundial basado en principios judíos.

Refiriéndose al nacimiento de Israel como Estado-nación en 1948, el Sr. Dimont escribió: "Es el único país nacido tras la Segunda Guerra Mundial que, sin esclavizar a otras naciones, explotar a parte de su propia población ni atar su destino a una potencia exterior, ha logrado garantizar un nivel de vida, libertad y derecho comparable al de la nación occidental más avanzada.

¿Cómo se ha podido conseguir todo esto en tan poco tiempo, en menos de una generación?

¿Cómo ha logrado este pequeño país, asolado, despojado y expoliado durante dos mil años por romanos, bizantinos, sasánidas, árabes, cruzados, mamelucos, turcos e ingleses, pasar de la servidumbre a la independencia, de la mendicidad a la riqueza, de la pobreza cultural a la eminencia intelectual en el espacio de cinco breves décadas? ?

¿De dónde sale el capital para pagar instalaciones industriales, un alto nivel de vida y actividades culturales?

Dimont se expresa largamente de esta manera grandilocuente, sin reconocer en ningún momento el hecho de que este país (Israel), nacido tras la Segunda Guerra Mundial, esclavizó de hecho a otras naciones antes de lograr la condición de Estado. Nos referimos, por supuesto, a los palestinos cristianos y a los palestinos musulmanes. También nos referimos al pueblo alemán, cuyo futuro como Estado-nación parece (al menos en este momento) estar ligado para siempre al Estado de Israel en virtud del hecho de que el pueblo alemán fue oprimido, esclavizado, a través de los miles de millones de dólares en "reparaciones" anuales que se toman del pueblo alemán y se pagan a Israel.

Dimont afirma que el pueblo judío de Israel no ha explotado a parte de su propia población.

Este no es el caso.

La historia demuestra lo contrario.

Observamos que los grupos terroristas judíos han cometido actos de terror contra sus compatriotas judíos como parte de los esfuerzos para establecer el Estado judío en Palestina.

Además, no debemos olvidar que tras la creación del Estado de Israel, terroristas judíos enviados por el gobierno israelí a los países árabes cometieron crímenes de terrorismo contra estas poblaciones judías para atemorizarlas y convencerlas (falsamente) de que estaban siendo atacadas por sus gobernantes árabes con el fin de obligarlas a abandonar estos países e instalarse en la Palestina ocupada, entonces conocida como "Israel".

Así que, sí, los judíos han explotado a segmentos de su propio pueblo.

Y luego, por supuesto, Dimont dice que Israel no ha atado su destino a una potencia exterior. Nada más lejos de la realidad.

Ya hemos mencionado la dependencia de los judíos de las reparaciones alemanas. Pero la cosa no quedó ahí. En aquella época, el Estado de Israel dependía en gran medida de Francia y de la China Roja para desarrollar su arsenal de armas nucleares de destrucción masiva, que desde el principio han sido la piedra angular de toda la estrategia geopolítica y de defensa nacional de Israel, la base de su gran diseño para expandir su influencia -hasta sus mismas fronteras- en la región y, en general, en todo el planeta.

Y ahora, por supuesto, existe la famosa "relación especial" entre Estados Unidos e Israel que se ha convertido en el centro del curso de los asuntos mundiales y, como sabemos, esta relación especial es una consecuencia directa del aumento de la influencia judía sionista en América, en conjunción, también, con la espiral ascendente del poder del dinero internacional y su dominio sobre los medios de comunicación de masas en América.

Israel recibe miles de millones de dólares de Estados Unidos en forma de subvenciones y préstamos directos, cuyos detalles son asombrosos.

A la luz de todo esto, debemos burlarnos francamente de la pregunta del Sr. Dimont sobre el origen del capital que financió el desarrollo interno masivo del Estado de Israel, esta "floración en el desierto", como se la llama tan a menudo. ¿Cuántos billones de dólares de capital estadounidense se utilizaron para cultivar esta flor?

Sin embargo, la audacia de Dimont, su hipocresía -llámenlo "chutzpah", si quieren- refleja, de hecho, la misma actitud que siempre ha dictado las actitudes judías hacia el resto del mundo: los que ellos llaman "los Otros", "los Gentiles", "los Goyim" -los no humanos, el ganado, los instrumentos de Satán.

De hecho, Israel sólo ha alcanzado la riqueza a través de la mendicidad, lo que sin duda lo convierte en el mendigo más rico del planeta.

Ojalá los mendigos sin hogar de las calles de Washington, DC -la capital estadounidense desde la que fluyen billones de dólares de los impuestos estadounidenses a las arcas de Israel- pudieran hacer lo mismo. Ojalá los 5.000 veteranos de guerra estadounidenses sin hogar que viven en las calles de Washington pudieran hacer lo mismo.

La asombrosa verdad sobre Israel -como Estado, como entidad, como ser económico- es que, como escribió el Dr. Norman Cantor en su libro de 1994, *The Sacred Chain* (publicado por HarperCollins), "*el hecho es que la* economía judía en Israel, desde la primera década del siglo hasta hoy, nunca ha sido viable. Los judíos de Sión nunca han sido capaces de mantenerse a sí mismos. El balance siempre ha sido negativo. Sólo han sobrevivido cubriendo sus déficits con ayuda exterior: caridad judía donada generosamente desde el extranjero y, desde alrededor de 1970, una importante ayuda del gobierno estadounidense.

[Israel] es un país donde se venera cada centímetro cuadrado de su antiguo suelo y los descubrimientos arqueológicos se saludan con una celebración nacional, pero que trata su frágil ecología con una despreocupación que asombra a un estadounidense o a un canadiense. No controla las emisiones contaminantes de sus automóviles y vierte aguas residuales sin tratar en el Mediterráneo, ensuciando sus propias playas.

Lo peor para Israel en los años ochenta y principios de los noventa fue que se permitió depender totalmente de la ayuda del gobierno estadounidense, tanto para fines militares como civiles...

Si tenemos en cuenta que las organizaciones benéficas judías en el extranjero aportan cada año una suma similar, hay que reconocer que Israel es una nación gravemente endeudada, un país colonial, incapaz de subvenir a sus propias necesidades y acostumbrado con avidez y despreocupación a vivir del dinero ajeno.

[Israel] se intoxicó, no como muchos de sus antepasados sin dinero, con la religión mística, sino con el glamour militar y las imágenes triunfalistas, un estado mental peligroso y autodestructivo en un mundo sobrio y competitivo a finales del siglo XX.

Sorprendentemente, Dimont -el filósofo judío- sugirió que "ideológicamente" la China comunista podría ser una "civilización fértil" para la agenda judía global, para los judíos que viven en la "diáspora" (es decir, fuera del Estado de Israel).

La razón era que los chinos estaban, según Dimont, "aún más judaizados que los puritanos de la América colonial".

Dimont declaró que "aunque los chinos no reivindiquen una herencia judía, aunque no distingan a un judío de un cristiano, su ideología es más 'de origen judío' que la de la civilización occidental", y añadió: "Las nuevas civilizaciones surgen de la combinación de una nueva religión mundial, un nuevo concepto de la naturaleza y una nueva visión del hombre: Según los metahistoriadores, las nuevas civilizaciones surgen de la combinación de una nueva religión mundial, un nuevo concepto de la naturaleza y una nueva visión del hombre. En la China actual, las influencias del confucianismo, el budismo y el taoísmo ( ) están siendo sustituidas por una nueva forma de pensamiento religioso, científico y psicológico. Así como la Biblia es la ideología que motiva a los mil millones de cristianos del mundo, *Das* Kapital es la ideología que motiva a los mil millones de chinos del mundo. La "religión" de China es la doctrina económica de un judío, Karl Marx. Su ciencia es la física teórica de un judío, Albert Einstein. Su psicología es la de un judío, Sigmund Freud.

El retrato que hace Dimont del Estado comunista totalitario de China en la década de 1960 como, a todos los efectos, un reflejo de la cultura judía en su mejor momento, en su apogeo, es revelador y revelador.

Dimont afirmó que "según los precedentes [...] los centros de diáspora parecen cobrar vida en civilizaciones que se encuentran en su fase de primavera, verano u otoño, no en la de invierno". Y añadió que

> "El judaísmo podría desempeñar un papel en el desarrollo de una religión universal y una diáspora universal para un ciudadano del nuevo mundo".

> "Si la era espacial deja obsoleto al Estado nacional", dice Dimont, "podemos prever la formación de nuevos agregados más significativos para los que la diáspora ya ha establecido un modelo."

Dimont añadió que "siempre está de moda denigrar al judaísmo porque es el credo de sólo 12 millones de almas", pero replicó que la historia no juzga "por la cantidad, sino por la calidad".

Las grandes ideas, dijo, suelen despreciarse al principio, lo que implícitamente significa que el judaísmo es una de esas "grandes ideas".

Sin embargo, por otro lado, Dimont afirmó:

> "Todas las grandes religiones que conquistaron el mundo se derrumban hoy. La espada de Constantino y la cimitarra de Mohamad han pasado a Marx. Hoy, los 200 millones de eslavos de Rusia profesan esta nueva fe; la China Roja se ha convertido al ciclo como Carlomagno a la cruz; los millones de negros africanos están en vías de adquirirla. Cientos de millones de musulmanes, hindúes y budistas vacilan entre su antigua fe y este credo actual."

Claramente, veía al judaísmo como LA gran idea -anteriormente despreciada- que acabaría conquistando el mundo siguiendo la estela de las otras grandes religiones que se derrumbaban mientras él se jactaba de la inminencia del apogeo judío. El péndulo", dijo Dimont, "oscilaba entre el cientificismo vacío y el humanismo profético, porque el marxismo es un credo económico, no un evangelio espiritual".

El resto del planeta se estaba poniendo en su sitio, adoptando (esperaba él) los ideales judíos. Todos los pueblos luchaban contra sus propias debilidades e inevitablemente se prepararían para ser guiados por el Imperio judío mundial, que Dimont aseguraba a sus lectores que era *un hecho consumado:* miren a los paganos de África, catapultados de la Edad de Piedra a la era atómica del siglo XX, desconcertados por la pérdida de su tribu y su fe. Miren a los quinientos millones de almas de la India en busca de una religión que no les ahogue en la mitología ni les asfixie en el materialismo. Miren a los chinos, un pueblo espiritualmente sensible privado de repente de religión. Fíjese en los rusos, a quienes se ha enseñado el ateísmo durante medio siglo, pero que siguen buscando una religión que satisfaga sus necesidades espirituales. Y fíjese en el propio mundo cristiano, que proclama que "Dios ha muerto", pero busca nuevos valores.

¿Están dispuestos los pueblos del mundo actual a abrazar el judaísmo como los paganos del Imperio Romano estaban dispuestos a aceptar el cristianismo? ¿Puede el judaísmo abrirse paso en una época de riqueza materialista y desintegración espiritual? ¿Puede este pequeño y amorfo grupo étnico conocido como los judíos lograr lo que todos los grandes "ismos" han sido incapaces de hacer?

¿Son el racionalismo, el comunismo, el nazismo o el racismo más prometedores que la ética del judaísmo? ¿No ha demostrado el Antiguo Testamento ser superior a las filosofías de Platón, Hagel o Kant?

¿Nos sentimos más seguros con el dedo del científico o con el dedo de Dios en el gatillo de la bomba de hidrógeno?

¿Será el destino de los judíos en el tercer acto hacer proselitismo del aspecto universal de su fe ante un mundo diaspórico enfermo de su alma científica, dispuesto, tal vez, por fin, a aceptar su mensaje profético? ¿Es posible que el cristianismo, el mahometismo y el comunismo no fueran más que peldaños para permitir al hombre diaspórico avanzar más fácilmente hacia un judaísmo universal?

Al igual que el cristianismo es un trampolín religioso judío para la fraternidad espiritual, el marxismo puede ser un trampolín secular judío para la fraternidad social.

Al final del primer acto", dijo Dimont, "Jesús proclamó una hermandad religiosa de los hombres en el cielo. Al final del segundo acto, Marx proclamó una fraternidad económica de los hombres en la Tierra. ¿Qué se proclamará al final del tercer acto?", preguntó Dimont.

¿Reaparecerá el Jesús cristiano como prometen los Evangelios, o un mesías judío como prometen los profetas? ¿Y si se cumplen ambas predicciones? ¿Serán dos mesías diferentes o uno y el mismo? Se dice que el hombre elige un héroe para salvarse pero que Dios elige un pueblo para salvar a la humanidad. Los cristianos eligieron a Jesús como héroe para salvarlos. ¿Eligió Dios a los judíos para salvar a la humanidad?

En el tercer acto, el propio hombre se enfrentará a una elección existencialista: ¿debe elegir el paraíso cristiano en el Cielo, con el regreso de Jesús vengador para poner fin a la humanidad mediante un juicio final, o debe elegir el paraíso judío en la Tierra, propiciado por un concepto mesiánico de fraternidad?

Es, cuando menos, asombroso.

Entonces, ¿cuál es la función del propio Estado de Israel, según el Sr. Dimont? "En última instancia, la fuerza motivadora del sionismo fue la existencia del mesianismo, la mística de los profetas.

Dimont citó al padre fundador de Israel, David Ben-Gurion, que dijo: "Mi concepción de la idea mesiánica no es metafísica sino sociocultural .... Creo en nuestra superioridad moral e intelectual, en nuestra capacidad de servir de modelo para la redención de la raza humana ... La gloria de la Presencia Divina está dentro de nosotros, en nuestros corazones, no fuera de nosotros".

Según Dimont, los cristianos son incapaces de cumplir la tarea asignada al hombre por Dios y la descargan en Dios a través de Jesús. En el judaísmo, el hombre está dispuesto a trabajar para cumplir la misión de Dios, aunque el trabajo parezca a veces desesperado y absurdo.

Una vez más, es extraordinario.

Pero también es muy revelador.

"Sin Israel [que existe como Estado]", dijo Dimont, "la diáspora [la dispersión del pueblo judío por el mundo] no tiene sentido y el mundo puede no tener esperanza". Quizá Isaías tenga razón después de todo. ¿Será que "de Sión sale la ley, y de Jerusalén la palabra del Señor"?

En otras palabras, Israel será el lugar de la ley, el centro de la dominación judía sobre todo el planeta.

El Sr. Dimont declaró que el pueblo judío sobrevivirá "mientras los judíos se atengan a la ética de la Torá y a la ideología de los profetas". De este modo, los judíos "seguirán siendo indestructibles".

Según Dimont, cuando todos los hombres adopten esta ideología judía, se convertirán simbólicamente en "judíos":

Entonces sólo existirá el hombre. La misión interior ha terminado. Es hora de volver al teatro del mundo, donde está a punto de representarse el acto final de nuestro destino manifiesto.

Las puertas, sin embargo, conducen a un escenario vacío que empieza a llenarse de gente. No hay telón. Ya no somos espectadores. Somos actores de un teatro vivo.

Dimont se pregunta: "¿Existe un destino claro en la historia judía? ¿Son los judíos las víctimas o los vencedores de la historia? ¿Fue su trágico sufrimiento el castigo por sus pecados o el medio secreto de su supervivencia mientras otras culturas y religiones quedaban sepultadas en las arenas del tiempo?

Para entender lo que Dimont nos dice sobre la visión judía del mundo, tenemos que fijarnos en la relación de Adolf Hitler con el pueblo alemán y, en este caso, con millones de personas de Europa, Asia, África e incluso América que creían, por decirlo sin rodeos, que "Hitler tenía razón".

Escuchen lo que escribió Dimont. Hizo la pregunta: "¿De dónde venía el dominio de Hitler sobre el pueblo alemán?". Según Dimont:

> Todas las ideas [de Hitler], sus diatribas antisemitas, su teoría de la comunidad de sangre, su mito de la superioridad racial aria, su concepción de la historia como una orgía sexual, eran elaboraciones secundarias de la pornografía racista garabateada en las paredes de *los meaderos* de Europa durante décadas antes de su llegada.

> El genio de Hitler no residía en la originalidad de sus ideas, sino en su asombrosa capacidad para transformar fantasías prohibidas de sadismo y asesinato en formas aceptables de estadismo.

> ... Se rodeó de una camarilla de drogadictos como Goering, pederastas como Roehm, sádicos, fetichistas y asesinos como Heydrich, Frank y Himmler que, amparándose en la legalidad, sustituyeron el Decálogo y el Evangelio por un código de degeneración.

Aunque la evaluación histérica de Dimont es bastante extraordinaria, llena de mentiras y calumnias de la clase más vil, ferozmente refutada y repudiada por lo que el historiador británico David Irving ha llamado acertadamente "la verdadera historia" - por lo que el historiador estadounidense Harry Elmer Barnes ha descrito como "entender bien la historia" - la visión claramente judía de Dimont demuestra que la filosofía judía sostiene que los que apoyan la agenda judía son "buenos" y de Dios y los que se oponen a ella son "malos" y del Diablo. Y añadió:

"¿Percibió Alemania, como Fausto, la pezuña hendida del diablo cuando éste le puso la mano encima? ¿Siguió voluntariamente a este mendigo de la muerte en una guerra contra el mundo? La historia ya ha dado su veredicto. Lo ha hecho".

Pero Jesucristo tenía una opinión diferente. A los líderes judíos de su tiempo, Cristo les dijo:

"Vosotros sois de vuestro padre, el diablo: "Vosotros sois de vuestro padre, el diablo, y haréis los deseos de vuestro padre. Es homicida desde el principio, y no permanece en la verdad, porque no hay verdad en él. Cuando habla mentira, habla de sí mismo, porque es mentiroso y padre de mentira. Generación de víboras, ¿cómo podéis, siendo malos, hablar cosas buenas? Porque de la abundancia del corazón habla la boca".

Voltaire, el gran librepensador francés del Siglo de las Luces, aunque considerado un "ateo", compartía en gran medida las preocupaciones de Cristo y, en sus frecuentes escritos sobre el problema judío -también conocido como la "cuestión judía"- reflejaba un punto de vista que, a su manera, reconocía el estado de ánimo judío enunciado por Max Dimont tantos siglos después. Voltaire escribió:

Los judíos no son más que un pueblo ignorante y bárbaro que combina desde hace mucho tiempo la avaricia más detestable con la superstición más abominable y un odio insaciable hacia todos los pueblos que los toleran y los enriquecen.

Los judíos son un horror para todos los pueblos que los han acogido... desde tiempos inmemoriales, los judíos han desfigurado la verdad con fábulas absurdas.

Los judíos son los mayores canallas que jamás han manchado esta tierra. La pequeña nación judía se atreve a mostrar un odio irreconciliable hacia la propiedad ajena.

Y mientras Max Dimont se jactaba de la naturaleza "indestructible" de los judíos y de cómo habían sobrevivido a la decadencia, el colapso y la destrucción de otras religiones y civilizaciones, Charles Newdigate, un franco miembro de la Cámara de los Comunes británica, declaró en 1858 que había deducido la naturaleza del papel de los judíos en la historia precisamente del Talmud, del que Dimont escribió más tarde tantos elogios. Newdigate habló de las "tendencias" del Talmud como "inmorales, antisociales y antinacionales". Declaró:

> "Los judíos han causado directa e indirectamente el colapso de Europa: Los judíos han causado directa e indirectamente disturbios y revoluciones. Han causado la ruina y la miseria de sus semejantes por los medios más perversos y astutos. La causa del oprobio de que son objeto reside en el carácter mismo del judaísmo, que no ofrece a sus adeptos ningún punto de centralización fundado en la moral."

Y aunque se ha escrito mucho sobre los despreciables delirios anticristianos y anticristianos del Talmud, a menudo se olvida que el Talmud, tal como apareció en Babilonia, fue de hecho el fundamento - como ha atestiguado Max Dimont (entre muchos otros)- de la cosmovisión judía a largo plazo, que prevé el triunfo final de los judíos, la institución de lo que hoy conocemos como el Nuevo Orden Mundial.

En la vasta obra conocida como el Talmud, está claro que los no judíos deben mantenerse alejados de la filosofía de esta extraordinaria obra: comunicar cualquier cosa a un goy sobre nuestras relaciones religiosas equivaldría a matar a todos los judíos, porque si los goyim supieran lo que enseñamos sobre ellos, nos matarían abiertamente.

Un judío debe y tiene que jurar en falso cuando los gentiles preguntan si nuestros libros contienen algo contra ellos.

La razón por la que el Talmud debe ocultarse a los no judíos también está clara, pues una directiva (similar a muchas otras del Talmud) afirma categóricamente que "los judíos son seres humanos, pero las naciones del mundo no son seres humanos, sino bestias...".

En otra parte del Talmud, se dice que

> "Jehová creó al no judío en forma humana para que el judío no tuviera que ser servido por bestias. El no judío es, pues, un animal con forma humana, condenado a servir al judío día y noche".

Aquellos que se atrevan a desafiar a los judíos serán destruidos: "Está permitido matar a un delator judío en cualquier lugar. Está permitido matarlo incluso antes de que denuncie". (Esto tal vez explique la doctrina de la guerra preventiva adoptada formalmente como política por la administración de George W. Bush, dominada por los judíos, en su búsqueda de la guerra contra Irak y su impulso a la guerra contra Irán, una guerra que aún no ha terminado).

Y para que conste, mientras continuamos nuestra investigación sobre el sueño judío de un planeta bajo dominio judío, debemos señalar que el

Talmud dice al pueblo judío que "Cuando venga el Mesías, cada judío tendrá 2800 esclavos" y que "Toda la propiedad de otras naciones pertenece a la nación judía, que por lo tanto tiene derecho a apoderarse de ella sin ningún escrúpulo".

El Talmud declara que los no judíos serán derrotados cuando los judíos gobiernen la tierra:

> Tan pronto como el Mesías-Rey se declare, destruirá Roma y la convertirá en un desierto. En el palacio del Papa crecerán espinas y cizaña. Luego desatará una guerra sin piedad contra los no judíos y los aplastará. Los masacrará en masa, matará a sus reyes y devastará toda la tierra romana. Les dirá a los judíos: "Yo soy el Mesías-Rey que estáis esperando. Tomad la plata y el oro de los gentiles".

Sí, el Talmud está en el origen de lo que llamamos el Nuevo Orden Mundial.

En las páginas siguientes, aprenderemos mucho más sobre este diabólico proyecto tal y como fue francamente presentado en los escritos judíos.

Esta caricatura muestra a las cabezas coronadas de Europa -los ostensibles gobernantes de la época- inclinándose ante Lionel Rothschild en su trono de hipotecas, préstamos y dinero en efectivo. De hecho, ésta era la realidad de la época, la realización efectiva del viejo sueño judío de un nuevo orden mundial -una utopía judía- en el que todos los demás pueblos del planeta se inclinarían y adorarían al pueblo judío, los nuevos amos de la tierra. No en vano Rothschild era apodado el "Rey de Reyes".

CAPÍTULO II

Utopía judía: el Nuevo Orden Mundial

En 1932, Michael Higger, doctor en Filosofía, compiló *una* notable obra *titulada Utopía judía*, que dedicó a la Universidad Hebrea de Jerusalén, a la que describió como el "símbolo de la utopía judía". El libro de Higger es un documento notable que el difunto Robert H. Williams, escritor nacionalista estadounidense de los años cincuenta y sesenta, describió como un compendio de la filosofía que subyace a lo que Williams denominó "el Orden Mundial Definitivo", es decir, el Nuevo Orden Mundial.

Lo notable del libro de Higger es que la copia que Robert H. Williams descubrió y popularizó entre los nacionalistas estadounidenses se encuentra en la Colección Abraham I. Schechter de Hebraica y Judaica de la Biblioteca de la Universidad de Texas, donada por el Kallah de los Rabinos de Texas. Schechter Collection of Hebraica and Judaica en la Biblioteca de la Universidad de Texas, donada por la Kallah de los Rabinos de Texas. La Kallah de Rabinos de Texas tenía tan buena opinión de este libro que lo donó a la Biblioteca de la Universidad de Texas.

El libro del Dr. Higger El libro de Higger era una compilación del estudio de Higger de lo que Williams describió como "la suma total de las profecías, enseñanzas, planes e interpretaciones de los principales rabinos judíos y líderes tribales durante un período de unos 2.500 años", desde la época de la Ley Oral y el comienzo del Talmud babilónico, en el que se puede encontrar lo que Williams describe como un "doble rasero para judíos y no judíos y su interpretación nacionalista y militarista de la Torá" (la Torá, por supuesto, son los cinco primeros libros del Antiguo Testamento - los "Cinco Libros de Moisés").

Los libros hablan de los 'justos' y los 'injustos'. Al final, según la interpretación de Higger de la tradición judía, los 'no justos' perecerán", escribe Higger:

Para comprender la concepción rabínica de un mundo ideal, basta con imaginar una mano que se desplace de tierra en tierra, de país en país, del Océano Índico al Polo Norte, marcando "justo" o "malvado" en la frente de cada uno de los mil seiscientos millones de habitantes de nuestro globo. Estaríamos entonces en el buen camino para resolver los grandes problemas que tanto pesan sobre los hombros de la humanidad doliente.

La humanidad tendría que dividirse en dos -y sólo dos- grupos distintos e innegables: los justos y los malvados. A los justos pertenecería todo lo que el maravilloso mundo de Dios puede ofrecer; a los malvados, nada.

En el futuro se cumplirán las palabras de Isaías, en el lenguaje de los rabinos: "He aquí que mis siervos comerán, pero vosotros tendréis hambre; he aquí que mis siervos beberán, pero vosotros tendréis sed; he aquí que mis siervos se alegrarán, pero vosotros tendréis hambre. Mis siervos beberán, pero vosotros tendréis sed; Mis siervos se alegrarán, pero vosotros os avergonzaréis".

Este es el poder de la profecía de Malaquías, que dice:

> "Entonces volveréis a distinguir entre justos e impíos, entre los que sirven a Dios y los que no".

Y está claro a lo largo de los escritos de Higger (basados en su análisis de las obras de los grandes rabinos judíos y líderes espirituales) que los "justos" serán los judíos y aquellos que elijan alinearse como servidores de los judíos, ¡y que los "malvados" serán aquellos que sean percibidos por los judíos como opuestos a sus intereses!

Higger cita el Talmud:

> "Es un legado para nosotros [los judíos], no para ellos [es decir, todos los demás seres humanos sobre la faz del planeta]".

Higger continúa señalando que como parte de este nuevo orden mundial (que él llama "la utopía judía"),

> "Todos los tesoros y recursos naturales del mundo acabarán en posesión de los justos. Esto", dice, "estaría de acuerdo con la profecía de Isaías: 'En su ganancia y en su salario habrá santidad para el Señor; no habrá tesoro ni acaparamiento, porque su ganancia será para los que habitan delante del Señor, para comer hasta saciarse y vestirse con elegancia."

Pero eso no es todo. Los judíos y sus mercenarios tendrían aún más riquezas en la utopía judía. Higger señaló que: "Asimismo, los tesoros de oro, plata, piedras preciosas, perlas y valiosas vasijas que se han perdido en los mares y océanos a lo largo de los siglos serán sacados a la superficie y entregados a los justos...". Higger añadió: En la era actual, los malvados o los ricos ordinarios tienen muchas comodidades en la vida, mientras que los justos son pobres y se pierden las alegrías de la vida. Pero en la era ideal, el Señor abrirá todos los tesoros a los justos y los injustos sufrirán.

Dios, el Creador del mundo... sólo será feliz, por así decirlo, en la era venidera, cuando el mundo se rija por las acciones de los hombres rectos.

He aquí el asombroso resumen de Higger: En general, los pueblos del mundo se dividirán en dos grandes grupos: israelíes y no israelíes. Los primeros serán justos; vivirán de acuerdo con los deseos de un Dios universal, sedientos de conocimiento y dispuestos a ir al martirio para difundir las verdades éticas en el mundo.

Todos los demás pueblos, en cambio, serán conocidos por sus prácticas detestables: idolatría y otras maldades.

Serán destruidos y desaparecerán de la tierra antes del advenimiento de la era ideal.

En resumen, se trata de una discusión sobre el exterminio masivo de quienes se oponen a la utopía judía: el Nuevo Orden Mundial. El texto continúa Todas estas naciones injustas serán llamadas a juicio antes de ser castigadas y condenadas. La severa sentencia de condena sólo será pronunciada después de un juicio justo, cuando quede claro que su existencia obstaculizaría el advenimiento de la era ideal.

En la venida del Mesías, cuando todas las naciones justas rindan homenaje al líder ideal y le ofrezcan regalos, las naciones malvadas y corruptas, al darse cuenta de que se acerca su fin, traerán regalos similares al Mesías.

Sus dones y su supuesto reconocimiento de la nueva era serán rechazados de plano, ya que las naciones verdaderamente malvadas, al igual que los individuos verdaderamente malvados, deben desaparecer de la tierra antes de que pueda establecerse una sociedad humana ideal de naciones justas.

Y si tenemos en cuenta que el concepto judío del Mesías se interpreta a menudo en el sentido de que el propio pueblo judío es "el Mesías", lo que Higger ha descrito adquiere aún más importancia.

¿Y el Armagedón? Es material de leyenda.

En la tradición judía, el Armagedón es la batalla final en la que los judíos establecerán su dominio absoluto sobre la tierra de una vez por todas. Según el análisis de Higger de las enseñanzas judías a este respecto,

> "Israel y las otras naciones justas lucharán contra las fuerzas combinadas de las naciones malvadas e injustas bajo el liderazgo de Gog y Magog.

> Reunidos para atacar a las naciones justas en Palestina, cerca de Jerusalén, los injustos sufrirán una aplastante derrota y Sión seguirá siendo en adelante el centro del reino de Dios.

> La derrota de los injustos marcará la aniquilación del poder de los malvados que se oponen al Reino de Dios, el establecimiento de la nueva era ideal."

Obsérvese el uso de la expresión "nueva era ideal".

No es casualidad que la terminología refleje y recuerde el término "Nuevo Orden Mundial", porque eso es precisamente en lo que se está convirtiendo la utopía judía, esta "nueva era ideal".

Esta lucha no sólo será la lucha de Israel contra sus "enemigos nacionales", sino la culminación de la lucha entre los "justos" y los "injustos". Así lo dicen los sabios judíos.

¿Quiénes son los "malvados"? Higger explica que la "maldad" es "una obstrucción al Reino de Dios". Señala que "no se puede formular una definición exacta", pero que hay pasajes rabínicos que tratan el tema y que dan una idea general del significado de los términos "malvado" y "maldad" en el contexto de una utopía judía. Deja claro que estos términos se definen en el contexto de una utopía *judía*. Higger dice: En primer lugar, no se trazará ninguna línea entre judíos malos y no judíos malos.

No habrá lugar para los injustos, ya sean judíos o no judíos, en el Reino de Dios. Todos ellos habrán desaparecido antes del advenimiento de la era ideal en esta tierra. Los israelitas injustos serán castigados de la misma manera que los malvados de las demás naciones. Por otra parte, todos los justos, sean hebreos o gentiles, tendrán igual participación en la felicidad y abundancia de la era ideal.

Contrariamente a lo que el cristiano americano medio pensaría de todo esto, o percibiría en el contexto de su fe cristiana, que espera un reino universal de Dios en el Paraíso, el paraíso al que se hace referencia a lo largo de *La utopía judía* describiendo la "nueva era ideal" - el Nuevo

Orden Mundial - es "un paraíso universal de la humanidad ... establecido en este mundo", sin ninguna referencia a ningún mundo futuro en absoluto. establecido en *este* mundo", sin referencia alguna a ningún mundo futuro.

¿Quién dirigirá este nuevo orden mundial? Según la valoración que Higger hace de la tradición judía: "Será un descendiente de la casa de David".

Higger nos informa de que la tradición talmúdica dice que "un descendiente de la casa de David aparecerá como líder de la 'era ideal' sólo después de que el mundo entero haya sufrido, durante un periodo continuado de nueve meses, un gobierno malvado y corrupto como el de Edom, tradicionalmente malvado en la historia".

(Nota: Actualmente existe una organización judía internacional oficial, la Dinastía Davídica, que intenta abiertamente rastrear y reunir a todos los descendientes de la Casa de David. Esto no es una "teoría de la conspiración". Es un hecho.

Sabiendo lo que enseña el Talmud sobre quién gobernará el mundo, quizá podamos entender la motivación de este grupo). Y, proclamó Higger, el mundo entero "llegará gradualmente a darse cuenta de que la piedad es lo mismo que la rectitud" y de que Dios "está unido a Israel e Israel es la nación justa ideal".

Según estas enseñanzas rabínicas, que constituyen la base del viejo sueño judío de establecer el Nuevo Orden Mundial, los pueblos de la tierra proclamarán entonces a los líderes judíos:

> "Iremos con vosotros, porque hemos oído que Dios está con vosotros".

Y así, como proclaman los rabinos:

> "El pueblo de Israel conquistará espiritualmente a los pueblos de la tierra, para que Israel sea exaltado sobre todas las naciones en alabanza, nombre y gloria".

Obsérvese el concepto de "conquista", como en una batalla. Obsérvese el concepto de Israel elevado por encima de todos los demás - como en supremacía y superioridad. Violencia y racismo contra los no judíos: así de simple.

No es casualidad que muchos otros escritores y filósofos judíos hayan dicho que un día habría una religión mundial y, de hecho, hemos visto esfuerzos (por parte de elementos judíos) para infiltrarse y modificar todas las religiones del mundo, para acercarlas, lo que según Higger formaba parte de la profecía:

> "Las naciones se unirían primero con el propósito de invocar el nombre del Señor para servirle".

En otras palabras, habría un gobierno mundial y una religión mundial, y como Higger y otros han señalado, esta religión internacional sería el judaísmo. Sería la "conquista espiritual" del mundo.

¿Qué pasa con el oro? ¿Y la riqueza? Según Higger, mientras que el oro desempeñó un papel en la conquista de los justos, a quienes les fue dado por Dios, en la nueva era ideal, "el oro tendrá una importancia secundaria en el nuevo orden social y económico. Pero la ciudad de Jerusalén poseerá la mayor parte del oro y las piedras preciosas del mundo... La depreciación de la importancia del oro y sus similares no implica necesariamente la introducción de un sistema de propiedad común."

En otras palabras, los judios lo controlaran todo, y como los judios - a traves de la ciudad de Jerusalem - controlaran el oro, realmente no tendra ninguna consecuencia en el Nuevo Orden Mundial en el que los judios gobiernan.

añadió Higger:

Hay dos razones principales que explican la importancia secundaria concedida al oro en el nuevo orden social:

1) La distribución equitativa de la propiedad privada y de las demás necesidades de la vida depreciará automáticamente la importancia del oro y otros bienes de lujo;

2) Se formará y educará a las personas para que distingan entre los valores reales y espirituales y los valores materiales.

En efecto, es el poder judío, asentado en Jerusalén y dirigido por un descendiente de la casa de David -llamado "el Santo"- quien distribuirá los bienes del mundo.

¿Quién se quedará con esta propiedad? La respuesta, según la definición de la autoridad rabínica:

> "A los justos pertenecerán todas las riquezas, tesoros, ganancias industriales y demás recursos del mundo; a los injustos, nada".

Las naciones injustas "no tendrán parte en la era ideal". Su dominio será destruido y desaparecerá antes del advenimiento del Nuevo Orden Mundial.

La "maldad" de estas naciones consistirá principalmente en acaparar el dinero perteneciente "al pueblo" y oprimir y robar a los "pobres".

Aunque Higger no lo dice tan enfáticamente, quienes están familiarizados con la tradición talmúdica, la lógica y el razonamiento saben que el "pueblo" y los "pobres" son los judíos: El Talmud enseña que sólo los judíos son la humanidad y todos los demás son animales. Los "pobres" son, por supuesto, los judíos, que siempre se han presentado como las víctimas y los oprimidos, como en "los pobres judíos perseguidos".

Otro grupo de naciones "malvadas" sufrirá el mismo destino que las primeras:

> "Su iniquidad se caracterizará por sus gobiernos corruptos y su opresión de Israel".

En otras palabras, cualquier gobierno que se oponga a los judios sera considerado malvado e injusto si se atreve a cuestionar la agenda global de los judios: el Nuevo Orden Mundial.

En última instancia, según Higger, el lema de esta demanda judía global de una utopía de su visión y sueño será éste -y fíjense bien: "¡Justos, uníos! Mejor la destrucción del mundo que un mundo malvado". Así es: la filosofía judía es que es mejor que el mundo sea destruido, a menos, por supuesto, que los "justos" -es decir, los judíos y quienes los adoran- prevalezcan sobre los "malvados", es decir, los no judíos que se atreven a desafiar el poder judío.

Esto es realmente aterrador, sobre todo porque la élite judía de Estados Unidos ejerce un poder preeminente sobre el sistema estadounidense: su tesorería, su ejército, su arsenal nuclear. Luego está la horrible realidad de que incluso el "pequeño Israel" es considerado una de las cinco principales potencias nucleares del mundo.

En lo que respecta al arsenal nuclear israelí, conviene tener en cuenta el hecho esencial de que la estrategia geopolítica de Israel, que constituye la base de su estructura de defensa nacional, se ha basado desde el principio en la búsqueda, y eventual éxito, de un arsenal nuclear.

En el libro *The Golem: Israel's Nuclear Hell Bomb and the Road to Global* Armageddon, señalamos que la confianza de Israel en su arsenal nuclear se basa en lo que se ha descrito como la "opción Sansón".

Con la opción Sansón, los israelíes están esencialmente dispuestos, si es necesario, a "hacer volar el mundo" -incluidos ellos mismos- si tienen que hacerlo para destruir a sus odiados vecinos árabes. Como Sansón en la Biblia, que, tras ser capturado por los filisteos, derribó el templo de Dagón y se suicidó junto con sus enemigos, Israel está dispuesto a hacer lo mismo.

Y el hecho es que se han conocido al menos dos exposiciones públicas recientes de esta horrible visión del mundo por parte de dos destacados escritores judíos.

En un caso, el profesor judío-estadounidense David Perlmutter, de la Universidad Estatal de Luisiana, escribió lo siguiente en *Los Angeles Times* del 7 de abril de 2002:

> ¿Qué debe hacer Israel? También tengo otros sueños, sueños apocalípticos. Creo que Israel lleva treinta años construyendo armas nucleares. Los judíos han comprendido lo que ha significado para ellos en el pasado la aceptación pasiva e impotente de la desgracia y se han protegido contra ella. Masada no fue un ejemplo a seguir: no perjudicó lo más mínimo a los romanos, pero ¿Sansón en Gaza? ¿Con una bomba H?
>
> ¿Qué mejor manera de pagar al mundo judío por miles de años de matanzas que con un invierno nuclear?
>
> ¿O invitar a todos esos estadistas y pacifistas europeos a unirse a nosotros en los hornos?
>
> Por primera vez en la historia, un pueblo amenazado de exterminio mientras el mundo entero se burla o mira hacia otro lado... tiene el poder de destruir el mundo. ¿La justicia definitiva?

Uno de los principales "pensadores" geopolíticos y militares de Israel, el Dr. Martin van Crevald, de la Universidad Hebrea de Jerusalén, se hizo eco de estos sentimientos horribles y asesinos. Escribió:

> Nosotros [los israelíes] tenemos varios centenares de cabezas nucleares y cohetes atómicos y podemos lanzarlos contra objetivos en todas direcciones, quizás incluso Roma. La mayoría de las capitales europeas son objetivos de nuestra aviación. Nuestras fuerzas armadas no son las trigésimas más poderosas del mundo,

sino las segundas o terceras. Y puedo asegurarles que esto ocurrirá antes de que Israel desaparezca.

Los Goyim - los "malvados" - han sido advertidos.

Y no nos equivoquemos -como deja claro la evaluación de Michael Higger de la filosofía talmúdica-: la acumulación de la riqueza del mundo ha sido una parte integral de la antigua agenda judía que estamos viendo desarrollarse como parte de la búsqueda de una utopía judía: el Nuevo Orden Mundial.

De hecho, como muestra el monumental *libro* de 1914 del historiador alemán Werner Sombart *Los judíos y el capitalismo moderno,* el concepto de dinero y su poder están en el corazón del Talmud.

Sombart fue profesor en la Universidad de Breslau (Alemania). Su estudio ha sido ampliamente elogiado y condenado tanto por judíos como por no judíos. Ha sido objeto de numerosos debates. Pero pocos discutirían que el análisis de Sombart no es profundo.

Sombart declaró que

"si consultamos las páginas del Talmud, vemos que prestar dinero no era una simple actividad diletante para los judíos. Lo convirtieron en un arte; probablemente inventaron (sin duda utilizaron) un mecanismo de préstamo muy organizado... Cuando recordamos la época en que nació el Talmud, del 200 a.C. al 500 d.C., y comparamos lo que contiene en el campo de la economía con todas las ideas y concepciones económicas que nos han llegado del mundo antiguo y medieval, nos parece poco menos que maravilloso".

Declaró, en términos inequívocos, que algunos de los rabinos citados en el Talmud hablaban

"como si dominaran a Ricardo y Marx, o, como mínimo, como si hubieran sido corredores de bolsa durante varios años, o como si hubieran asesorado en muchas operaciones importantes de préstamo de dinero".

Sombart recuerda que los exiliados judíos en Babilonia, poco después de su llegada, pudieron enviar oro y plata a Jerusalén y que había muchos ricos entre los judíos -algunos muy ricos- y entre ellos los rabinos talmúdicos.

El constante movimiento de los judíos", escribió Sombart, "significaba que tenían que tener riqueza fácilmente transportable". Cuando los judíos eran arrojados a la calle, "el dinero era su única compañía". Como resultado, "[los judíos] aprendieron a amar [el dinero], viendo que sólo con su ayuda podían someter a los poderosos de la tierra. El dinero se convirtió en el medio por el cual ellos -y a través de ellos toda la humanidad- podían ejercer el poder sin ser ellos mismos fuertes."

Sombart habló del "genio judío" que había hecho posible la especial influencia de los judíos en la vida económica, una influencia que, en su opinión, había sido "tan desastrosa para la vida económica y para la cultura moderna en su conjunto".

Hablando del Talmud, Sombart escribe: "El Talmud era la posesión más preciada del judío; era el aliento de sus fosas nasales, era su alma misma. El Talmud se convirtió en una historia familiar, generación tras generación, con la que todos estaban familiarizados". El Talmud, dice, "protegía a los judíos de todas las influencias externas y mantenía viva su fuerza interior" y, curiosamente, señala que entre los judíos profesantes, los más ricos eran a menudo estudiosos del Talmud.

"¿Era el conocimiento del Talmud una puerta de acceso a los honores, la riqueza y el favor? "Los talmudistas más eruditos eran también los financieros, médicos, joyeros y comerciantes más hábiles. (De hecho, Meyer Amschel Rothschild, como hemos visto, era un devoto estudioso del Talmud). El judaísmo babilónico, señala Sombart, era el nuevo centro de la vida judía en la época del Talmud y el Talmud era "el fundamento legal y constitucional de la vida comunitaria judía en Babilonia". El Talmud, afirma con razón Sombart -y como han afirmado todas las fuentes judías tradicionales- se había convertido en "el principal depósito del pensamiento religioso judío". Sombart afirma que "la religión judía tiene las mismas ideas rectoras que el capitalismo".

Dijo que veía el mismo espíritu en ambos: Tanto la religión judía como el capitalismo se basan en la idea del contrato, y el contrato es parte integrante de las ideas subyacentes del judaísmo, con el corolario de que quien cumple el contrato recibe una recompensa y quien lo rompe recibe un castigo.

En otras palabras, el supuesto legal y ético de que los buenos prosperan y los malos sufren castigo ha sido un concepto de la religión judía a lo largo de los tiempos.

En cuanto al concepto de prosperidad en la tierra, Sombart afirmó:

"Si repasas la literatura judía, y en particular los escritos sagrados del Talmud, encontrarás, es cierto, algunos pasajes en los que se alaba la pobreza como algo más elevado y noble que la riqueza.

Pero, por otro lado, encontrarás cientos de pasajes en los que la riqueza es llamada la bendición del Señor. Y sólo se advierte contra su mal uso o su peligro".

(Nótese que algunos señalan que el Talmud advierte contra los abusos financieros cometidos por judíos contra otros judíos, pero que los abusos financieros cometidos contra Goyim -no judíos- son totalmente correctos y apropiados). El hecho es, pues, que la utopía judía -el Nuevo Orden Mundial- siempre se ha basado en el deseo de la élite gobernante judía de acumular para sí la inmensa riqueza del planeta.

El crítico alemán más virulento del poder judío, Wilhelm Marr, declaró que estaba convencido de haber dicho en voz alta lo que millones de judíos pensaban en secreto: "El semitismo es el amo del mundo". E instó a los judíos:

"Sé abierto y sincero en tus pensamientos. Ciertamente tienes el poder de hacerlo. No nos quejaremos más, pero pongamos fin a la hipocresía entre [judíos y no judíos]...".

Tal vez su visión realista del mundo y de la vida sea correcta.

Tal vez sea el destino que seamos sus esclavos. Estamos bien encaminados para lograrlo. Tal vez el espíritu que os trajo a Occidente, y que ahora adoran altos y bajos, sea el único espíritu verdadero...

El "Crepúsculo de los Dioses" ha comenzado para nosotros. Vosotros sois los amos, nosotros los esclavos. ¿Qué queda por decir?

Se oyó una voz en el desierto que confirmaba los hechos, los hechos indiscutibles. Así que reconciliémonos con lo inevitable, porque no podemos cambiar nada".

Recemos para que Marr se equivoque. Debemos esforzarnos por cambiar lo "inevitable".

Enfrentándonos a *la verdad* sobre el Nuevo Orden Mundial, podemos ganar.

A la izquierda, una edición francesa de los controvertidos Protocolos de los Sabios de Sion. Abajo, una edición portuguesa. Aunque tienen fama de ser "falsificaciones", hay muchas otras obras filosóficas judías muy reales que demuestran que la tesis de los Protocolos representa, en efecto, el pensamiento religioso y geopolítico judío de larga data.

Abajo a la izquierda, el icono judío Asher Ginsberg (conocido como Ahad Ha'am), probable autor de los Protocolos y sin duda defensor de la filosofía contenida en sus páginas.

CAPÍTULO III

El sionismo es judaísmo: la fundación de un imperio judío mundial

La palabra *aliyah -que* en hebreo significa "ir a vivir a Israel"- significa literalmente "subir". Según el rabino Joseph Telushkin (el famosísimo publicista de la agenda judía antes mencionado), este concepto de *aliyah* implica, por tanto, "la superioridad moral y espiritual de la vida en Israel". Sin embargo, *alejarse de* Israel, dice Telushkin, "inspira un término mucho más cargado en hebreo que la palabra inglesa 'emigrate', a saber, la palabra *yerida*, que significa todo lo contrario de *aliyah*. Significa 'descender'.

En resumen, el paso a Israel es bueno, justo y correcto. Abandonar Israel es malo: ¿un descenso, tal vez, a los infiernos?

Como aprendimos en el capítulo anterior, las antiguas enseñanzas judías, resumidas por el Dr. Michael Higger como "utopismo judío", predican de hecho la supremacía del pueblo judío y su triunfo final en el control del mundo y sus riquezas.

Pero el concepto de sionismo político -que surgió como un movimiento formal, casi "oficial", a finales del siglo XIX- es en cierto sentido distinto del judaísmo en general, en el sentido de que el sionismo se centraba (y se centra) en el establecimiento real de un Estado judío. Sin embargo, como veremos, en contra de lo que a muchos les gustaría creer, el sionismo es una parte central del judaísmo.

En 1948 se creó un Estado judío en el territorio árabe histórico de Palestina. Las circunstancias de este acontecimiento (lo que lo precedió y lo que lo siguió) están fuera del alcance de este libro, pero para quienes deseen examinar toda la horrible historia, *The Zionist Connection*, del difunto Dr. Alfred Lilienthal, crítico judío estadounidense del sionismo, es probablemente el estudio más completo disponible.

Lo que pretendemos abordar aquí es la naturaleza poco comprendida de la estrategia del sionismo en relación con la agenda judía global expuesta en el Talmud. De hecho, el sionismo está inextricablemente vinculado a esta agenda y constituye la base de un imperio judío global.

En primer lugar, ¿qué es el sionismo? El término "sionismo" fue acuñado por Nathan Birnbaum en 1886 y adoptado en el primer Congreso Sionista celebrado en Basilea, Suiza, en 1897. Como ha señalado un escritor, para los no judíos, el sionismo se presenta como el ideal del regreso de todos los judíos a su amada patria, Palestina, y la reconstrucción de un Estado judío allí.

El hecho de que tal explicación fuera posible es una prueba sorprendente de la ignorancia del mundo sobre los objetivos y la organización nacional de los judíos.

Un estudio en profundidad de la literatura judía, tanto sionista como no sionista, revela que el sionismo es un movimiento cuyo objetivo es alcanzar el ideal mesiánico judío de dominar el mundo. Es importante comprender que existe una profunda diferencia entre las concepciones cristiana y judía del Mesías.

Por un lado, la del Hijo de Dios que se encarna y viene a la tierra para redimir a toda la humanidad y mostrar el camino hacia el verdadero Reino de Dios. Por otra parte, es la de un individuo que será un gobernante mundial y conducirá al pueblo judío, como nación específicamente elegida, a la dominación espiritual y material.

Sin duda cansados de esperar al Mesías, más recientemente los judíos han tendido a identificar el mesianismo con la propia nación judía y no con un individuo en particular.

Por ahora, sin embargo, debemos hacer una digresión crítica para explorar la tan debatida relación entre la Alemania nazi y el movimiento sionista. Este tema ha sido objeto de mucha desinformación y desinformación deliberada, en gran parte difundida por personas bienintencionadas que no comprenden el panorama general.

Aunque algunos han señalado con razón que, durante los primeros años del régimen nazi de Adolf Hitler, el gobierno alemán colaboró de hecho con elementos del movimiento sionista en Alemania y en otros lugares, este punto ha sido ampliamente malinterpretado y malentendido.

Algunos, más ingenuos y excitados, afirmaron que esto era una prueba de que "Hitler era sionista" y que el propósito de crear el Tercer Reich era preparar el Holocausto para que un Estado sionista pudiera surgir de las cenizas de los muertos. Es una tesis muy vívida, pero que se basa esencialmente en mucha imaginación y en una confianza fantástica y fantasiosa en que una gran variedad de fuerzas y acontecimientos -no necesariamente relacionados- encajen para lograr el objetivo final: un Estado sionista.

Aunque en un principio el régimen nacionalsocialista alemán formó algunas colaboraciones informales con sionistas en Europa y Palestina, considerándolo un medio ideal para convencer y persuadir a los judíos de que abandonaran Europa, estos vínculos se desintegraron en general cuando los alemanes reconocieron en tiempos de guerra que la colaboración con los árabes antisionistas del norte de África y Oriente Próximo era mucho más productiva para los fines alemanes. Así pues, aunque es cierto que los alemanes colaboraron con los sionistas, la cuestión ha sido exagerada en gran medida por quienes no quieren o simplemente no pueden contemplar el panorama geopolítico, mucho más amplio e importante.

También hay que decir que muchos de los que han adoptado la postura de que el

La expresión "Hitler era sionista" es utilizada a menudo por personas, por muy bienintencionadas que sean, para "demostrar" que no son "antisemitas", como si dijeran "Bueno, aunque sea crítico con Israel, no soy "como Hitler" ya que, después de todo, fue Hitler quien ayudó a crear el Estado de Israel".

Quienes defienden esta línea no comprenden que la élite judía y el movimiento sionista se burlan de esta postura y consideran a cualquiera que coquetee con esta teoría tan malo como otros que critican abiertamente a Israel, el sionismo y la agenda judía.

Los estudios más serios sobre la colaboración germano-sionista se encuentran en las obras de Lenni Brenner, marxista estadounidense de origen judío ortodoxo, cuyo libro *Zionism in the Age of the Dictators* y su volumen posterior, *51 Documents: Zionist Collaboration With the Nazis*, han situado correctamente la cuestión en su contexto. Esto no ha impedido que los sensacionalistas distorsionen la verdad.

También existe la leyenda de que "banqueros judíos" o "banqueros sionistas" (a menudo utilizados indistintamente) financiaron a Hitler. Esto no es cierto.

James Pool, en su autorizado libro *¿Quién financió a Hitler?* demuestra exactamente lo contrario.

En un caso, un financiero judío alemán sí dio dinero al partido nazi - antes de que Adolf Hitler llegara al poder-, pero el dinero estaba destinado a ayudar a la oposición dentro del partido de Hitler *para detener a* éste. A pesar de ello, algunos "patriotas" siguen diciendo que "los judíos apoyaron a Hitler".

Muchos de los que se postran ante el altar de este disparate citan un documento obviamente fraudulento *de* oscuro origen titulado *Los banqueros secretos de Hitler*, supuestamente escrito por un tal "Sidney Warburg", uno de estos "banqueros judíos".

Pero este documento, como hemos dicho, es un fraude.

La obra de Antony Sutton *Wall Street and the Rise of Hitler* promovió esta teoría, basada en parte en la parodia de Warburg, e institucionalizó aún más esta mitología, en detrimento de la verdad.

Los bancos y empresas estadounidenses colaboraron con el régimen de Hitler, normalmente como continuación de acuerdos financieros anteriores que se remontaban a décadas atrás, pero esto no formaba parte de una gran conspiración para llevar a Hitler al poder. La afirmación de que la familia Bush contribuyó al ascenso de Hitler es otro mito.

Kevin Phillips -ningún admirador de la dinastía *Bush*- examina las circunstancias reales que rodean *el* escenario Bush-Hitler en su libro *American Dynasty: Aristocracy, Fortune, and the Politics of Deceit in the House of Bush*, y pone los hechos en perspectiva.

Otra absurda afirmación, la de que Hitler y la mayoría de los altos dirigentes nazis eran de hecho judíos o parcialmente judíos, tiene su origen en un libro casi impenetrable y absolutamente extraño titulado *Adolf Hitler: Founder of Israel*.

Por desgracia, en la era de Internet, este libro, que la mayoría de los que lo citan nunca han leído, ha sido ampliamente difundido, incluso por un puñado de almas por lo demás responsables que aparentemente quieren creer que Hitler formaba parte de la "conspiración judía".

Un escritor estadounidense de talento, Martin Kerr, ha escrito un estudio autorizado, "El mito del abuelo judío de Hitler", que se puede encontrar en Internet, y que examina todas las teorías y meandros sobre este tema y echa por tierra la teoría. Pero, una vez más, eso no impide que los sensacionalistas digan "tiene que ser verdad: Hitler era judío y sionista".

Aunque todo esto era una digresión aparte, era necesaria precisamente porque hay tanta desinformación deliberada sobre la relación entre

Adolf Hitler y los nazis y la agenda sionista y judía que ha plagado Internet y las obras publicadas a lo largo del último medio siglo.

Así que, desgraciadamente, para que la historia se ajuste a los hechos, es imprescindible abordar los absurdos.

Para que conste, volvamos al tema de nuestro análisis: la cuestión del sionismo y del judaísmo (frente a lo que ahora llamamos el Nuevo Orden Mundial). Y señalemos esto: la verdad es que, a lo largo de los años, ha habido muchas personas - reconocidamente antijudías - que han visto cierta sabiduría en el sionismo en general.

En otras palabras, veían la salida de los judíos de sus tierras y la concentración de la población judía en un Estado perteneciente a todos los judíos (aunque no necesariamente en la Palestina árabe) como una forma de resolver por fin el antiguo conflicto entre los judíos y todos los demás.

En 1922, Theodore Fritsch, conocido escritor alemán antijudío, reconocía su admiración por la ideología sionista: Seguimos considerando a los sionistas como los más honestos de los judíos, porque admiten que no hay amalgama con los pueblos no judíos, que las diferentes razas se perturban mutuamente en su desarrollo y cultura. Por eso exigimos, junto con los sionistas, "una clara separación" y el establecimiento de un dominio exclusivamente judío...

Asimismo, en 1921, el escritor francés Georges Batault escribió en *Le problème juif:*

> "Si el pueblo judío reconstituido desea elevarse al rango de nación entre las naciones, es deber e interés de todos ayudarle a conseguirlo. Si, por el contrario, planea organizarse internacionalmente para arruinar y dominar a las naciones, es deber de éstas levantarse y prohibírselo."

Sin embargo, Batault reconoce que la enseñanza judía enseña en última instancia que los judíos llegarán a gobernar la tierra en su totalidad:

> "En cuanto al resultado final de la revolución mesiánica, será siempre el mismo: Dios derrocará a los reyes y hará triunfar a Israel y a su rey; las naciones se convertirán al judaísmo y obedecerán la ley so pena de ser destruidas y los judíos serán los amos del mundo."

En Francia durante la Segunda Guerra Mundial, la oposición a la influencia judía estaba muy extendida, no sólo en el régimen de Vichy en el sur de Francia, un régimen independiente que colaboró con la

Alemania nazi, sino también en el norte de Francia ocupado por los alemanes.

(Nótese este interesante inciso: Muchas personas hoy en día, especialmente estadounidenses mal informados, perciben a la Francia de Vichy como los "malos" que eran "antisemitas" y a la Francia ocupada por los alemanes como los "buenos" que "odiaban a los nazis y se oponían a sus opiniones antisemitas", pero la verdad es que la oposición al poder y la influencia judíos estaba muy extendida en toda Francia, a pesar de las leyendas de la Segunda Guerra Mundial). En cualquier caso, un escritor que habló de estas preocupaciones entre los franceses fue Gabriel Malglaive, cuyo libro *"Juif ou Français?"*, publicado en 1942, trataba de las medidas adoptadas en la Francia de Vichy para reducir el poder judío. Según él, estas medidas se basaban en cuatro objetivos principales:

1. Separar resueltamente a los judíos del gobierno ...Esta fue la primera tarea y relativamente la más sencilla, porque sólo implicaba a un pequeño número ...;

2. combatir su influencia *intelectual*, su apoyo y la extensión de su intrusión en el Estado; separarlos, para ello, de las profesiones liberales, la enseñanza, la prensa, etc.;

3. Eliminar su supremacía "económica y financiera", su preponderancia en todas las ramas de la industria, del comercio, de la bolsa y de la banca, es decir, dijudaizar este dominio que había sido suyo. 4. Actuar de tal manera que ya no conserven el poder del dinero, el más formidable, porque si lo hubieran conservado, habrían conservado, en la práctica, todos los demás;

4. eliminar definitivamente su poder oculto manteniéndolos alejados de las corporaciones, purificando [...] la prensa y las agencias a través de las cuales han establecido su astuta propaganda y [su] censura *de facto* [...].

Al final, escribió que lo que él y tantos otros veían como "el problema judío" debía recibir lo que él llamaba una "solución judía".

> Irónicamente, dijo Malglaive, las grandes potencias del mundo, incluido el pueblo judío, se verán obligadas en el futuro a reconocer "la existencia de la nación judía" y, por lo tanto, a asignar territorio para ser entregado a la nación judía.

De hecho, esto es lo que hoy llamamos "sionismo". El resultado, según Malglaive, es que a partir de ahora "todos los judíos del mundo poseerán legal y oficialmente la nacionalidad judía que sus corazones siempre han elegido secretamente". La cuestión, concluye, es "si, deseando resolver humanamente el problema, queremos dejar de ser provocados por los judíos, o si, siguiendo aplicando medias tintas, nos resignamos a una solución parcial y por tanto mediocre de esta Cuestión".

A este respecto, consideremos el hecho de que un filósofo judío nacido en Rusia, Jacob Klatzkin, considerado uno de los escritores y publicistas sionistas más "radicales" en el sentido de que negaba la posibilidad de la existencia judía fuera de cualquier Estado judío, planteó sin embargo la proposición de que el pueblo judío en su conjunto no excluía necesariamente a quienes rechazaban formalmente las enseñanzas de la religión judía. Klatzkin escribe:

> El judaísmo tiene una base objetiva. *Ser judío significa tener un credo que no es ni religioso ni ético.* No somos ni una denominación ni una escuela de pensamiento, sino miembros de una misma familia, portadores de una historia común. Negar la enseñanza espiritual judía no significa que estemos excluidos de la comunidad, y aceptarla no nos convierte en judíos. En resumen, para formar parte de la nación no es necesario creer en la religión judía ni en la espiritualidad judía.

Por eso, aunque a menudo oímos que "estos judíos laicos y ateos que dirigen el Israel actual no son como los buenos judíos religiosos de la Biblia", lo cierto es que incluso un sionista de línea dura como Klatzkin consideraba a estos judíos "no religiosos" parte integrante del pueblo judío y vitales para la causa del sionismo.

Otro gran pensador sionista, Abraham Isaac Kook, fallecido en 1935, escribió:

> El nacionalismo secular judío es una forma de autoengaño: el espíritu de Israel está tan estrechamente vinculado al espíritu de Dios que un nacionalista judío, por muy secular que sea su intención, debe, a su pesar, afirmar lo divino. Un individuo puede romper el vínculo que le une a lo eterno, pero la Casa de Israel en su conjunto no puede.

En su artículo titulado "Sionismo, judíos y judaísmo", el padre Joseph L. Ryan, que enseñó en la Universidad Saint Joseph de Beirut y fue decano y vicepresidente de la Universidad Al-Hikma de Bagdad, concluía lo siguiente:

> En primer lugar, la mayoría de los escritores sionistas están de acuerdo en que los judíos forman un pueblo distinto.

En segundo lugar, muchos de estos portavoces están de acuerdo sobre el carácter nacional de los judíos. Algunos de ellos [dicen] que los judíos son una nación y deben ser una nación. Ambos grupos están de acuerdo en que los judíos formarán una nación.

En tercer lugar, la mayoría de los escritores sionistas coinciden en que la religión desempeñó un papel importante en la vida judía.

Mientras algunos insisten en que este papel debe continuar, al menos para la comunidad judía si no para todos los individuos, otros lo niegan.

Edward Said, filósofo de origen palestino y respetado académico, dijo:

"El sionismo y el imperialismo se inspiran el uno en el otro, cada uno a su manera, y el sionismo ha contribuido de hecho al auge del imperialismo moderno".

Y, como veremos repetidamente en las páginas de este volumen, el imperialismo moderno es el "Nuevo Orden Mundial" que, a su vez, deriva de las enseñanzas judías del Talmud de Babilonia, y cuyo imperialismo, asimismo, puede rastrearse hasta el auge del poder monetario internacional institucionalizado en la Casa de Rothschild. El sionismo es sólo otra parte de la ecuación. La cronología histórica demuestra todo esto de la manera más concluyente.

En la monumental serie de artículos colectivamente recordados como "El judío internacional", publicados en el periódico del industrial estadounidense Henry Ford, *The Dearborn Independent*, y posteriormente reeditados en un conjunto de cuatro volúmenes de libros (desde entonces reeditados muchas veces aquí y en todo el mundo), el tema del "antisemitismo" se aborda de la siguiente manera:

No es antisemitismo decir que la sospecha está presente en todas las capitales de la civilización y que un cierto número de hombres importantes están seguros de que existe un plan activo para controlar el mundo, no mediante la adquisición de territorio, no mediante la adquisición militar, no mediante la subyugación gubernamental, ni siquiera mediante el control económico en el sentido científico, sino mediante el control de la maquinaria del comercio y el intercambio.

No es antisemitismo decir esto, ni presentar las pruebas que lo apoyan, ni demostrarlo. Quienes mejor podrían refutarlo, si no fuera cierto, son los propios judíos internacionales. Pero no lo han demostrado.

Los que mejor podrían demostrarlo [como falso] serían los judíos, cuyos ideales incluyen a toda la humanidad en pie de igualdad y no el bien de una sola raza, pero no lo han demostrado.

Un día, tal vez, un judío profético se levantará y verá que las promesas hechas a los pueblos antiguos no se van a cumplir con los métodos de Rothschild, y que la promesa de que todas las naciones iban a ser bendecidas por Israel no se va a cumplir haciéndolas vasallas económicas de Israel; y cuando llegue ese momento, podemos esperar una reorientación de la energía judía hacia canales que drenarán las fuentes actuales de la cuestión judía.

Mientras tanto, no es antisemitismo. Incluso puede resultar ser un servicio mundial al judío, para arrojar luz sobre las motivaciones de ciertos círculos superiores.

Theodore Herzl, el padre del sionismo moderno, escribió memorablemente en su famoso libro *El Estado judío:* "Somos un pueblo, un pueblo..... Cuando nos hundimos, nos convertimos en un proletariado revolucionario, en los oficiales subalternos de un partido revolucionario; cuando nos elevamos, también se eleva nuestro terrible poder adquisitivo".

La serie de artículos de Henry Ford sobre cuestiones relacionadas con el poder judío en Estados Unidos abordaba con franqueza la cuestión de lo que Ford denominaba "la base histórica del imperialismo judío". Ford advertía:

> Otra idea preconcebida contra la que hay que protegerse es que todos los judíos que conozcas tienen un conocimiento secreto de este programa. Esto no es así. La idea general del triunfo final de Israel es familiar para todos los judíos que se han mantenido en contacto con su pueblo, pero los planes especiales que durante siglos han existido en forma formulada para lograr ese triunfo no son más familiares para el judío medio que para cualquier otra persona.

Sin embargo, incluso protegiéndose contra tales ideas preconcebidas, uno no puede escapar a la conclusión de que si tal programa de imperialismo mundial judío existe hoy, debe existir con el conocimiento y el apoyo activo de ciertos individuos, y que estos grupos de individuos deben tener en alguna parte un líder oficial.

¿Existe un Sanedrín en la actualidad? El comentario de Ford cita la *Enciclopedia Judía* que dice: "El Sanedrín, que era totalmente aristocrático, probablemente asumía su propia autoridad, ya que estaba compuesto por las familias más influyentes de la nobleza y el sacerdocio." Ford comenta:

> El Sanedrín ejercía su autoridad no sólo sobre los judíos de Palestina, sino también dondequiera que estuvieran dispersos por el mundo.

Como senado que ejercía la autoridad política, dejó de existir con la caída del Estado judío en el año 70 d.C., pero hay indicios de que existió como órgano consultivo hasta el siglo IV.

Refiriéndose a la conocida solidaridad entre judíos y respondiendo a la pregunta "¿Son los judíos una nación?

Si no hubiera otra prueba, la que citan muchos autores judíos, a saber, la atención instantánea de los judíos entre sí en todas las ocasiones, constituiría una prueba de solidaridad racial y nacional.

Cada vez que estos artículos [en el periódico de Ford] afectaban al Financiero Judío Internacional, cientos de judíos de los orígenes más modestos protestaban.

Toca a un Rothschild, y el judío revolucionario del gueto protesta y acepta el comentario como una afrenta personal. Toca a un político judío corriente y anticuado que utiliza un gobierno exclusivamente en beneficio de sus compatriotas judíos, en detrimento de los mejores intereses de la nación, y el judío socialista y antigubernamental sale en su defensa.

Puede decirse que la mayoría de estos judíos han perdido el contacto vital con las enseñanzas y ceremonias de su religión, pero indican cuál es su verdadera religión por su solidaridad nacional.

Ya en 1879, el gran escritor alemán Adolf Stoecker señaló:

> Personas que critican duramente a la Iglesia, a los famosos y a las empresas se indignan hasta el extremo cuando otros se toman la libertad de echar siquiera una mirada superficial a la judeidad.

> Ellos mismos atacan con odio y desprecio cualquier actividad no judía. Pero si decimos en voz baja una palabra de verdad sobre sus acciones, se hacen los inocentes insultados, las víctimas de la intolerancia, los mártires de la historia mundial.

Ford sabía que, para quienes no estaban familiarizados con las enseñanzas judías, hablar de la influencia judía era controvertido. Ante preguntas como

"¿Sabe el judaísmo lo que está haciendo? ¿Tiene una política exterior hacia los gentiles? ¿Tiene un departamento para llevar a cabo esta política exterior? ¿Este Estado judío -si existe- tiene un líder? ¿Tiene un Consejo de Estado? Y si alguna de estas cosas es cierta, ¿quién lo sabe?".

Ford dijo que para el gentil medio, la respuesta impulsiva sería "no" porque, dijo, dado que los gentiles nunca han sido entrenados en secretos o "unidad invisible", tales cosas no pueden ser, si no por otra razón que el gentil medio nunca ha sido expuesto a tal evidencia de la existencia de un mundo oculto.

Sin embargo, Ford declaró que

"si no hay una combinación deliberada de judíos en el mundo, entonces el control que han logrado y la uniformidad de la política que siguen deben ser el simple resultado, no de decisiones deliberadas, sino de una naturaleza similar en todos los que funcionan de la misma manera".

Reflexionando sobre el poder y la influencia de los judíos en Estados Unidos, el Sr. Ford añadió:

"Cuando vemos cuán estrechamente unidos están los judíos por diversas organizaciones en los Estados Unidos, y cuando vemos con qué mano esforzada hacen valer estas organizaciones, como si tuvieran una confianza probada en su presión, no es por lo menos inconcebible que lo que puede hacerse con un país puede hacerse, o se ha hecho, entre todos los países donde viven judíos."

Fue Henry Ford quien, en la década de 1920, popularizó los ahora famosos Protocolos de los Sabios de Sión en lengua inglesa en Estados Unidos, pero cuando Ford empezó a escribir sobre esta controvertida obra, ya había sido objeto de un frenético debate en Inglaterra y otros lugares de Europa desde principios de siglo.

Los Protocolos, por supuesto, son el muy discutido documento (del que todavía se habla hoy en los medios de comunicación), que esencialmente describe un plan judío para la dominación del mundo - un Nuevo Orden Mundial, precisamente de la naturaleza que Michael Higger describió más tarde en su estudio de "La Utopía Judía".

Comprender la naturaleza de los Protocolos es esencial para nuestra búsqueda de la verdad.

La relación entre los Protocolos y el concepto de sionismo es un tema poco conocido que incluso muchos de los que se creen conocedores de las sutilezas del "problema judío" no comprenden.

Sin embargo, en estas páginas aclararemos la confusión y diseccionaremos con precisión lo que representan los Protocolos en relación con el sionismo, la agenda judía y el Nuevo Orden Mundial.

El vizconde Léon de Poncins, nacionalista francés, resumió acertadamente la naturaleza de los Protocolos de los Sabios de Sión en *Les pouvoirs secrets derrière la révolution:*

> 1) Existe y ha existido durante siglos una organización política e internacional secreta de los judíos;
>
> 2) El espíritu de esta organización parece ser un odio tradicional y eterno al cristianismo y una ambición titánica de dominar el mundo;
>
> 3) El objetivo perseguido a través de los tiempos ha sido la destrucción de los estados nacionales y la sustitución de los estados nacionales por la dominación judía internacional;
>
> 4) El método, utilizado primero para debilitar y luego destruir los organismos políticos existentes, consiste en inculcarles ideas políticas destructivas. Estas ideas se resumen en los principios revolucionarios de [la Revolución Francesa de 1789]. La judería permanece inmune a estas ideas corrosivas: "Predicamos el liberalismo a los gentiles, pero por otro lado mantenemos una disciplina absoluta en nuestra nación."

Cuando Henry Ford empezó a interesarse por la controversia en torno a los Protocolos, este documento tan polémico sólo llevaba siendo objeto de debate algo más de dos décadas.

El Sr. Ford señaló un aspecto interesante del debate sobre la autenticidad de los ahora legendarios Protocolos. En concreto, señaló que gran parte de las críticas a los Protocolos por parte de fuentes judías se debían a que los Protocolos se escribieron en Rusia; en otras palabras, los críticos judíos trataron de descartar los Protocolos como propaganda rusa antijudía.

Ford respondió: "Eso no es cierto en absoluto. Llegaron *a través de* Rusia [énfasis añadido]". Ford señaló que los Protocolos "fueron incorporados a un libro ruso publicado hacia 1905 por un profesor [Sergei Nilus] que trató de interpretar los Protocolos a la luz de los acontecimientos de la época".

Como resultado, señala Ford, esto da a los Protocolos lo que él llama "un tinte ruso" que ha sido "útil" para los propagandistas judíos, particularmente en Estados Unidos e Inglaterra, porque estos mismos propagandistas, señala, han tenido éxito en "establecer en las mentes anglosajonas una cierta atmósfera de pensamiento en torno a la idea de Rusia y los rusos".

En su opinión, una de las mayores "mentiras" que los propagandistas judíos han endilgado al mundo (especialmente a los estadounidenses) se refiere a lo que Ford denomina actitudes negativas hacia "el temperamento y el genio del verdadero pueblo ruso". Concluye que el énfasis en los supuestos orígenes "rusos" de los Protocolos es un intento de desacreditarlos asociándolos con el pueblo ruso.

El Sr. Ford señaló que

> "las pruebas internas demuestran claramente que los protocolos no fueron escritos por un ruso, ni originalmente en lengua rusa, ni bajo la influencia de las condiciones rusas, sino que llegaron a Rusia y se publicaron allí por primera vez".

Lo que quizá sea más notable", dijo el Sr. Ford, "es que allí donde el poder judío ha podido suprimir los Protocolos, éstos han sido efectivamente suprimidos.

El poeta y ensayista estadounidense Ezra Pound valoró los famosos Protocolos de una forma bastante singular:

> Cuando se mencionan los supuestos Protocolos de los Sabios de Sion, la respuesta suele ser: Oh, pero es una falsificación. Es una falsificación, y esta es la única prueba que tenemos de su autenticidad. Los judíos llevan trabajando con documentos falsos desde hace 2400 años, es decir, desde que tienen documentos de cualquier tipo.

Y nadie puede calificarse de historiador de este medio siglo sin haber examinado los Protocolos. Supuestamente traducidos del ruso, de un manuscrito que debe consultarse en el Museo Británico, donde tal documento puede o no existir ... Su interés radica en el tipo de mente, o estado de ánimo, de su autor. Ese era su interés para el psicólogo el día de su aparición. Y para el historiador, dos décadas más tarde, cuando el programa que contienen llegó a ser tan abrumador que se aplicó hasta cierto punto.

En cuanto a la historia de los Protocolos, cabe señalar que el difunto Ralph Grandinetti, un nacionalista estadounidense (que era amigo de este autor) pasó varios años buscando en los archivos de la Biblioteca del Congreso documentación relativa a la historia y el debate sobre los Protocolos en los primeros años del siglo XX.

Grandinetti descubrió artículos en inglés publicados en una revista judía londinense a principios de la década de 1920, en los que se afirmaba categóricamente que lo que hoy conocemos como los Protocolos eran en realidad documentos que reflejaban un punto de vista particular presentado por una facción judía en uno de los Congresos Sionistas Mundiales celebrados antes del cambio de siglo.

Por lo tanto, la verdad es que -al menos según una fuente judía respetada y autorizada- aunque los Protocolos no eran el gran documento que representaba a "todos" los "judíos", de hecho reflejaban la filosofía de un elemento de "los judíos". Y como veremos, este elemento del liderazgo judío llegó a predominar a medida que la comunidad judía internacional avanzaba hacia un programa global para el pueblo judío en su conjunto.

Aún hoy existen debates y conflictos en el seno de la comunidad judía e incluso en el marco del poder monetario internacional, como demuestran los debates en Estados Unidos entre diversas facciones judías.

Así que la idea de que los Protocolos eran simplemente una "falsificación" -inventada por elementos rusos (ya fuera bajo la dirección o con el aliento del zar ruso)- es una tapadera muy inteligente. Incluso se podría decir que es tal el fraude y la falsificación que se han descrito los propios Protocolos, aunque obviamente (al menos en el caso de los Protocolos) de forma inexacta.

Por lo tanto, es imposible separar el sionismo, el judaísmo y la utopía judía - el Nuevo Orden Mundial. Del mismo modo, los registros muestran que la masonería - vinculada desde hace mucho tiempo a las intrigas de los infames Illuminati que tomaron el control de la masonería - fue una fuerza en el impulso hacia la utopía judía.

En 1929, el reverendo E. Cahill, profesor de Historia de la Iglesia y Ciencias Sociales en Milltown Park, Dublín, escribió *Freemasonry and the Anti-Christian Movement* (*La masonería y el movimiento anticristiano*), en el que concluía que muchos de los adornos externos de la masonería, como su ritual, terminología y leyendas, eran de origen judío; que la filosofía (o religión) de la masonería esotérica, es decir, de los círculos internos y del poder controlador, era idéntica a la Cábala judía, una filosofía oculta y mística de cierto sector de los judíos, supuestamente la parte de la Ley mosaica transmitida por tradición y registrada por escrito por los profetas judíos y otros.

Cahill también concluyó, basándose en su extenso estudio, que cierto grupo de judíos, de inmenso poder y riqueza, dirigía a los masones y que un grupo algo mayor de judíos influyentes perseguía los mismos objetivos que los masones, utilizaba medios similares y estaba, al menos, en estrecha alianza con los masones.

Incluso la *Enciclopedia Judía*, en su sección sobre la masonería, señala que "el lenguaje técnico, los ritos y el simbolismo de la masonería están llenos de ideas y términos judíos...". En el Rito Escocés, las fechas de todos los documentos oficiales se dan según el mes hebreo de la era judía y se utilizan las antiguas formas del alfabeto judío".

El escritor judío Bernard Lazare señaló que había judíos cabalistas en torno a lo que denominó "la cuna de la masonería", como demuestran de forma concluyente ciertos ritos que aún existen.

El escritor francés Gougenot de Mousseaux, observando la estrecha imbricación de la masonería con ciertos elementos del judaísmo, observó que:

> Los verdaderos dirigentes de esta inmensa asociación que es la Francmasonería, los pocos que se encuentran en los círculos más íntimos de la iniciación y que no deben confundirse con los dirigentes nominales o testaferros, son en su mayoría judíos y viven en estrecha e íntima alianza con los militantes del judaísmo, aquellos, en particular, que son los dirigentes de la sección cabalística.

Esta élite de la asociación masónica, estos verdaderos dirigentes, que son conocidos por muy pocos iniciados, y que incluso estos últimos sólo conocen bajo nombres supuestos, desarrollan sus actividades en dependencia secreta (que les resulta muy lucrativa para ellos mismos) de los judíos cabalistas.

Otro escritor francés, el Sr. Doinel, antiguo miembro del consejo de la tristemente célebre logia francmasónica Gran Oriente de París, dijo:

> "¿Cuántas veces he oído a los masones lamentarse de la dominación de los judíos? ¿Cuántas veces he oído a los francmasones quejarse de la dominación de los judíos? Desde la Revolución [francesa], los judíos se han apoderado cada vez más de las logias masónicas y hoy su dominio es indiscutible.

La Cábala reina suprema en las logias interiores y el espíritu judío domina los rangos inferiores... En la mente de Satanás, la sinagoga tiene un papel muy importante que desempeñar... El gran enemigo cuenta con los judíos para gobernar la masonería del mismo modo que cuenta con la masonería para destruir la Iglesia de Jesucristo."

En resumen, la masonería - prácticamente desde el principio - ha sido una parte integral del plan judío para un nuevo orden mundial.

De hecho, la historia demuestra que el verdadero padre de lo que llamamos el Nuevo Orden Mundial fue un judío nacido en Rusia, Asher Ginsberg -más conocido como "Ahad Ha'am" (que significa "Uno del Pueblo")- que creía que los judíos debían unirse para crear asentamientos agrícolas en Palestina que, como lo describió el Dr. Norman Cantor, "servirían de base en Tierra Santa para un centro cultural de lengua hebrea para la comunidad judía mundial - un centro cultural de élite para la comunidad judía mundial".

Judío ortodoxo que estudió rabinismo, Ginsberg -que vivió entre 1856 y 1926- describió a los judíos como una "super nación" cuyo "genio étnico debe garantizar su derecho a la dominación del mundo". En sus palabras,

"la tierra de Israel debe abarcar todos los países de la tierra para mejorar el mundo mediante el Reino de Dios".

En 1977, en su libro *Invasión sin armas,* un perspicaz escritor ruso, Vladimir Begun, comparó a Ginsberg con los fascistas de los años treinta y cuarenta. Refiriéndose a un artículo de Ginsberg de 1898 titulado "Nietzscheismo y judaísmo", en el que Ginsberg expresaba lo que podría llamarse su "chovinismo judeo-sionista", Begun declaró: "El chovinismo judeo-sionista es una forma de chovinismo".

No es difícil para el lector llegar a la conclusión lógica: en la medida en que existe algo así como una "super nación", entonces, como [el Superhombre de Neitzsche] debe marchar hacia su objetivo sobre los cadáveres de los demás. No debe mostrar ninguna consideración por nadie ni por nada para lograr la dominación de los "elegidos" sobre los "gentiles".

Podemos rastrear los eslabones de la misma cadena: la Torá, la base ideológica de los "teóricos" sionistas, la agresión en Oriente Próximo y la corrupción de las mentes en Israel (abiertamente) y en otros países (encubiertamente).

Según el escritor judío Moshe Menuhin, la filosofía sionista de Ginsberg era "un sionismo espiritual -una aspiración a la realización del judaísmo-, no un sionismo político", entendiendo por sionismo político la reunión de todo el pueblo judío en un único Estado, aislado del resto del mundo, que sólo prosperase dentro de su propio pueblo.

Ginsberg discrepaba de lo que él consideraba el principal líder sionista, Theodore Herzl, según el cual el sionismo era de naturaleza *económica* y debía orientarse hacia el establecimiento de un Estado político y geográfico.

Ginsberg -dice Menuhin- veía a los judíos como "una especie de nación única, un cuerpo homogéneo apartado de otras naciones" y que "un centro espiritual judío en Palestina" se convertiría en "una luz para la diáspora" (judíos dispersos por todo el mundo) y, en última instancia, permitiría al pueblo judío convertirse en "una luz para las naciones".

El llamado "sionismo espiritual" de Ginsberg era, por tanto, sinónimo de judaísmo clásico y profético, no diferente de las enseñanzas del Talmud que han guiado al judaísmo a lo largo de los siglos.

Así que la teoría comúnmente avanzada por muchos de que "el sionismo no es judaísmo y el judaísmo no es sionismo" es errónea, simplemente errónea. En pocas palabras, el sionismo es simplemente una extensión política del judaísmo.

El trabajo de la difunta Pacquitta DeShishmaraff, estadounidense casada con la aristocracia rusa, establece el papel central de Ginsberg en la formulación de los Protocolos. El estudio seminal de DeShishmaraff *Waters Flowing Eastward* (escrito bajo el seudónimo de "L. Fry") subraya el punto crítico de que el sionismo, en realidad, es mucho más que un movimiento "nacionalista"; el sionismo es internacionalista hasta la médula y es indiscutiblemente *el marco para un imperio judío global: el Nuevo Orden Mundial*.

DeShishmaraff nos dice que en 1889 Ginsberg formó un pequeño grupo, los Hijos de Moisés, y fue a este grupo al que Ginsberg presentó por primera vez los Protocolos. Aunque es posible que efectivamente tomara prestado de obras geopolíticas publicadas con anterioridad -lo que da pie a la afirmación que a menudo se hace de que los Protocolos son "falsificaciones" tomadas de otros volúmenes-, lo que sí sabemos es que los Protocolos son un producto propio de Ginsberg, que refleja su agenda judía *global*. En los años siguientes, Ginsberg y sus seguidores, ahora agrupados como los Hijos de Sion (o "B'nai Zion"), difundieron traducciones al hebreo de los Protocolos dentro del movimiento sionista.

En 1897, cuando el Congreso Sionista se reunió en Suiza y el sionismo se convirtió en un movimiento oficial, los Protocolos se incorporaron efectivamente a la agenda sionista (es decir, judía).

Mientras que el mundo no judío percibía el sionismo como estrictamente dedicado a la creación de un Estado judío, el "sionismo secreto" de Ginsberg era ampliamente reconocido, dentro de los círculos judíos de élite, como la verdadera agenda, una agenda internacional, enmascarada de hecho por una agenda estrictamente nacionalista centrada en un único Estado judío en Palestina.

Así que no es un error que el escritor judío Bernard Lazare, en su famoso libro de 1894 "*L'antisémitisme*", hable con franqueza de la "conquista económica" judía, señalando al mismo tiempo que la dominación económica judía también va acompañada de la "dominación espiritual". Él entendía las distinciones.

Ya en 1924, el nacionalista polaco Roman Dmowski reconoció estos matices, que siguen siendo un misterio para muchos, en particular para algunos "patriotas" estadounidenses. El estribillo a menudo escuchado -casi un mantra ritual- de estos patriotas de que "el sionismo no es judaísmo y el judaísmo no es sionismo" no reconoce que, de hecho, las sectas judías antisionistas que rechazan (al menos por ahora) el Estado político de Israel siguen comprometidas con el Talmud y mantienen que, en última instancia, habrá una utopía judía global, la institución de un Estado mundial en el que los judíos seguirán siendo supremos. Y esto no es algo que un patriota de cualquier lugar deba acoger con satisfacción.

En una serie de artículos titulados "Los judíos y la guerra", publicados en 1947 en el libro "*Política y reconstrucción del Estado polaco*", el ya mencionado nacionalista polaco Roman Dmowski escribió: "En los últimos tiempos, ha empezado a dominar una tendencia dirigida a reconciliar todos los objetivos modernos con la tradición bíblica del 'pueblo elegido'. Ha reconocido el objetivo de controlar Palestina, no para reunir allí a todos los judíos y liberar así a otros países, sino para construir allí el centro espiritual de los judíos y crear la base operativa para la acción en todo el mundo.

Palestina nunca ha sido la patria de los judíos, porque nunca han tenido patria, pero han hecho de Jerusalén su centro espiritual; la recuperación de este centro y el control de Palestina, con su población no judía, es un objetivo necesario de esta nueva corriente.

Pero al mismo tiempo, [esta nueva tendencia] les pedía que no olvidaran que debían "poseer la tierra", que por lo tanto tenían que estar en todas partes, y en todas partes ganar posiciones y organizar su influencia. Entendidos de este modo, todos los objetivos judíos anteriormente contradictorios se alinearon y pudieron ponerse de acuerdo en [esta última] tarea de la política judía. Con tal comprensión de la tarea, todas las fuerzas judías, actuando en todos los países en cualquier capacidad, podían emplearse para lograr el objetivo común.

Irónicamente, por supuesto, estalló un conflicto familiar judío -el conflicto, por ejemplo, entre Herzl y Ginsberg- y, como ha señalado Dmowski, "sólo quedó la disputa sobre la prioridad, sobre el liderazgo de los diferentes grupos dentro del judaísmo". Esta disputa, señala, afectaba incluso a la cuestión de Palestina.

De hecho, según los críticos del sionismo, la idea de un hogar nacional para los judíos surgió del hecho de que los líderes judíos sentían la necesidad de ejercer un mayor control sobre sus hermanos menores y que éste era el propósito de la creación de grupos sionistas en todo el mundo, que clamaban por la fundación de un Estado judío.

De hecho, era la base del plan de Asher Ginsberg para dominar el mundo y, sin embargo, irónicamente, hay muchos antisionistas judíos y no judíos que consideran a Ginsberg como un líder espiritual del pueblo judío que merece ser admirado. De hecho, Ginsberg fue el precursor en el siglo XX de lo que ahora llamamos el Nuevo Orden Mundial, la agenda del imperialismo judío.

S. P. Chajes, figura destacada de B'nai B'rith, escribió en *The Jewish National Almanac* que "nuestro imperialismo [judío] es el único que puede desafiar impunemente a los siglos, el único que no debe temer la derrota, que, sin desviarse de su camino, avanza invencible hacia su meta, con pasos lentos pero firmes". *Y esa meta es el Nuevo Orden Mundial.*

No cabe duda, por tanto, de que el objetivo último de los judíos es e incluso la dominación mundial. Incluso el eminente judío alemán Alfred Nossig, un influyente teórico sionista que se encontraba entre los sionistas que colaboraron con el régimen de Hitler -y que posteriormente fue asesinado por una facción judía resentida por su relación con los nacionalsocialistas- escribió en su libro *Integrales Judentum:*

La comunidad judía es más que un pueblo en el sentido político moderno del término. Es depositaria de una misión histórica mundial, incluso diría cósmica...

Esta misión constituye el núcleo inconsciente de nuestro ser, la sustancia común de nuestra alma. La visión primordial de nuestros antepasados era fundar no una tribu, sino un orden mundial destinado a guiar a la humanidad en su desarrollo...

Acabamos de salir de una noche larga, oscura y aterradora. Ante nosotros se extiende un paisaje gigantesco, la superficie del globo; este es nuestro camino.

Oscuras nubes de tormenta se ciernen aún sobre nuestras cabezas.

Cientos de nosotros seguimos muriendo cada día por nuestra lealtad a la comunidad, pero ya se acerca la hora del reconocimiento y la fraternidad de los pueblos. La aurora de Nuestro Día ya resplandece en el horizonte.

Leon Simon, en *Studies in Jewish Nationalism*, se hace eco de Nossig y de muchos otros filósofos judíos cuando escribe: "Para el judío, la era mesiánica significa no sólo el establecimiento de la paz en la tierra y la buena voluntad hacia los hombres, sino también el reconocimiento universal del judío y de su Dios".

Del mismo modo, el *London Jewish World* del 9 y 16 de febrero de 1883 afirmaba:

> "La dispersión de los judíos los ha convertido en un pueblo cosmopolita. Son el único pueblo cosmopolita y, como tal, deben actuar y actúan como disolventes de las diferencias nacionales y raciales. El gran ideal del judaísmo no es que un día se permita a los judíos reunirse en un agujero y en un rincón [como pueblo separado], sino que el mundo entero se impregne de las enseñanzas judías y que, en una Fraternidad universal de Naciones -un gran judaísmo, de hecho- desaparezcan todas las razas y religiones separadas."

Fuera de los círculos estrictamente judíos y sionistas, algunos han llegado a comprender la naturaleza profunda del sionismo, que se opone a la independencia de los pueblos de todo el mundo. En Rusia, en particular, donde el sionismo y el bolchevismo judío dominaron durante tanto tiempo, varios escritores (incluso en los últimos años de la era soviética) se ocuparon del tema.

En 1969, el ruso Yuri Ivanov publicó en la Unión Soviética un libro titulado *¡Cuidado: sionismo! Ensayos sobre la ideología, la organización y la práctica del sionismo.* Se vendieron 270.000 ejemplares. En él escribe:

> "Ideología sionista La ideología sionista consiste aparentemente en la doctrina de la creación de un "Estado judío". Por eso, con un conocimiento superficial, se podría pensar que la manera sionista de ver las cosas es conmovedoramente impotente y religiosamente ingenua...
>
> Sin embargo, los dirigentes sionistas siempre han considerado que la creación de un "Estado judío" no era un objetivo sino un medio para alcanzar otros objetivos mucho más amplios: la restauración del control sobre las masas judías, el máximo enriquecimiento en nombre de la autoridad y la prosperidad parasitarias, la defensa y el fortalecimiento del imperialismo."

La idea de un 'Estado judío', escribe Ivanov, no era más que un medio para alcanzar fines capitalistas, y el objetivo sionista nunca fue concentrar a todos o a la mayoría de los judíos del mundo en ese Estado: la idea era la formación de un 'centro' a través del cual fuera posible influir en la 'periferia'. Y esto es precisamente lo que el "antisionista" Asher Ginsberg admitió cándidamente en sus escritos.

En 1971, otro escritor ruso, Yevgeny Evseyev, en su libro *Fascism Under the Blue Star: The Truth about Contemporary Zionism, its Ideology and Practice: The Organizational System of the Jewish Upper Bourgeoisie:*

Según la lógica sionista, la población judía de Israel no es una nación sino "parte de una nación", ya que los judíos de todo el mundo constituyen una misma nación, desde ahora y para siempre. Los sionistas sostienen que esta nación, dispersa por todo el mundo, vaga de un lugar a otro... Los sionistas aún pueden aprovecharse de elementos como los lazos de sangre entre los inmigrantes a Israel y los judíos de sus países de origen e insistir en que la judería mundial es una.

Sin embargo, Yevseev decía que con el tiempo esta situación dejaría de existir, ya que los judíos se asimilarían a las poblaciones autóctonas de los distintos países. Sin embargo, podemos decir en retrospectiva que esto no parece haber sucedido, a pesar de los deseos y sueños de buenas personas de todas las creencias. Pero Yevseev señaló que, de hecho, el sionismo ha "[absorbido] al judaísmo como elemento constitutivo". Y añadió: "El sionismo ha absorbido de hecho al judaísmo como elemento constitutivo:

> El judaísmo y el sionismo reducen la geografía y la etnografía de los diferentes pueblos a una simple y práctica división en dos países y dos naciones, los judíos y los goyim (no judíos). Los Goyim son el enemigo y el clero judío y el régimen sionista israelí, , ilegalizan de hecho a los no judíos y crean un estado de enemistad interrumpida entre los judíos y todos los demás pueblos, justificando una religión de misantropía y odio hacia los pueblos de otras religiones para servir a la estrategia global del imperialismo.

El ya mencionado nacionalista polaco Roman Dmowski reflexionó sobre la influencia de la riqueza judía en el resto de la sociedad. Escribió

> Los judíos acumularon grandes riquezas y desempeñaron un papel importante en la vida social y política de los países. Además, la acumulación de riqueza aumentó rápidamente el papel [de los judíos] debido a la dependencia material que de ellos tenían amplios sectores de la sociedad europea.

Lo que siguió fue un período en el que, más que nunca, se trató de hacer de la jerarquía social una jerarquía basada exclusivamente en la propiedad, en la que ... los que tenían el dinero contaban con muchos rangos de personas que trabajaban para ellos.

Esto explica las legiones de defensores del judaísmo y luchadores por los intereses [judíos] que surgieron en el siglo XIX ...

Además, existen organizaciones internacionales secretas en las que los judíos siempre han tenido sus defensores y en las que, en algún momento, según todos los datos, ellos [los judíos] ocuparon puestos de liderazgo.

Todo ello se vio facilitado por el hecho de que no pertenecían realmente a ninguna nación y vivían entre todas ellas; fueron creados, como si de un designio se tratara, para desempeñar el papel principal en todas las empresas internacionales.

Durante este periodo, a pesar de que el pueblo judío vivió entre todas las naciones y adoptó las costumbres de las naciones en las que vivía, permaneció lo que Dmowski denomina una "uniformidad de instintos y una coherencia racial" que permitió a los judíos mantener un estrecho vínculo entre sí. Y esto, señala Dmowski, "no sólo entre los judíos que [se asimilan] y a menudo se privan de creencias religiosas y los judíos del tipo antiguo, conocidos como 'ortodoxos', sino también entre los judíos de todos los países".

El ascenso al poder del dinero judío internacional, que ya estaba bien establecido, tuvo lugar en un momento en que la ideología sionista (es decir, judía) de la conquista global, del imperium mundial -la utopía judía- estaba alcanzando su apogeo en los círculos filosóficos judíos.

Así pues, una vez examinados los fundamentos ideológicos del Nuevo Orden Mundial, comenzaremos ahora nuestro estudio del auge de las finanzas judías y la evolución de la dinastía Rothschild como fuerza principal dentro de este poder económico, motor esencial de la implantación del Nuevo Orden Mundial.

Arriba, viñeta de época que muestra a plutócratas judíos en la Bolsa de Londres recibiendo información que podría repercutir en sus

manipulaciones financieras. El poder financiero judío se desarrolló en todas las capitales europeas durante el siglo XIX, pero Londres se convirtió, en muchos sentidos, en "la capital del capital judío".

Aunque había muchos comerciantes de dinero judíos independientes y muy ricos en Gran Bretaña y otros lugares, el ascenso de la Casa Rothschild en Gran Bretaña (y en toda Europa) acabó por incorporar a estos otros barones del dinero a la esfera de influencia de los Rothschild. El auge del dinero judío internacional ha dado lugar a un debate cada vez más abierto -a todos los niveles- sobre este notable fenómeno y su repercusión en los asuntos mundiales.

CAPÍTULO IV

El ascenso del poder monetario judío internacional

Es absolutamente imposible hablar del Nuevo Orden Mundial sin mencionar la increíble riqueza (y por tanto poder político) que ha amasado el pueblo judío. Empezando por las familias bancarias judías en Gran Bretaña y en el continente europeo, la riqueza judía ha alcanzado un nivel extraordinario. Y como veremos, el ascenso de la dinastía Rothschild fue la culminación de esto, conduciendo en última instancia a la situación política y económica que hizo posible la construcción del mecanismo del Nuevo Orden Mundial.

Aunque es políticamente incorrecto citar a Adolf Hitler -quizás el crítico más infame de la historia contra los judíos- en el contexto de cualquier debate, Hitler -en *Mein Kampf*- evaluó la naturaleza del poder financiero judío y sus consecuencias. Precisamente porque Hitler es una figura tan controvertida (cuyo papel en los asuntos mundiales sigue resonando hoy en día) es importante examinar lo que tenía que decir: Los judíos entran primero en las comunidades como importadores y exportadores. Luego se convierten en intermediarios de la producción interna. Tienden a monopolizar el comercio y las finanzas. Se convirtieron en los banqueros de la monarquía. Atrajeron a los monarcas hacia extravagancias para hacerlos dependientes de los prestamistas judíos. Buscaban la popularidad a través de la filantropía y el liberalismo político. Fomentaron el desarrollo de las sociedades anónimas, la especulación bursátil y los sindicatos. Crearon malestar controlando la prensa. Las finanzas internacionales y el comunismo internacional son trucos judíos para debilitar el espíritu nacional.

Para que nadie tache esto de "propaganda nazi", nótese la naturaleza similar de lo que escribió una vez Leon Poliakov, el famoso historiador judío: Al principio de la historia moderna, los judíos descubrieron que la veneración del dinero era la fuente de toda vida. Cada vez más, cada acción de la vida cotidiana de los judíos estaba sujeta al pago de un impuesto. Había que pagar para ir y venir, pagar por el derecho a rezar con sus correligionarios, pagar para casarse, pagar por el nacimiento de un hijo e incluso pagar para transportar un cadáver al cementerio.

Sin dinero, el judaísmo estaba inevitablemente condenado a la extinción.

Por ejemplo, los rabinos consideran ahora la opresión financiera, como la moratoria en el pago de las deudas judías, al mismo nivel que las masacres y las expulsiones, viéndola como una maldición divina, un castigo merecido desde arriba.

Arriba, cartel de la campaña francesa de 1889 de Adolphe-Leon Willette, pintor y litógrafo francés que se presentó como candidato abiertamente "antisemita" a unas elecciones locales en París. Su cartel declaraba, entre otras cosas, que "los judíos son una raza diferente, hostil a la nuestra [...]

El judaísmo es el enemigo". Muestra a obreros, artesanos y otros cristianos franceses triunfando sobre el poder del dinero judío, representado por una vaca coronada, y decapitándolo. A sus pies está el Talmud, reconocido desde hace tiempo como la fuerza motriz de las intrigas judías en Europa y en todo el mundo.

El 27 de septiembre de 1712, el London *Spectator* escribió sobre los judíos: "Están tan dispersos por todas las zonas comerciales del mundo que se han convertido en los instrumentos por los que las naciones más remotas conversan entre sí y por los que la humanidad se une en una correspondencia general.

En Los judíos y el capitalismo moderno, Werner Sombart escribe que la exclusión de la vida pública no sólo benefició a la situación económica de los judíos, sino también a su situación política:

Liberó a los judíos de todo partidismo. Su actitud hacia el Estado y el gobierno de la época estaba libre de prejuicios. Gracias a ello, su capacidad para convertirse en abanderados del sistema capitalista internacional era superior a la de otros pueblos, ya que suministraban dinero a los distintos Estados, y los conflictos nacionales eran una de las principales fuentes de beneficios para los judíos. Además, la ausencia de color político de su posición les permitía servir a dinastías o gobiernos sucesivos en países que, como Francia, estaban sometidos a numerosos cambios políticos. La historia de los Rothschild ilustra este punto.

En su provocador libro de 1982, *Jews and Money: The Myths and the Reality (Los judíos y el dinero: mitos y realidad)*, publicado por Ticknor and Fields, el autor judío estadounidense Gerald Krefetz afirmaba sin rodeos:

Adquirir dinero [por parte de los judíos] se ha convertido en un acto reflejo, tan instintivo como parpadear cuando una mano amenaza el ojo y tan seguro como la huida de un antílope en las llanuras del Serengeti.

Para el judío, el dinero no representa seguridad, porque parece constitutivamente inseguro, ni una forma de camuflaje, [porque] los judíos suelen optar por mantenerse al margen y destacar.

Para el judío, el dinero es seguridad, una herramienta de supervivencia. A lo largo de los años, manejar, ganar, crear y ahorrar dinero se ha elevado a la categoría de arte refinado, resultado de un comportamiento social defensivo que se ha transmitido de generación en generación.

Describiendo a los judíos como "un ejemplo maravilloso" para la nueva ciencia de la etología - que, según Krefetz, es el estudio biológico de los paradigmas, patrones y gestos como pistas para comprender el carácter, en otras palabras, el estudio del comportamiento animal - Krefetz declaró con franqueza que "cualquier examen de la evolución social de los judíos en los últimos tiempos ( ) debe centrarse en el mecanismo de defensa más poderoso - la adquisición de dinero - ya que es tan esencial para su existencia y supervivencia".

Refiriéndose al libro de Werner Sombart antes mencionado, *Los judíos y el capitalismo* moderno, Krefetz señaló que Sombart había llegado a la conclusión de que el judaísmo era una religión favorable al desarrollo del capitalismo: "No sólo el judaísmo estimuló el crecimiento económico, sino que en ciertas áreas los judíos fueron responsables de los primeros pasos necesarios, e incluso hicieron posible el capitalismo. Atribuye a los judíos un papel importante en el comercio internacional. Sombart afirma que los judíos fueron "los primeros en colocar los productos básicos del comercio moderno en los mercados mundiales".

Los comerciantes judíos se especializaron en artículos de lujo, como piedras preciosas y lingotes, y desempeñaron un papel especialmente importante en la colonización de América Latina.

Sombart también señaló algunas de las instituciones económicas que los judíos ayudaron a crear, como las bolsas de valores, los instrumentos negociables, los bonos públicos y los billetes de banco. Además, los judíos promovieron activamente el libre comercio, la publicidad y la competencia. Todos ellos eran factores nuevos en el mundo de lo que hoy llamamos "capitalismo".

Sombart rastreó las tradiciones judías en estos ámbitos del capitalismo hasta el Pentateuco y el Talmud (y otras fuentes religiosas judías), que contienen comentarios sobre el interés, la usura, el derecho mercantil, las transacciones legales y la propiedad. Sombart sostenía que este "genio judío" del capitalismo procedía del "contrato con Dios", un pacto bilateral.

Explorando la historia de "Los judíos y el dinero" en su libro del mismo título, Gerald Krefetz reconoce con franqueza que "históricamente, los judíos han demostrado un notable talento para manejar el dinero. A lo largo de los años, esta inclinación les ha llevado al mundo de la banca y las finanzas, y en ningún lugar han ejercido su talento financiero de forma más brillante que en Estados Unidos. La libre empresa y la emancipación política les han permitido ejercitar y perfeccionar estas habilidades, que llevan mil años evolucionando.

Durante la mayor parte de estos mil años, señala Krefetz, los judíos no fueron banqueros en el sentido moderno del término. Eran, escribe, "prestamistas más parecidos a prestamistas y agentes de cambio". Krefetz describe la evolución de los judíos, que se convirtieron en los reyes de las finanzas en los tiempos modernos, hasta el auge del imperio Rothschild: "Al principio, prestaban dinero cuando nadie más podía o quería hacerlo, ya fuera por falta de liquidez o por mandatos [de la Iglesia] que prohibían [a los cristianos] prestar dinero a interés.

Más tarde, cuando el dinero se hizo más abundante y algunos ignoraron las prohibiciones cristianas, los préstamos se hicieron populares y los prestamistas judíos se encontraron sólo con clientes pobres. Para entonces, los judíos habían sido excluidos de casi todos los medios de subsistencia atractivos para los gentiles. Las prohibiciones se aplicaban mediante la deportación o el confinamiento en guetos.

Unos pocos judíos que se hicieron ricos y poderosos como auxiliares o administradores de los soberanos -los judíos de la Corte- fueron los precursores de los financieros modernos. Su trabajo consistía en recaudar ingresos mediante la explotación fiscal, negociar préstamos y abastecer al ejército como un único cuerpo de administración.

La banca moderna comenzó en el siglo XIX con el ascenso de la casa Rothschild. No fueron los únicos banqueros judíos importantes en Europa: de hecho, un número sorprendente de bancos continentales fueron fundados por judíos.

El antiguo judío de la Corte había recaudado dinero principalmente para que los dirigentes locales sufragaran sus gastos, su diplomacia personal y sus extravagancias. Los nuevos banqueros ofrecieron préstamos al Estado para financiar las industrias emergentes y los ferrocarriles.

Antes de la aparición de los bancos judíos modernos en la esfera de los Rothschild, también hubo una considerable presencia judía en el mundo del dinero. *La historia económica de los judíos* así lo recuerda:

> Los príncipes medievales recurrían a los servicios comerciales y financieros de algunos judíos. Sin embargo, como institución, el judío de corte fue una característica del Estado absolutista, sobre todo en Europa Central, desde finales del siglo XVI.

Con el fin de extender su poder a todo su territorio, el soberano establecía una administración centralizada en su corte, que se convertía al mismo tiempo en el centro del poder y ofrecía un suntuoso despliegue de lujo. Desde el punto de vista económico, un judío podía ser de gran utilidad para tal soberano.

En Polonia, muchos latifundios eran administrados por judíos y gran parte del comercio de productos agrícolas estaba en sus manos.

Esta situación, combinada con la aparición de una temprana actividad comercial capitalista judía por parte de los sefardíes en los Países Bajos y sus vínculos con el comercio levantino a través de los judíos del Imperio Otomano, convirtió al judío centroeuropeo en un agente especialmente adecuado para abastecer a los ejércitos de grano, madera y ganado, así como en proveedor de diamantes y otros bienes de consumo conspicuo.

Como la recaudación de impuestos y la ampliación del alcance de la fiscalidad a menudo iban muy a la zaga de los crecientes gastos de la corte, el ejército y la burocracia, este tipo de régimen desarrolló un déficit financiero casi crónico.

Los judíos, gracias a su capacidad de organización y a sus amplios contactos, podían ayudar, proporcionando con frecuencia créditos comerciales o dinero en efectivo, así como alimentos, telas y armas para el ejército, el instrumento más importante del poder del príncipe.

Todo ello sentó las bases para el ascenso al poder de familias bancarias como los Rothschild:

> En todas sus variadas actividades, los judíos de la Corte desempeñaron un papel notable en el desarrollo de las facilidades crediticias internacionales, sobre todo en los Estados de Europa Central y, en cierta medida, también en Europa del Norte, desde mediados del siglo XVII hasta finales del XVIII.

En general, eran agentes que organizaban transferencias de crédito más que poseedores de grandes cantidades de capital por derecho propio; gracias a sus amplias conexiones comerciales y habilidades organizativas, podían proporcionar fondos más rápidamente que la mayoría de los banqueros cristianos.

Gracias a su especialización en el comercio de la plata, podían abastecerse más fácilmente de plata para acuñar monedas y actuar como proveedores del ejército, una vez más gracias a su capacidad de organización y a su red de relaciones familiares. Gracias a su espíritu emprendedor, contribuyeron en parte al proceso de industrialización en el marco de la política mercantilista.

No cabe duda de que desempeñaron un papel decisivo en el crecimiento del Estado absoluto moderno y, al final del periodo, surgió un grupo de varios banqueros privados judíos importantes que ilustran la transición a los métodos modernos de economía y gobierno, principalmente los Rothschild, los Goldsmid, los Oppenheim y los Seligman.

Los autores añaden, casi como una ocurrencia tardía:

> "Sin embargo, no hay que olvidar que los tribunales también tenían sus banqueros cristianos, contratistas y oficiales del ejército, que también desempeñaron un papel en este desarrollo".

¡Qué amables son estos autores judeocéntricos, que escriben para una editorial judeocéntrica, al rendir homenaje a los cristianos!

El surgimiento de Gran Bretaña como centro preeminente de las finanzas judías es esencial para nosotros. En los primeros años de la Segunda Guerra Mundial, la agencia de noticias alemana World-Service informó sobre esta historia poco conocida.

El ascenso de los judíos en Inglaterra se produjo en tres etapas claramente definidas, separadas por intervalos de unos 100 años.

Bajo el reinado de Cromwell y durante la primera mitad del periodo revolucionario, bajo Carlos II, los judíos, después de haber sido desterrados de Inglaterra durante más de 350 años, volvieron en tropel a Inglaterra.

El reinado de Cromwell se caracterizó por una abierta política imperial británica. En cuanto a su política financiera y política, Cromwell confió en los judíos para que fueran la columna vertebral de su expansión colonial. Agentes judíos se dedicaron al espionaje económico y político en nombre de Cromwell, aprovechándose de las casas de negocios judías en países extranjeros.

En tiempos de Cromwell, al igual que 100 y 200 años después, se formó una pequeña camarilla gobernante judía, a cuya cabeza se situó un judío como eje de la nueva política económica colonial. En tiempos de Cromwell, era el rico judío sefardí Antonio Fernández Carvajal quien ocupaba este cargo.

Cien años más tarde comenzó la segunda etapa del ascenso de los judíos en Inglaterra. La camarilla judía en Inglaterra estaba dirigida por el rico judío sefardí Sampson Gideon, que también ejercía gran influencia sobre los ministros ingleses. Para entonces, la influencia judía sobre el capital financiero en Inglaterra era ya tan grande que, sin exagerar, podía decirse que los judíos ingleses controlaban el mercado monetario inglés.

Bajo el liderazgo de Sampson Gideon, los judíos intentaron derribar la barrera erigida por las leyes aprobadas en la época contra la afluencia de judíos extranjeros. La nación inglesa, encolerizada, se opuso vigorosamente a este esfuerzo judío. Así que los judíos no pudieron lograr nada por medios constitucionales, pero su poder ya era muy grande, y trabajando entre bastidores, judíos ingleses influyentes se encargaron de que estas leyes aprobadas en su momento fueran burladas y reducidas a la nada.

Cien años más tarde, en el siglo XIX, asistimos al último y más decisivo periodo en el que los judíos buscaron la emancipación. A principios de la era victoriana, figuras judías como Rothschild, Montefiore, Bernal, Montagu, Ricardo y Disraeli lucharon por la igualdad de derechos de los judíos ante la ley inglesa.

Una vez que los judíos fueron recibidos en la corte y se les concedió la ciudadanía, la nobleza inglesa dejó de sentirse degradada por los matrimonios mixtos con judíos. La penetración y desintegración de la nobleza inglesa por parte de los judíos continuó sin interrupción. Sin interrupción, la invasión judía de la clase dirigente, cuya oposición nacional se había roto, continuó sobre una amplia base. Después de que la judería había logrado así penetrar en la nobleza, pudo, desde esta posición de fuerza, continuar su campaña contra la nación inglesa.

Era la tercera etapa de su conquista de Inglaterra. En el espacio de cien años, lo había conseguido. Bajo el reinado de la reina Victoria, se rompió la última resistencia de la nación inglesa. Judá había conquistado Inglaterra. èmeLa plutocracia judeo-inglesa fue estabilizada por los judios y por sectores de la clase dominante, que estaba unida a ella por lazos de sangre, y que iba a seguir expandiendose durante el siglo XX. El interes judio y el interes de la aristocracia judio-inglesa son ahora identicos.

A través de este sistema plutocrático de gobierno, el imperialismo judío y el imperialismo británico estaban firmemente unidos. Las manos fuertes con las que los judíos habían atado a sí a la nobleza inglesa eran las de los lazos de sangre y el capital financiero. El oro judío se convirtió en el amo indiscutible de Inglaterra. La falta de escrúpulos y la agresividad judías, la avaricia y la codicia judías, se convirtieron en las señas de identidad de las clases dirigentes, que ahora tenían que contar con los judíos.

Estas son las piedras angulares sobre las que se construyó el Imperio Británico en su forma actual. Son los cimientos sobre los que descansa.

Mientras la familia Rothschild ejercía su influencia a través de sus bancos en Londres, París, Fráncfort, Viena y Nápoles, otros grandes nombres de las finanzas judías, como Bleichroder en Berlín, Warburg en Hamburgo, Oppenheim en Colonia y Speyer en Fráncfort, también surgieron como poderosos señores del dinero que trabajaban en colaboración entre sí y con los Rothschild, a menudo en competencia, pero todos vinculados por su herencia y tradiciones judías. También estaban los Hambro de Londres, los Sassoon de Bombay y los Guinzberg de San Petersburgo.

Aunque estos imperios bancarios equivalen a lo que ahora llamamos "bancos comerciales" o "bancos de inversión", los judíos también desempeñaron un papel importante en la creación de los llamados bancos "comerciales" (más próximos al banco "medio" con el que trataría la gente corriente para obtener servicios financieros), como el Deutsche Bank y el Dresdner Bank, dos de los "tres grandes" bancos alemanes, Crédit Mobilier y Banque de Paris et des Pays-Bas en Francia, Banca Commerciale Italiana y Credito Italiano en Italia, Creditanstalt-Bankverein y Banque de Bruxelles, entre otros.

En Estados Unidos florecieron banqueros judíos: Haïm Solomon, famoso durante la Guerra de la Independencia (aunque algunos rebaten la afirmación de que Solomon fuera "el patriota judío que financió la Revolución Americana") e Isaac Moses que, con Alexander Hamilton, fundó el Banco de Nueva York en 1784.

Krefetz cita las casas bancarias judías que se desarrollaron en América a partir de 1840: Bache, Goldman, Sachs, J. W. Seligman, Kuhn Loeb, Ladenburg, Thalmann, Lazard Frères, Lehman Brothers, Speyer y Wertheim. Krefetz señala que estos bancos judíos con sede en Estados Unidos tendían a casarse entre sí y a menudo actuaban de forma concertada, proyectando "la imagen de un poder concentrado".

Y no hace falta decir que en medio de todo esto, los Rothschild ya estaban operando en suelo americano a través de su agente americano, August Belmont, que trabajaba con muchas de estas otras fuerzas capitalistas judías.

Curiosamente, Krefetz sugiere que estos bancos judíos eran incapaces de competir con lo que él llama los bancos "protestantes", de los cuales Morgan, Drexel, Gould, Fiske, Harriman y Hill eran los más importantes.

Pero, como veremos más adelante en estas páginas, muchos de estos elementos estaban de hecho bajo el dominio de Rothschild y otras influencias judías.

Para que conste en acta, Krefetz añadió que, en su opinión, no había pruebas reales de una conspiración internacional de banqueros judíos, sino que "algunos judíos del sector bancario conspiraron".

El juego del dinero", dijo,

> "ejerce una fascinación sobre los judíos que algunos podrían decir que es equivalente al sexo para los franceses, la comida para los chinos y el poder para los políticos. Y desde la diáspora [la dispersión de las comunidades judías], sus preocupaciones financieras siempre han tenido un sabor internacional".

Ya en 1879, el ensayista antijudío alemán Wilhelm Marr declaraba francamente que el poder monetario judío había adquirido una influencia predominante, sobre todo en Alemania, pero reconocía que este poder tenía un alcance internacional. Marr describió sus propios escritos como "menos una polémica contra los judíos que la confirmación de un hecho cultural e histórico". Añadió que cualquier lenguaje destemplado que pudiera haber utilizado "debe entenderse como un simple grito de dolor de uno de los oprimidos".

Por "oprimidos", Marr entendía el resto de los muchos europeos y pueblos de todo el mundo que se encontraban, como dijo un escritor inglés unos años más tarde, "bajo el talón del judío", refiriéndose, en efecto, al poder del dinero judío.

Señalando que muchas personas han escrito cosas desagradables sobre los judíos y la comunidad judía organizada, Marr señaló que, sin embargo,

> "Nuestra autocomplacencia sigue impidiéndonos admitir abierta y honestamente que Israel se ha convertido en una potencia mundial de primer orden.

Insistía en que no había prejuicios religiosos en sus escritos. Simplemente permitía a sus lectores mirarse en lo que él llamaba "el espejo" de los hechos culturales e históricos. Aconsejaba a los lectores de sus obras pesimistas que no le culparan si ese espejo les mostraba como esclavos.

Sin la menor ironía", escribe, "proclamo públicamente el triunfo histórico-mundial de los judíos, la noticia de una batalla perdida, la victoria del enemigo sin la menor disculpa para el ejército en apuros". Califica sus brutales (y sombrías) conclusiones de "candor".

Marr señaló que "a lo largo de la historia, los judíos han sido odiados por todos los pueblos sin excepción". Subrayó que gran parte de este odio y enemistad no se debía a la religión judía y sus enseñanzas (en particular su desprecio por los no judíos) -aunque reconoció que esto desempeñaba un cierto papel- sino más bien, según Marr, al hecho de que el pueblo judío había sabido adaptarse a lo que denominó "la idolatría de otros pueblos".

Refiriéndose al conflicto histórico entre Roma y Jerusalén, Marr señala que "cuando un pueblo subyuga a otro, suele darse una de estas dos situaciones: o bien el conquistador se funde con la cultura del conquistado y pierde su especificidad, o bien el conquistador consigue imprimir su especificidad en el conquistado". Marr citó a los mongoles que conquistaron China bajo el mando de Gengis Kan y luego se convirtieron en chinos. Por muy imponentes que sean estos dos posibles fenómenos, pierden su importancia cuando se contraponen a la historia cultural de los judíos, ya que en este caso entra en juego una fuerza totalmente nueva. Una raza totalmente semita fue arrancada de su tierra natal en Palestina, llevada al cautiverio y finalmente dispersada.

En cuanto al cautiverio babilónico, parece que los babilonios se cansaron rápidamente de sus cautivos judíos, pues fueron liberados. La mayoría de los judíos regresaron a Palestina, pero los banqueros y los ricos permanecieron en Babilonia, a pesar de los gritos airados de los antiguos profetas judíos.

En algunos aspectos, Marr se muestra muy comprensivo con la situación judía. Señala que "los judíos se han dejado utilizar por los grandes de este país para poder realizar sus transacciones monetarias a costa del pueblo llano". Marr añade:

> "Muy dotados, muy talentosos en este sentido, los judíos dominaron el comercio mayorista y minorista en la Edad Media. Rápidamente superaron a quienes se ganaban el pan con el sudor de su frente".

Lo interesante, según Marr, era la dinámica de la situación.

Aunque el pueblo llano consideraba que, debido a sus diferencias religiosas, los judíos no compartían las consideraciones éticas de los no judíos, éstos, con tal de ganar dinero, lo toleraban todo:

> "Oprimidos desde arriba según la política oficial, los judíos podían seguir actuando impunemente desde abajo. Al pueblo", decía, "no

se le permitía quejarse de su explotación por los poderosos y sus agentes, los judíos".

Como resultado, señala Marr, la religión fue introducida en la ecuación por quienes estaban enfadados por ser explotados por los judíos y por aquellos para quienes los judíos actuaban como agentes. Así que hubo pogromos ocasionales. Sorprendentemente, sin embargo, los judíos no buscaron su propia emancipación, ya que temían que interfiriera en sus negocios financieros. Aunque los judíos "fueron ridiculizados por los eruditos, intimidados por las turbas y perseguidos por los fanáticos de la Iglesia medieval", "conquistaron el mundo con su espíritu judío", afirma Marr.

Otro crítico alemán del poder financiero judío, Adolf Stoecker, hizo algo más que señalar los problemas. Propuso una serie de soluciones que esperaba que se pusieran en práctica:

Las enfermedades sociales que los judíos han traído consigo deben curarse mediante una legislación juiciosa. No será fácil someter el capital judío a las limitaciones necesarias.

Sólo una legislación orgánica puede lograrlo. Abolición del sistema hipotecario en la propiedad inmobiliaria ...cambio del sistema crediticio que libere al empresario del poder arbitrario del gran capital; cambio del sistema bursátil; ...limitación del nombramiento de jueces judíos a su proporción en la población total.

Dirigiéndose al poder monetario internacional del imperio Rothschild en particular, Henry Ford, el gran industrial, declaró que el poder Rothschild, como se conocía antes,

"se había ampliado tanto con la entrada de otras familias de banqueros en las finanzas del gobierno, que ahora debía ser conocida no por el nombre de una familia de judíos, sino por el nombre de la raza".

Así, según Ford, esta combinación se llama ahora "Finanzas Judías Internacionales". Escribió: Gran parte del velo de secretismo que tanto contribuyó al poder de los Rothschild ha sido eliminado; la financiación de la guerra ha sido descrita para siempre como "dinero manchado de sangre"; y la magia misteriosa que rodea las grandes transacciones entre gobiernos e individuos, por la cual los controladores individuales de las grandes riquezas siguen siendo los verdaderos gobernantes del pueblo, ha sido eliminada en gran medida y los simples hechos revelados. El método Rothschild sigue siendo válido, sin embargo, en la medida en que las instituciones judías están afiliadas a sus instituciones raciales en todos los países extranjeros.

Así que, habiendo revisado el ascenso de los judíos como reyes de las finanzas mundiales, ahora diseccionaremos la historia del más grande de todos los nombres del poder monetario judío internacional: la Casa de Rothschild, sin duda *la fuerza preeminente en el movimiento por un Nuevo Orden Mundial* ...

Meyer Rothschild, fundador del imperio Rothschild, es representado - a la manera de un imitador - dominando el planeta con sus buitres hambrientos a punto de ser desatados sobre los pueblos en bancarrota de la tierra. El recuadro muestra la casa original de la familia Rothschild en Frankfurt, Alemania, desde la que Rothschild lanzó su infame dinastía de depredadores.

CAPÍTULO V

El reinado de la Casa Rothschild: el marco de un imperio judío mundial

El gran iconoclasta estadounidense, el poeta Ezra Pound, estaba, como ya hemos señalado, profundamente preocupado por el poder de las finanzas judías internacionales y su pérfida y devastadora política de usura, por las tácticas que sometían a gobiernos y pueblos -las economías de todo el planeta- al dominio de la élite judía.

Pound subrayó que no tenía sentido predicar el antisemitismo sin atacar específicamente y tratar de acabar con la construcción financiera que había permitido a los judíos reinar con supremacía. En *Gold and Work*, publicado en 1944, lo expresó sin rodeos: "Por supuesto, es inútil entregarse al antisemitismo mientras se deja intacto el sistema monetario hebreo, que es su más formidable instrumento de usura.

De hecho, después de siglos, fue la Casa de Rothschild la que llegó a dominar este "sistema monetario hebreo" global sobre el que Pound escribió y sermoneó tan intrépida e implacablemente.

The Economic History of the Jews, de los escritores judíos Salo W. Baron, Arcadius Kahan y otros (publicado por Schocken Books, una editorial de orientación judía, en 1975), resume la historia temprana de la familia Rothschild cuando se convirtió en el imperio bancario judío predominante. Aunque el fundador de la familia, Meyer Amschel Rothschild (1744-1812), ya actuaba como prestamista en 1763, fue a principios del siglo XIX cuando el imperio Rothschild, ahora en manos de sus cinco hijos, consolidó su posición como fuerza preeminente en las finanzas judías internacionales. He aquí una sucinta evaluación del ascenso de los Rothschild en la *Historia económica de los judíos de* Schocken: La banca judía comenzó en el siglo XIX con el ascenso de la Casa Rothschild en Frankfurt, que se convirtió en el nuevo centro bancario de Europa tras las convulsiones políticas causadas por la Revolución Francesa y las guerras napoleónicas.

Meyer Amschel Rothschild, fundador de la casa que se convirtió en el símbolo de la banca mercantil del siglo XIX, empezó como banquero del Elector de Hesse-Kassel. Sus hijos se convirtieron en grandes banqueros europeos: Amschel Meyer en Fráncfort, Salomon Meyer en Viena, Karl Meyer en Nápoles, James Meyer en París y Nathan Meyer en Londres.

Tras la muerte de Abraham Goldsmid y Francis Baring en 1810, Nathan Rothschild se convirtió en la figura dominante del mercado monetario londinense. La mayoría de las transacciones financieras inglesas con el continente pasaban por las oficinas de los Rothschild.

Tras el Congreso de Viena de 1815, los Rothschild extendieron sus actividades a la mayoría de los Estados europeos, especializándose en la liquidación de monedas de papel infladas y la creación de deudas públicas flotantes.

En 1818, concedieron préstamos a los gobiernos europeos, empezando por Prusia, y luego a Inglaterra, Austria, Nápoles, Rusia y otros Estados, en parte en colaboración con Baring, Reid, Irving & Company.

Entre 1815 y 1828, el capital total de los Rothschild pasó de 3.332.000 a 118.400.000 francos.

El monumental estudio de Chaim Bermant *The Cousinhood: A Vivid Account of the English-Jewish Aristocracy - una* aristocracia a la que llama "los Cohen, los Rothschild, los Goldsmid, los Montefiores, los Samuel y los Sassoon" - que fue publicado en 1971 por MacMillan, señala que el fundador de la dinastía Rothschild, Meyer (a veces traducido como "Maier" y "Mayer") Rothschild, se formó como rabino y que Meyer "apreciaba todas las tradiciones judías". Su esposa, Guttele, era la clásica matriarca judía de leyenda, como atestiguan todos los relatos sobre la familia Rothschild.

Y como señalamos al principio -y vale la pena repetirlo- un admirado biógrafo de Rothschild dijo de él que era "un ferviente creyente en el Talmud y lo eligió como único principio rector de todas sus acciones". Del mismo modo, Chaim Bermant se apresuró a afirmar que la interacción entre la vida religiosa, social, académica y económica judía era un antiguo aspecto de la vida judía que envolvía a gran parte de la familia Rothschild y a otras importantes familias bancarias judías, de hecho a todos los judíos.

Es importante reconocer esto al considerar el papel que la filosofía religiosa talmúdica, que se remonta a los gloriosos días de la vida judía en Babilonia, ha desempeñado en el ascenso de la Casa de Rothschild y su papel en la promoción de lo que ahora llamamos el Nuevo Orden

Mundial. Bermant escribió: Una sinagoga no es un templo ni una iglesia judía. Surgió como una institución en Babilonia, en el mercado, donde los judíos, después de reunirse para comerciar, eran animados a quedarse y rezar. En los guetos de Europa, era el lugar de encuentro de la comunidad, donde podían reunirse para rezar, cantar, estudiar, hablar, pasar el tiempo, llorar los momentos tristes y celebrar los felices.

Sobre el tema de la "Primofilia" -las familias judías de élite radicadas en Gran Bretaña pero con tentáculos en todo el mundo- Bermant escribió que "la Primofilia no era simplemente un grupo de parientes. En muchos sentidos funcionaban como una unidad orgánica y, aunque sus propios derechos [como judíos] aún no estaban plenamente garantizados, ponían su riqueza e influencia al servicio de sus correligionarios perseguidos en otras partes del mundo. Allí donde los judíos eran oprimidos, los emisarios corrían a Inglaterra, a los Rothschild, a Montefiore, a los Primos". Estos judíos de élite son los que reinan.

Irónicamente, Nathan Rothschild, jefe de la rama británica de la Casa Rothschild, no tenía la imagen de un titán mundial. Un viajero estadounidense que visitó Gran Bretaña en 1835 afirmó que Rothschild era "una persona de aspecto muy corriente, con facciones pesadas, labios flácidos y colgantes y un ojo de pez proyectado. Su figura, corpulenta, torpe y desgarbada, estaba envuelta en los pliegues sueltos de un amplio sobre todo".

Sin embargo, añade el norteamericano, "había algo imponente en su aire y sus maneras, y el respeto deferente que parecía mostrarle voluntariamente demostraba que no era una persona corriente". La pregunta obvia era: "¿Quién es? El Rey de los Judíos", fue la respuesta.

A lo largo del siglo siguiente, este rey de los judíos de aspecto desgarbado y su familia amasaron un poderoso imperio que no tenía rival en aquella época y sigue teniéndolo hoy en día.

En 1878, el comandante Osman Bey escribió un "ensayo histórico y étnico" titulado *La conquista del mundo por los judíos*. El libro examina cómo lo que él llama "el principio de los intereses materiales" esclaviza a los pueblos del mundo mediante la opresión financiera. Describe este "principio de los intereses materiales" como un "poder secreto" que el pueblo judío, como fuerza unida, ha descubierto. Hace hincapié en el concepto de solidaridad judía, sugiriendo que si un judío fuera atacado en un lugar, todos los judíos de los cinco continentes se alzarían como uno solo contra el agresor. Este concepto de solidaridad judía constituye la base de sus escritos en este campo.

En su opinión, los pequeños usureros medievales se han transformado en banqueros o corredores de bolsa modernos. "Los judíos errantes de antaño se han convertido en astutos especuladores, y los antiguos mercaderes de ropa y vendedores ambulantes han abierto elegantes almacenes y naves industriales". Sin embargo, añade un punto crítico que es necesario comprender:

Lo que aún faltaba era la corona del edificio, es decir, la encarnación del modo de principio y de un poder concreto y tangible, que es innato en toda empresa humana; porque, al igual que el gobierno eclesiástico o militar rudimentario se incorporó con el tiempo en un papa o un emperador, la supremacía monetaria judía tuvo que inducir necesariamente la formación de una dinastía, que extrajo su origen y su justificación permanente del principio de los intereses materiales.

Osman se refería, por supuesto, al imperio Rothschild.

Fue Rothschild", dice, "quien levantó

"más por la fuerza de las circunstancias que por las consecuencias de sus propios esfuerzos, a la alta y poderosa posición de líder visible de la supremacía judía".

Osman señala:

"Todos los judíos se han postrado ante este nuevo soberano y siguen postrándose desde que su reinado ha sido reconocido de un extremo a otro del mundo. Como rey de las finanzas, Rothschild comanda las masas rodantes del capital judío tan completamente como el emperador alemán o ruso comanda las masas móviles de sus ejércitos."

El poder de este "líder autoconstituido de todos los judíos", dice Osman,

"no debe calcularse por los miles de millones que puede llamar suyos, sino por esa masa de oro mucho mayor y verdaderamente fabulosa, cuya circulación depende de las órdenes emitidas por su gabinete".

Osman señaló que las "masas rodantes de capital judío" tenían alcance internacional:

Todo millonario judío que realiza transacciones financieras en París, Viena, Berlín o los Estados Unidos [y nótese su referencia de 1878 a los EE.UU.-Ed.] es en cierto modo un lugarteniente general de

Rothschild, que siempre regula sus acciones según las indicaciones de este barómetro financiero.

Señala que la riqueza de tres ramas de la familia Rothschild se estima en unos 3.000 millones de dólares y apunta que "esta cantidad es aproximadamente la que el gobierno francés tuvo dificultades para recaudar para las indemnizaciones de guerra". Así pues, concluye, "una familia es tan rica como toda una nación". Y añade: "Cuando se piensa que esta inmensa riqueza es fruto del trabajo de millones de desgraciados, hay que cuestionarse su cordura". Osman lo resume todo.

Nunca antes había existido un estado de cosas tan antinatural. El jefe de la familia Rothschild es, pues, un potentado, un soberano en el pleno sentido de la palabra, y sus súbditos son los millones de seres humanos que trabajan sin cesar para sostener su poder y su esplendor.

Los Rothschild poseen una docena de châteaux, verdaderas residencias reales, situados en los países más magníficos y cultivados.

Estos gobernantes exhiben el esplendor y reciben la adulación de los magnates de esta tierra, sin excluir a emperadores y reyes; sin embargo, el jefe de la familia Rothschild concede poco valor al hecho de que 'se le llame rey'. Su majestad judía se contenta claramente con *ser rey* y disfrutar del poder de una inmensa riqueza. Pero en todos los demás aspectos, Rothschild desempeña literalmente *el papel de* un soberano y no descuida los deberes que le impone su dignidad real.

Es él quien representa con esplendor al pueblo judío como otros soberanos representan el poder de sus respectivas naciones. El soberano judío, por ejemplo, nunca duda en participar en todas las suscripciones a las que la moda o el ruido han investido de cierta importancia [es decir, los judíos insertan su dinero y su influencia de forma muy pública -podría decirse "llamativa"- para hacer que su presencia y su nombre sean conocidos y "respetados" -nota del editor].

Rothschild siempre se preocupaba, cuando visitaba una localidad determinada, de dejar un recuerdo de su presencia, ya fuera fundando una institución filantrópica o haciendo una donación principesca.

Además, los Rothschild, como cabeza visible de la nacionalidad judía, se han encargado recientemente de poner la primera piedra siempre que se va a erigir una institución benévola dedicada exclusivamente a los judíos. El poder de este autócrata judío es tan inconmensurable e ilimitado que supera con creces el poder de todos los demás reyes y emperadores.

Cuando, hace sólo unos años, dos grandes imperios -Francia y Prusia- libraron una sangrienta guerra, desplegando cada país varios cientos de miles de soldados, fue necesario, no obstante, recurrir a un tercer potentado para restablecer la calma en Europa.

Este tercer potentado era Rothschild, este 'rey por la gracia de Dios', cuya firma era indispensable para la conclusión definitiva [de la guerra].

Aunque algunos escritores contemporáneos, en su mayoría publicistas de los Rothschild, han intentado restar importancia al papel de la influencia de los Rothschild en suelo estadounidense, Osman escribió que en Estados Unidos "su poder es bien conocido y sentido".

Señaló que, de buena fuente, la desmonetización del dólar de plata estadounidense en 1873 había sido llevada a cabo por un agente de Rothschild, Earnest Seagel, que había viajado a Washington con ese propósito y se suponía que, "por medios corruptos", había efectuado el cambio, tal como deseaba el imperio Rothschild. "El asunto se llevó a cabo con tanta habilidad que pasó algún tiempo antes de que el cambio se hiciera público.

Osman también señaló que las fuerzas de Rothschild "también aspiraban al monopolio de las artes liberales y las ciencias, que sólo están abiertas a los rangos más altos de la sociedad. Sabiendo muy bien que sólo por estos medios pueden adquirir honor, consideración y poder político, se dedicaron a la literatura, la medicina y la educación pública e inundaron las profesiones del derecho y el periodismo.

> Los editores de periódicos judíos forman en cada Estado", añadió, "una combinación estrechamente unida y todopoderosa, compuesta de mentes tan inteligentes y laboriosas como carentes de escrúpulos, y que se han apropiado, por así decirlo, del derecho a intervenir en todos los asuntos para extraer un tributo de la credulidad del público."

> "Esta combinación", dice, "que dispone de tales medios, mucho más poderosa que la iglesia o el estado feudal, está en posesión de un vasto y terrible poder en cuyas manos no somos más que abyectos esclavos."

Sobre los juegos de poder judíos en la arena política, escribió:

> "Hay dos principios fundamentales: los judíos, como grupo organizado, se han esforzado por concentrar su influencia, dispersa por todo el mundo y en todo momento, en el punto a conquistar más eficazmente para suprimir todas las tendencias locales de oposición.

Se esfuerzan en todo momento por sacar provecho de la desunión de los demás.

Para ello, ponen su poder financiero a disposición [de las dos partes que pueden estar en conflicto] al tiempo que se aseguran de tener representantes en ambas partes.

Gracias a esta política, los judíos siempre están dispuestos a convertir cualquier victoria del partido en su beneficio."

Esta distribución del poder es comparable a una buena mano de cartas, en la que los cuatro palos están representados de tal forma que siempre hay ciertos puntos seguros, sea cual sea el palo que se dé la vuelta.

Por ejemplo, señaló:

Por ejemplo, vemos en Francia: judíos imperialistas, republicanos, incluso socialistas. Si alguna vez gana el imperialismo, [las finanzas judías] estarán allí para representar los intereses judíos.

Si, por el contrario, la República o incluso la Comuna tienen probabilidades de salir victoriosas, [los socialistas judíos están] a mano para cambiar el color de la carta de triunfo, por así decirlo, en la baraja judía.

"En resumen, los judíos están preservando su prestigio independientemente de cualquier cambio de gobierno y se están acercando a su objetivo final -la conquista del mundo-, un enfoque que, con el tiempo, se está convirtiendo cada vez más en el objetivo final, independientemente de los cambios en las circunstancias. Han descubierto el secreto de ganar con todas las partes y perder con ninguna".

Los Rothschild y sus satélites también han jugado a este juego en la escena internacional.

"Todas las naciones", escribe, "son manipuladas si es necesario como parte de este gran juego internacional".

Osman explicó cómo el poder financiero judío era capaz de manipular la prensa. Según él, hay tres categorías de periódicos: los periódicos a sueldo de los judíos; los periódicos que llevan la bandera de una nacionalidad o ideología específica, pero que en realidad son frentes de los intereses judíos; y, por último, los periódicos que llevan abiertamente la bandera judía.

La primera categoría, los periódicos a sueldo de los judíos, eran los que estaban esencialmente comprados. La segunda categoría de periódicos eran los que él describía como los proverbiales "lobos con piel de cordero", que fingían representar los intereses de otros grupos pero que, de hecho, "sirven a un excelente propósito bajo su máscara al efectuar cambios en la opinión pública, ya que sus lectores rara vez perciben que los artículos publicados en ellos... [sugieren] que estos periódicos reflejan la tendencia de la opinión pública en [el país donde se publican]. [sugieren] que estos periódicos reflejan la orientación de la opinión pública en [el país donde se publican]".... [hacen creer al público] que estos periódicos reflejan la tendencia de la opinión pública en [el país donde se publican] cuando en realidad no son más que un reflejo del diablo judío que trata de desviarnos a su antojo y nos embruja con las doctrinas y sofismas de la escuela moderna".

(En Estados Unidos existen hoy las revistas de lo que podría llamarse "liberales kosher" y "conservadores kosher" que, aunque están en profundo desacuerdo en todas las demás cuestiones, apoyan sin embargo los intereses judíos y las preocupaciones del Estado de Israel). Luego, por supuesto, Osman señaló que estaban las revistas que se proclamaban abiertamente como reflejo de los intereses de la comunidad judía y orientadas hacia los propios judíos, diseñadas, escribe Osman, "para dirigir a Israel [el pueblo judío] en su agresivo avance sobre la riqueza de los gentiles", es decir, los no judíos del mundo.

> "Esta prensa levanta el grito de guerra, dirige y conduce a los judíos hacia adelante. Sin estos periódicos, el movimiento judío no formaría un todo y su actividad carecería necesariamente de fuerza interior."

Osman describió todo esto como la prueba de "la existencia de un poder secreto pero formidable". Esta combinación, dijo, "forma una batería aterradora contra la que parece casi imposible luchar".

Refiriéndose a los periódicos independientes fuera de la esfera de influencia de los Rothschild (y de los judíos), Osman dijo:

> "Los judíos siempre tienen a su disposición una lluvia de burlas y calumnias vomitadas por las bocas mentirosas de cientos de periodistas: cualquiera que no se deje saquear por los judíos es un 'reaccionario' y si toma una piel de vaca en la mano [para defenderse de los ataques judíos], es un 'bárbaro'".

Osman llegó a la conclusión -hace tanto tiempo, en 1878- de que la conquista del mundo por los judíos era ya lo que él llamaba

> "un hecho probado que no puede discutirse".

Lo que ha contribuido a la conquista del mundo es la usura, que describe como una "perniciosa costumbre de emitir bonos, no sólo por parte de las naciones, sino también de los municipios, que han hipotecado así la riqueza de naciones y comunidades de todo el mundo". Los intereses de estos bonos "siguen aumentando día y noche", señaló. "Su curso barre el recinto ferial como un tornado, destruyendo todo a su paso".

Lo que Osman llama "el poder secreto del interés acumulativo" ha esclavizado a la humanidad y se ha convertido en el "arma principal" de los intereses judíos para establecer lo que ahora llamamos el Nuevo Orden Mundial. La única solución es que las naciones y los individuos no se endeuden, lo que, en su opinión, rompería el espinazo del poder monetario internacional en cuanto todas las deudas se liquidaran sobre una base justa y equitativa.

La ironía, según Osman, es que mientras la gente se considera "libre" y se enorgullece de tener un alto grado de cultura en su naturaleza, nadie se ha atrevido aún a alzar la voz contra quienes sólo consiguieron conquistar el mundo recurriendo al engaño y la usura:

> La única manera de restablecer el equilibrio social es agarrar el árbol por la raíz y dirigir los ataques contra la causa de este mal cosmopolita y fundamental. Sólo así podrán los verdaderos estadistas conseguir liberar a la humanidad de la mayor lacra que ha sufrido jamás.

Y la fuente de este azote fue la construcción global de las finanzas judías internacionales dominadas por la dinastía Rothschild.

> En 1913, el profesor Roland G. Usher, en su libro *Pangermanism*, reflexionaba sobre los tentáculos mundiales de los Rothschild: Rusia, Turquía, Egipto, India, China, Japón y Sudamérica son probablemente propiedad, en la medida en que puede serlo cualquier gran nación, de Londres o París. El pago de los intereses de estas sumas considerables está asegurado por los ingresos públicos de estos países y, en el caso de las naciones más débiles, por la entrega efectiva de la recaudación en manos de los agentes de los banqueros ingleses y franceses.

Y, por supuesto, esos "banqueros ingleses y franceses" eran los Rothschild. Usher añadió que:

> Es más, una gran proporción, si no la mayoría, de las acciones y valores industriales del mundo están en manos de estas dos naciones, y las políticas de muchas de las empresas del mundo están dictadas por sus dirigentes financieros.

En pocas palabras, estaba diciendo que los dirigentes financieros de Inglaterra y Francia -es decir, los Rothschild y quienes se hallaban en su esfera de influencia- eran en realidad quienes controlaban la mayor parte de las acciones y participaciones industriales del propio planeta.

> "El mundo entero, de hecho, les rinde tributo", escribe Usher. "Se levanta por la mañana para ganarse la vida utilizando su capital y ocupa sus días ganando dinero para pagarles intereses, lo que les hace aún más ricos".

El crecimiento del imperio Rothschild fue extraordinario. *La Enciclopedia Anual de 1868* señala que Jacob Rothschild en París, fundado por su padre Maier Rothschild con un capital de 200.000 $, murió en 1868 con una fortuna valorada entonces en más de 300.000.000 $ [en aquella época]. Sólo sus ingresos anuales rondaban los 40.000.000 de dólares.

En 1913, en su libro *The Romance of the Rothschilds*, Ignatius Balla señalaba que, en aquella época, ninguna fortuna en América igualaba los ingresos anuales de Jacob Rothschild. En 1913, según Balla, la fortuna de los Rothschild ascendía a más de 2.000.000.000 de dólares.

Luego, por supuesto, está el hecho de que las diversas ramas del imperio Rothschild en las principales ciudades de Europa encontraron la forma de mantener su influencia mediante el matrimonio mixto de sus vástagos con otros miembros de su propia familia extensa. Por ejemplo, Jacob Rothschild se casó con la hija de su hermano, el barón Salomon Rothschild de Viena.

La institucionalización del imperio Rothschild continuó con el matrimonio de miembros de la familia Rothschild con miembros de otras dinastías bancarias judías, como los Montefior de Inglaterra y los Sassoon que, en particular, construyeron sus propias fortunas gigantescas en Asia. Originalmente comerciantes de opio de Bagdad, los Sassoon se dedicaron a la banca y ejercieron una extraordinaria influencia en China, Japón y todo Oriente, incluida Australia.

Los préstamos internacionales a las naciones del mundo por parte de la dinastía Rothschild eran un factor importante entonces -cuando el autor estadounidense E. C. Knuth escribía a principios de la década de 1940-, al igual que lo son hoy. Knuth describió las intrigas de los Rothschild, a menudo documentadas, diciendo que "uno de los medios más eficaces empleados por la Casa de Rothschild a lo largo de los años para destruir a sus competidores y disciplinar a los estadistas recalcitrantes era crear artificialmente una inflación excesiva mediante una especulación prolongada, para luego hacer caja y dejar que otros cargaran con el muerto". Este truco, dice, ha sido utilizado por los Rothschild a intervalos regulares a lo largo de los años.

Los Rothschild tenían un control mundial: Bélgica, Egipto, Portugal y muchos otros países. En Chile, los Rothschild controlaban los nitratos. Brasil estaba tan agobiado por los préstamos de los Rothschild que un escritor declaró que este coloso latino podría haber sido descrito como "un Estado Rothschild".

La influencia de los Rothschild se extendió a Asia a través de sus vínculos con la familia Sassoon, a Australia a través de los Montefior, y a Sudáfrica a través del control de los Rothschild sobre los diamantes y el oro, influencia que se extendió a Cecil Rhodes y la familia Oppenheimer, que dominaban la industria del diamante.

Hoy en día, los Rothschild, los Oppenheim, los Bronfman de las Américas y el difunto Armand Hammer, cuyas intrigas se extendían hasta la Unión Soviética, eran conocidos por los iniciados como la "Banda de los Cuatro Multimillonarios" y eran los jefes responsables del imperio mediático internacional del australiano Rupert Murdoch, que es en parte judío (por al menos una línea de ascendencia) por parte de madre.

Más tarde, antes del colapso del régimen soviético, en los años que siguieron a la muerte de Josef Stalin -que se esforzaba por acabar con la influencia judía en Rusia-, estas influencias de los Rothschild consideraron oportuno empezar a maniobrar para mantener su dominio sobre Rusia mientras ésta avanzaba hacia su colapso final.

Aunque se tiende a pensar que el imperio Rothschild se centra principalmente en las finanzas, lo cierto es que sus miles de millones se han invertido en muchos sectores.

Los Rothschild controlaban el mercurio, montando minas de mercurio en España y manipulando los asuntos políticos de ese país.

Lo mismo ocurre con el níquel, que se utiliza para endurecer el acero y para el que no existe sustituto conocido.

Los Rothschild se han hecho con el control de los recursos de níquel de Canadá, Nueva Caledonia y Noruega. Los intereses de los Rothschild en el sector del níquel también les permiten ser actores importantes en la fabricación de armas, ya que la famosa empresa alemana Krupp está vinculada, a través de sus representantes, a la empresa francesa de los Rothschild, Le Nickel.

La industria del cobre también fue una fuente de riqueza para los Rothschild: poseían acciones en las minas de Río Tinto en España, que también producían azufre.

Lo mismo ocurre con el plomo y el petróleo. Aunque el nombre de Rockefeller se asocia con el petróleo, en la región del Cáucaso, donde se encuentran las famosas reservas de Bakú, los Rothschild controlaban vastos yacimientos petrolíferos.

Cabe señalar que el interés de los Rothschild por el petróleo provocó su hostilidad hacia los zares de Rusia, que fueron los únicos reyes europeos que se resistieron sistemáticamente a las intrigas de los Rothschild.

Así que no es casualidad que los intereses de los Rothschild acabaran desempeñando un papel central en la financiación de la revolución bolchevique liderada por los judíos que destruyó la Casa de Romanov.

Aunque es bien sabido que los Rothschild controlaban la industria del diamante en Sudáfrica, también destacaban en los lucrativos negocios sudafricanos de extracción de oro.

Todos los lingotes de oro pasaban por las manos de tres empresas judías que controlaban el precio del oro: Mocatta and Goldsmid, Samuel Montagu & Company y, por supuesto, N. M. Rothschild and Sons.

Fue el Presidente Henrik Krueger de Sudáfrica quien declaró célebremente: "Si fuera posible expulsar a los monopolios judíos de este país, hombro con hombro, sin iniciar una guerra con Gran Bretaña, el problema de la paz eterna estaría resuelto".

(Irónicamente, Krueger aparece conmemorado en la famosa moneda de oro sudafricana conocida como Kruegerrand).

El escritor inglés Arnold Leese ha dicho que los acontecimientos que rodean la historia de la dinastía Rothschild tienen una moraleja definida. Según él, esta moraleja es la siguiente: Sólo una minoría de hombres y mujeres en cualquier comunidad, de cualquier raza, rango o religión, son lo suficientemente fuertes como para resistir absolutamente la influencia ejercida sobre ellos por quienes manejan el poder del dinero, que se convierte sin mucho esfuerzo en el verdadero gobernante de los gobiernos "democráticos". Cuando este poder del dinero es ejercido por judíos, se deduce que la democracia está condenada, por su propia naturaleza, a ser gobernada por judíos ajenos al país que la adopta.

Leese afirmó que "la influencia del dinero se ejerce generalmente de forma mucho más sutil que la de la corrupción descarada. Incluso a los hombres y mujeres de bien, si no son tan fuertes, les resulta difícil resistirse a los favores concedidos en circunstancias que dificultan el rechazo..." Describió algunas de las formas en que se lleva a cabo esta forma sutil de soborno: consejos sobre las probables fluctuaciones futuras de acciones y valores, presentaciones de personas influyentes ofrecidas por los ricos a los necesitados, alojamiento proporcionado a un coste considerablemente inferior al habitual para ese tipo de alojamiento, noticias anticipadas de políticos, etc.

Leese subrayó que

> "bajo tales influencias, las personas que no han podido ser corrompidas por medios directos, tarde o temprano se encuentran en circunstancias en las que ya no les es posible rechazar algún tipo de devolución de favor, que la posición oficial del individuo en cuestión puede darles la oportunidad de hacer".

Carroll Quigley, profesor de la Universidad de Georgetown, escribe en *Tragedy and Hope* sobre la influencia de los bancos judíos en Europa.

Señala que los Rothschild y otros bancos judíos colaboraban a menudo con intereses no judíos y que "a menudo cooperaban juntos, incluso cuando sus grupos competían".

En la Francia del siglo XIX, señala Quigley, "un grupo predominantemente judío" se alió con intereses bancarios protestantes, como los ejercidos por el grupo Mirabaud.

(Es interesante observar aquí que este eminente profesor de la Universidad de Georgetown -que fue, según admitió públicamente el ex presidente Bill Clinton, un admirado mentor intelectual de Clinton- distinguiría, en su primer libro, entre intereses bancarios "judíos" y "protestantes". Al estadounidense medio se le ha asegurado que es políticamente incorrecto y absolutamente inaceptable abordar la cuestión de la religión de una persona fuera de una discusión directa sobre la propia religión, es decir, especificar las creencias religiosas de alguien, lo que es, en el peor de los casos, intolerancia y, en el peor, grosero e inapropiado).

Así que, a pesar de lo que se ha puesto a los pies del americano medio, con el objetivo de asustarle e impedirle discutir sobre el poder y la influencia judíos, el hecho de que el Sr. Quigley se atreva a referirse casual y francamente a los intereses bancarios judíos debería ser instructivo para ese americano medio.

Sin embargo, según el Sr. Quigley, los intereses de Mirabaud y Rothschild

> "juntos dominaban todo el sistema financiero, siendo más ricos y poderosos que todos los demás bancos privados juntos".

En 1902, en su famoso libro *Imperialism: A Study*, el liberal inglés J.A. Hobson señalaba el poder de la dinastía Rothschild en su contexto político:

> ¿Alguien cree seriamente que un Estado europeo podría emprender una guerra de gran envergadura o contraer un préstamo gubernamental importante si la Casa de Rothschild y sus conexiones se opusieran?

> Cualquier acto político importante, que implique un nuevo flujo de capital o una fluctuación importante en el valor de las inversiones existentes, debe recibir la sanción y la ayuda práctica de este pequeño grupo de reyes financieros... Las finanzas manipulan las fuerzas patrióticas generadas por políticos, soldados, filántropos y comerciantes... Los intereses financieros poseen las cualidades de concentración y cálculo lúcido necesarias para la implantación del imperialismo.

> Un estadista ambicioso, un soldado de frontera, un misionero demasiado entusiasta o un comerciante advenedizo pueden sugerir o incluso iniciar una etapa de expansión imperial, pueden contribuir a educar a la opinión pública patriótica sobre la urgente necesidad de un nuevo avance, pero la decisión final corresponde al poder financiero.

> La influencia directa que ejercen las grandes corporaciones financieras sobre la "alta política" se ve reforzada por el control que ejercen sobre la opinión pública a través de la prensa que, en todos los países "civilizados", se está convirtiendo cada vez más en su obediente instrumento...

En 1911, Werner Sombart, en su famoso libro *Los judíos y el capitalismo* moderno, decía: "El nombre Rothschild significa más que la empresa que lo lleva". Se refiere a todos los judíos implicados en las finanzas internacionales y señala: "Porque sólo con su ayuda los Rothschild han podido alcanzar la posición de poder supremo -incluso se podría decir de dominio exclusivo del mercado de bonos- que les vemos ostentar desde hace medio siglo". añadió:

"Ciertamente, no es exagerado decir que un ministro de finanzas que alienara a esta casa mundial y se negara a cooperar con ella debería más o menos cerrar su despacho..... [No sólo en términos cuantitativos, sino también en términos cualitativos, el mercado de valores moderno es rothschildiano (y por lo tanto judío)."

Émile Zola escribió una novela tristemente célebre titulada *L'argent (El dinero)*. En esta novela, había un personaje -un tal Gundermann- que era un banquero judío (modelado, por supuesto, nada menos que en el Rothschild francés).

Gundermann fue descrito por Zola:

El rey banquero, el amo de la Bolsa y del mundo... el hombre que conocía [todos] los secretos, que hacía subir y bajar los mercados a su antojo como Dios hace subir y bajar los truenos... el rey del oro... Gundermann era el verdadero amo, el rey todopoderoso, temido y obedecido por París y por el mundo... En París ya estaba claro que Gundermann reinaba en un trono más sólido y respetado que el del Emperador.

Otro personaje del libro de Zola, un tal Saccard, antisemita, se ve obligado a pedir ayuda a Gundermann, al tiempo que predice "la conquista final de todos los pueblos por los judíos". Saccard describe a los judíos como "una raza maldita que ya no tiene razón de existir":

Esta raza maldita, que ya no tiene patria, que ya no tiene príncipe, que vive como un parásito en la casa de las naciones, fingiendo obedecer a la ley, pero en realidad obedeciendo sólo a su dios del robo, de la sangre y de la ira [...] llevando a cabo en todas partes su misión de feroz conquista, acechando a su presa, chupando la sangre de todos [y] engordando con la vida de los demás.

Las personas sensibles, políticamente conscientes y políticamente correctas pueden haberse escandalizado al leer estos comentarios sobre los judíos y los intereses financieros judíos de la pluma de Émile Zola, porque, por supuesto, era más conocido (y sigue siéndolo) por su defensa del judío francés Alfred Dreyfuss, acusado -erróneamente, se dice- de traición.

También está el financiero francés Paul Eugène Bontoux, que habla de "La Banque Juive", que según él no es un banco judío.

"no contento con los miles de millones que han afluido a sus arcas en los últimos cincuenta años... no contento con el monopolio que ejerce sobre al menos nueve décimas partes de todos los asuntos financieros de Europa...".

Bontoux sabía de lo que hablaba. Había sido director de Union Générale y había culpado a "las finanzas judías y a su aliada, la masonería gubernamental" de la quiebra de la empresa. Ni que decir tiene que los Rothschild estaban en el centro del asunto Union Générale.

En su famoso libro de 1899 *Les Juifs contre la France*, el gran ensayista Edouard Drumont escribió:

> "El Dios Rothschild es el verdadero amo de Francia. Ni emperador, ni zar, ni rey, ni sultán, ni presidente de la república... no tiene ninguna de las responsabilidades del poder y todas las ventajas; dispone de todas las fuerzas gubernamentales, de todos los recursos de Francia para fines privados".

Incluso el periódico británico *Labor Leader* denunció que los Rothschild eran

> "el tornillo chupasangre [que] ha sido la causa de innumerables desgracias y miseria en Europa durante este siglo, y ha acumulado su prodigiosa riqueza principalmente fomentando guerras entre estados que nunca deberían haberse peleado". Dondequiera que haya disturbios en Europa, dondequiera que circulen rumores de guerra y las mentes de los hombres estén presas del pánico por el miedo al cambio y a la calamidad, puedes estar seguro de que un Rothschild con nariz de gancho está en su juego, en algún lugar cerca de la región de los disturbios".

Ezra Pound, en su libro *Gold and Work*, publicado en 1944, decía:

> "La guerra es la forma más elevada de sabotaje, la forma más atroz de sabotaje. Los usureros provocan guerras para imponer monopolios en su propio interés con el fin de agarrar al mundo por el cuello. Los usureros provocan guerras para crear deudas, con el fin de extorsionar intereses y cosechar los beneficios resultantes de los cambios en el valor de las unidades monetarias."

El escritor liberal británico J.A. Hobson declaró que la Guerra de los Boers había sido

> "concebido por un pequeño grupo de financieros internacionales, principalmente de origen alemán y raza judía". Añadió que estaban "dispuestos a instalarse en cualquier parte del mundo [...] obteniendo sus ganancias no de la fruta y la industria genuinas, ni siquiera de la industria de otros, sino de la construcción, promoción y manipulación financiera de empresas".

Aunque se ha dicho que Hobson evitó "una línea argumental antisemita" al presentar un argumento socialista contra el capitalismo, sus críticos han afirmado que Hobson sentó las bases de gran parte del pensamiento de quienes han sido considerados "antisemitas".

En cuanto al antisemitismo, el propio Meyer Karl Rothschild dijo en 1875, , en una conversación con Otto von Bismarck:

> "En lo que respecta al sentimiento antisemita, los culpables son los propios judíos y el malestar actual debe atribuirse a su arrogancia, vanidad e incalificable insolencia".

A la muerte de Lord Nathan Rothschild en 1915, el periódico británico *Western Morning News* informó:

> La muerte de Lord Rothschild es un acontecimiento que ni siquiera la guerra puede eclipsar. Este príncipe de los financieros y amigo del rey Eduardo sabía probablemente más de la historia doméstica de las guerras europeas y de la diplomacia en general que los más grandes estadistas que hemos tenido.

> Todos los grandes golpes políticos de la nación en el último medio siglo han ido precedidos de un breve pero significativo anuncio: "Lord Rothschild visitó ayer al Primer Ministro". Era una de las señales que los que estaban entre bastidores observaban cuando las grandes decisiones eran inminentes.

Uno de los grandes mitos de la historia es que los Rothschild europeos no se vieron afectados por el ascenso y la expansión de la Alemania nacionalsocialista.

Los bienes de los Rothschild fueron confiscados en Austria, Francia y Alemania. Muchos Rothschild abandonaron la Europa ocupada por Alemania, ya que claramente tenían los medios para hacerlo. Sin embargo, muchos escritores "patrióticos" estadounidenses y comentaristas de Internet siguen promoviendo la mentira de que "Hitler nunca tocó a los Rothschild". Esto no es cierto.

Pero muchos de estos "patriotas" no tienen ningún problema en ignorar los hechos.

En 1841, Alexandre Weill escribió un ensayo titulado "Rothschild y las finanzas de Europa". En él decía:

> Sólo hay un poder en Europa y es Rothschild. Sus satélites son una docena de otras compañías bancarias; sus soldados, sus escuderos, todos respetables hombres de negocios y comerciantes, y su espada es la especulación. Rothschild es una consecuencia que tenía que

aparecer; y si no hubiera sido Rothschild, habría sido otro. Pero no es una consecuencia accidental, sino primaria, nacida de los principios que han guiado a los Estados europeos desde 1815. Rothschild necesitaba a los Estados para convertirse en Rothschild, mientras que los Estados, por su parte, necesitaban a Rothschild. Hoy, él ya no necesita al Estado, pero el Estado sigue necesitándole a él.

En su *Historia de la Casa Rothschild*, publicada en 1893, el escritor alemán Freidrich von Scherb escribió:

"La Casa Rothschild nació de las rencillas entre Estados, se hizo grande y poderosa gracias a las guerras [y] la desgracia de Estados y pueblos hizo su fortuna".

Incluso los grandes de Europa estuvieron vinculados a los Rothschild, incluido el Gran Duque Metternich, cuyo nombre es hoy sinónimo de intriga internacional y política de poder.

Metternich estaba vinculado al imperio Rothschild, utilizaba su servicio privado de mensajería para su correspondencia personal y confiaba sus finanzas a Salomon Rothschild. A este respecto, el biógrafo moderno Niall Ferguson, partidario de los Rothschild, escribió: "Las pruebas de que los Rothschild establecieron una red de relaciones financieras privadas con personajes públicos clave de la Europa de la Restauración son irrefutables". Sin embargo, Ferguson explicó, como para descartarlo

Sin embargo, los teóricos de la conspiración de esta época y de épocas posteriores malinterpretaron el papel de estas relaciones, presentándolas como la clave del poder de los Rothschild. La imagen de los Rothschild en el centro de una red de "corrupción" se convertiría en un lugar común en los años posteriores a 1830.

En realidad, no fueron los sobornos, préstamos y otros favores concedidos a hombres como Metternich lo que les convirtió en la fuerza dominante de las finanzas internacionales después de 1815. No, fue la escala y sofisticación de sus operaciones.

Aunque aristócratas y empresarios aceptaban con entusiasmo las invitaciones a las galas de los Rothschild, conocidas por lo que Niall Ferguson ha descrito como su "pura extravagancia", no puede decirse que los hermanos Rothschild fueran populares.

Por ejemplo, Nathan Rothschild era, dice, "considerado por muchos grosero hasta el punto de ser francamente descortés en sus modales".

El hecho de que los Rothschild sean tan poderosos ha llevado a muchos a comentar su fuerza bruta. Ludwig Borne dijo: "Rothschild es el sumo sacerdote del miedo, el [dios] en cuyo altar se sacrifican la libertad, el patriotismo, el honor y todas las virtudes cívicas". Borne, judío convertido al cristianismo, escribió:

> ¿No sería bueno para el mundo que se pusieran coronas sobre sus cabezas [de los Rothschild], en lugar de descansar a sus pies como ocurre hoy? ...Aunque los Rothschild no ocupan tronos todavía, al menos se les pide su opinión sobre la elección del gobernante cuando el trono queda vacante.

> ¿No sería una gran bendición para el mundo que todos los reyes fueran depuestos y la familia Rothschild instalada en sus tronos?

> Piensa en los beneficios. La nueva dinastía nunca pedirá un préstamo, porque sabe mejor que nadie lo caras que son estas cosas, y sólo por eso, la carga sobre sus súbditos se aligeraría en varios millones al año.

Heinrich Heine, poeta y periodista que también era judío convertido al cristianismo, mantenía relaciones con la familia Rothschild. Decía que lo que él llamaba "el sistema Rothschild" era revolucionario en sí mismo.

> El sistema, dijo, posee "la fuerza moral o el poder que la religión ha perdido, puede actuar como sustituto de la religión -de hecho, es una nueva religión- y cuando la vieja religión desaparezca finalmente, proporcionará sustitutos para sus bendiciones prácticas". "Curiosamente", añade Heine, "son una vez más los judíos quienes han inventado esta nueva religión...".

dijo Heine:

> "Nadie hace más por la revolución que los propios Rothschild... Y, aunque parezca aún más extraño, estos Rothschild, los banqueros de los reyes, estos poseedores de monederos principescos, cuya existencia podría estar en peligro por el colapso del sistema estatal europeo, llevan sin embargo en sus mentes la conciencia de su misión revolucionaria."

¿Y qué hay de esta misión revolucionaria? Heine describe a Rothschild como "uno de los mayores revolucionarios" que han fundado la democracia moderna. Junto con Robespierre y Richelieu, Heine dice que Rothschild es uno de los "nombres terroristas" que significan "la aniquilación gradual de la vieja aristocracia".

Eran, en sus palabras, "los tres niveladores más formidables de Europa". Heine escribió:

> "Richelieu destruyó la soberanía de la nobleza feudal y la sometió al despotismo real que la relegaba al servicio de la corte o la dejaba pudrirse en la inactividad de las provincias.

> Robespierre decapitó a esta nobleza sumisa y ociosa, pero la tierra permaneció y su nuevo dueño, el nuevo terrateniente, se convirtió en otro aristócrata como su predecesor, cuyas pretensiones continuó con otro nombre.

> Luego vino Rothschild [que] destruyó el predominio de la tierra, elevando el sistema de bonos del Estado al rango de poder supremo, movilizando así la propiedad y la renta y dotando al mismo tiempo al dinero de los privilegios anteriores de la tierra.

> Es cierto que ha surgido una nueva aristocracia, pero ésta, basada en el elemento menos fiable, el dinero, nunca podrá desempeñar un papel tan permanentemente regresivo como la vieja aristocracia enraizada en la tierra, en la tierra misma.

> Porque la plata es más fluida que el agua, más escurridiza que el aire, y las impertinencias de la nueva nobleza se perdonan fácilmente en consideración a su naturaleza efímera. En un abrir y cerrar de ojos, se disuelve y se evapora".

Heine llegó a la conclusión, demasiado acertada, de que

> "El dinero es el Dios de nuestro tiempo, y Rothschild es su profeta".

El príncipe Alberto y la reina Victoria -como Metternich antes que ellos- confiaban en el servicio de correo privado de los Rothschild como si fuera su propio servicio postal. Según Niall Ferguson, los Rothschild podían ofrecer así un servicio de información "único" a la élite europea. Los grandes acontecimientos políticos y la información confidencial podían transmitirse mucho antes que los canales oficiales.

También significaba, aunque Ferguson no lo dijera, que los Rothschild estaban por tanto al tanto de todas las comunicaciones "secretas" de la Familia Real Británica y de todos los demás representantes del poder europeo que permitían a los Rothschild ser los canales oficiales -aunque oficialmente no oficiales- a través de los cuales se comunicaban.

El famoso informe de Nathan Rothschild sobre el resultado de la batalla de Waterloo (la derrota de Napoleón) es sólo un ejemplo de la legendaria habilidad de su servicio privado de mensajería. Todo esto mantenía a los Rothschild muy al tanto de los asuntos mundiales.

James Rothschild dijo en 1834: "Por lo que a mí respecta, Rusia puede irse al diablo y a nosotros nos puede ir muy bien sin ella". A su hermano le dijo: "No le des [al zar ruso] otra oportunidad de avergonzarte". Al parecer, los Rothschild consideraban que no se les concedía el respeto debido a los "banqueros de los reyes".

"James le preguntó a su hermano: "¿Crees que alguna vez estaremos en buenos términos con Rusia? Según Niall Ferguson, biógrafo de los Rothschild y amigo de Rusia, "obviamente no lo creía": "Obviamente no lo creía".

En cuanto al contencioso de los Rothschild con Rusia bajo el zar, Ferguson comenta que "es difícil encontrar una mejor ilustración de los límites del poder financiero de los Rothschild". Así pues, aunque Ferguson no lo diga, obviamente no es sorprendente que los Rothschild y sus agentes desempeñaran un papel tan importante en la destrucción de la Casa de Romanov en Rusia.

Aunque, como hemos señalado, es sin duda políticamente incorrecto citar a Adolf Hitler, no deja de ser apropiado hacerlo, sobre todo si tenemos en cuenta el hecho de que las naciones de Alemania y Rusia, que se enfrentaron en dos guerras mundiales, eran de hecho dos naciones en las que la influencia judía reinaba con supremacía (al menos en el periodo entre esas dos guerras mundiales).

En un discurso pronunciado el 13 de abril de 1923, Hitler declaró que la judería

> Hitler "odiaba sobre todo a los dos Estados, Alemania y Rusia, que hasta 1914 se habían interpuesto en su objetivo de dominación mundial". En estos dos países, decía Hitler, se negaba a los judíos lo que, según él, ya había caído en manos de los judíos en las democracias occidentales:
>
> Aún no eran los únicos gobernantes de la vida intelectual y económica. Tampoco eran los parlamentos los instrumentos exclusivos del capital y la voluntad judíos. El alemán y el ruso auténticos se habían mantenido a cierta distancia del judío. [énfasis en el original].
>
> "Todavía existía en ambos pueblos un sano instinto de desprecio hacia los judíos. Y aún era posible que, en estas monarquías, surgiera de nuevo un Federico el Grande o un Guillermo I que mandaran al diablo la democracia y las argucias parlamentarias. ¡Así es como los judíos se hicieron revolucionarios! La república debía conducirles a la riqueza y al poder. Disfrazan este objetivo [con esta

retórica]: "¡Abajo las monarquías! ¡Demos poder al 'pueblo soberano'!

añadió Hitler:

"Así que Alemania y Rusia tuvieron que ser destruidas para que se cumpliera la antigua profecía. Así fue como el mundo entero se puso patas arriba. Así se emplearon brutalmente la mentira y la propaganda contra el estado con los últimos idealistas que quedaban: ¡Alemania! [¡Y así es como Judá ganó la guerra mundial [es decir, la Primera Guerra Mundial]!

"¿O va a sostener", preguntó, "que los 'pueblos' francés, inglés o estadounidense ganaron la guerra? Todos", concluyó, "vencedores y vencidos, estamos vencidos. Sólo uno domina a todos los demás: la bolsa mundial, que se ha convertido en el señor de las naciones", declaró. [énfasis en el original].

Thomas Raikes, célebre periodista inglés, observó que los Rothschild se habían convertido en lo que él llamaba "los gobernantes metálicos de Europa" y que

"han obtenido un control del comercio europeo que ningún partido había podido obtener antes y ahora parecen manejar los hilos de las finanzas públicas. Ningún Estado puede obtener un préstamo sin su ayuda".

Niall Ferguson, biógrafo y amigo de los Rothschild, afirma que si existe un "secreto" del éxito de los Rothschild, es el sistema de cooperación entre las casas financieras de los cinco hermanos, que juntos formaban el mayor banco del mundo, al tiempo que extendían su influencia, individualmente, a través de cinco grandes centros financieros repartidos por toda Europa. Este sistema multinacional se regía por acuerdos contractuales que se revisaban periódicamente y que, según Ferguson, constituían de hecho "la constitución de una federación financiera".

Según Ferguson, "la tasa de crecimiento y el tamaño de su capital en el periodo que va hasta 1850 no tiene precedentes en la historia de la banca". En 1818, el total del capital combinado de los Rothschild (entre las cinco casas) era de 500.000 libras. En 1828 había aumentado a 4.330.333 libras, 14 veces más que su competidor más cercano, Barings. Según Ferguson, "no se puede exagerar la magnitud de los recursos de los Rothschild".

Aunque Ferguson, escritor financiero, se siente cómodo con estas cifras gigantescas, las cifras reales -tantos años después- son tan asombrosas que volverían loco al ciudadano medio, aunque sólo fuera para empezar a considerar la profundidad y amplitud de la riqueza acumulada por los Rothschild.

En aquella época, James Rothschild era al parecer el hombre más rico de Francia, mientras que Amschel, Salomon y Karl aventajaban a sus rivales continentales; así pues, juntos -entre hermanos-, según Ferguson,

"los Rothschild eran la familia más rica del mundo".

Y eso fue antes de 1840. Imagina la cantidad de intereses que se han acumulado desde entonces.

Ferguson señaló que "a mediados de la década de 1830, cada una de las cinco casas Rothschild se había establecido como una fuerza preeminente en las finanzas públicas de su respectivo país base".

Aunque los Rothschild se identificaban, en un sentido nacional, con cada uno de los países en los que ejercían su influencia, Ferguson señaló que "estas identificaciones nacionales tenían poca importancia si había paz en Europa". Sin embargo, "cuando los intereses de las grandes potencias chocaban, como ocurría periódicamente, a los Rothschild les resultaba cada vez menos fácil permanecer neutrales".

Añade, sin embargo, que "hay pocas regiones del mundo en las que las potencias europeas no tengan intereses, y ninguna región en la que sus intereses coincidan perfectamente". En cuatro regiones -Iberia, América, Países Bajos y Oriente Medio- los Rothschild se enfrentaron al reto de desarrollar políticas acordes con el interés colectivo de las cinco casas de los cinco hermanos y sus respectivos herederos, incluso cuando "los intereses nacionales de sus gobiernos locales" estaban en conflicto, señala Ferguson.

Así que los Rothschild eran de hecho "internacionales", sin lealtad a ninguna nación que no fuera Judá, cuyos príncipes eran.

Niall Ferguson, ya citado, escribió francamente sobre cómo las "tensiones internacionales" podían ser "beneficiosas para los Rothschild". Señaló que:

> Los Rothschild habían utilizado sistemáticamente su poder financiero para promover la paz a lo largo de la década de 1830, pero cuando las Grandes Potencias se vieron completamente restringidas en su política exterior ... el flujo de nuevos préstamos comenzó a agotarse.

Por otra parte, cuando se embarcaron en políticas de rearme, como hicieron a partir de 1840, ello no perjudicó necesariamente los intereses de los Rothschild.

Los Rothschild se aliaron con el Banco de Estados Unidos hacia 1837. Como resultado, se encontraron, según Ferguson, recibiendo grandes cantidades de bonos del gobierno estadounidense, no sólo de Nueva York sino también de estados más nuevos como Indiana, Alabama, Missouri y Michigan, así como acciones de varios bancos nuevos e incluso de una compañía de canales. En el próximo capítulo, exploraremos con más detalle el poco conocido papel de la familia Rothschild en los negocios estadounidenses . Confirmaremos, sin sombra de duda, que la afirmación de que los Rothschild desempeñaron un papel escaso o nulo en Estados Unidos es sencillamente falsa. De hecho, son ellos -y sus satélites- quienes dirigen Estados Unidos hoy en día. Son la empresa líder en la creación de un nuevo orden mundial.

¿Tienen los Rothschild un equivalente moderno? Su apologético biógrafo Ferguson responde negativamente.

Ferguson proclama que "ni siquiera la familia real saudí posee hoy una parte comparable de los recursos mundiales. Ni siquiera los hombres de negocios más ricos del mundo pueden afirmar sin reservas que son tan ricos, en términos relativos, como lo era Nathan Rothschild cuando murió en la cima de su fortuna". Por lo visto, ni siquiera Bill Gates es tan rico como Rothschild.

El profesor Carroll Quigley, de la Universidad de Georgetown, enumeró los nombres de las familias de banqueros: Baring, Lazard, Erlanger, Warburg, Schroeder, Seligman, Speyers, Mirabaud, Mallet, Fould y, como él dice, "especialmente" los Rothschild y los Morgan. Quigley escribe:

> Incluso después de que estas familias de banqueros se implicaran plenamente en la industria nacional, con la aparición del capitalismo financiero, siguieron diferenciándose de los banqueros ordinarios en una serie de aspectos distintivos.
>
> 1) Eran cosmopolitas e internacionales;
>
> 2) Estaban cerca de los gobiernos y se interesaban especialmente por las cuestiones de deuda pública, incluidas las deudas de gobiernos extranjeros, incluso en regiones que a primera vista parecían presentar malos riesgos, como Egipto, Persia, la Turquía otomana, la China imperial y América Latina;

3) Sus intereses estaban casi exclusivamente en bonos y muy raramente en materias primas, porque aceptaban la liquidez y veían los compromisos con materias primas o incluso con bienes inmuebles como el primer paso hacia la quiebra;

4) Eran, pues, fanáticos de la deflación (que llamaban "dinero sano" por su estrecha relación con tipos de interés elevados y valores monetarios altos) y del patrón oro que, a sus ojos, simbolizaba y garantizaba esos valores;

5) Estaban casi igualmente apegados al secretismo y al uso secreto de la influencia financiera en la vida política.

Estos banqueros se denominaban "banqueros internacionales" y, más concretamente, "banqueros de inversión" en Inglaterra, "banqueros privados" en Francia y "banqueros de inversión" en Estados Unidos.

En todos los países realizan distintos tipos de actividades bancarias y cambiarias, pero en todas partes se distinguen claramente de otros tipos de bancos más evidentes, como las cajas de ahorros o los bancos comerciales.

"La influencia del capitalismo financiero y de los banqueros internacionales que lo crearon", dijo Quigley, "se ha ejercido tanto sobre las empresas como sobre los gobiernos, pero no podría haberlo hecho si no hubiera sido capaz de persuadirles para que aceptaran dos axiomas de su propia ideología". Sobre estos dos axiomas de la ideología del poder monetario internacional, Quigley escribió:

Estos dos axiomas se basaban en el supuesto de que los políticos eran demasiado débiles y estaban demasiado sujetos a la presión popular temporal como para confiarles el control del sistema monetario; en consecuencia, había que proteger la inviolabilidad de todos los valores y la solidez del dinero de dos maneras: basando el valor del dinero en el oro y permitiendo que los banqueros controlaran la oferta de dinero. Para ello, era necesario ocultar e incluso engañar tanto a los gobiernos como al público sobre la naturaleza del dinero y su funcionamiento.

En un libro poco conocido, *A World Problem (Un problema mundial)*, publicado primero en Polonia y luego en inglés en Estados Unidos en 1920, Stephanie Laudyn describe las finanzas judías internacionales como una "nación de comerciantes y especuladores" que tienen "una fe profunda y exaltada en su misión real, que consiste en hacer de ellos los señores de todas las naciones".

La profunda fuerza de la elegante escritura de Laudyn es tan relevante que debe ser conmemorada aquí por el bien de la historia, especialmente porque en los 88 años transcurridos desde que Laudyn puso estos pensamientos en prensa, el poder del imperio Rothschild ha crecido más allá de lo comprensible.

declara Laudyn:

> El oro que tan ávidamente cosechan no es más que un medio palpable para hacer realidad sus fantásticas aspiraciones. Bajo él subyace el ardiente deseo de subyugar al mundo y conseguir el dominio moral de la humanidad. Lo siguen con lógica y son conscientes de cada paso que dan.

> ¿No han hecho enormes progresos en este sentido? ¿No han alcanzado un punto culminante en la inmensa escalera que debe conducirles a la agresión que soñaban en las nebulosas regiones de su alma histórica? ¿No han tomado hoy el control de la prensa mundial? ¿No están infundiendo su espíritu en el pensamiento y en la atmósfera moral de la época? ...

> Esta antigua raza, que ha dado a luz a sacerdotes y profetas y que siempre ha estado imbuida de un triste misticismo y de elevadas aspiraciones, no ignora las vanidades de los afanes comerciales: el oro y la plata. Sus ambiciones se elevan más alto, indefinidamente más alto.

> En la antigüedad, los propios judíos despreciaban a los fenicios -los primeros comerciantes del mundo- porque se dedicaban al comercio, ¿y hoy? ¿No se asocian los anales más oscuros con los comerciantes judíos? ¿No está su becerro de oro en una postura amenazadora, extendiendo sus negras alas de vergüenza, una, la usura, la otra, la trata de blancas? ¡Qué terrible! ¿Habrá suficiente agua clara en el Éufrates para lavar las manchas de sangre de sus manos despiadadas y codiciosas? ¿Podrá una fuerza regeneradora quitar la herrumbre de sus almas?

> Nunca cultivaron la tierra que ocupaban, ni derramaron su sangre para defenderla. El progreso espiritual, cultural e intelectual de los pueblos entre los que vivían no formaba parte de sus preocupaciones ni de su trabajo.

> Por el contrario, no hacían más que trueques e intercambios, valorando incluso los más altos ideales de la humanidad a cambio de oro, con el fin de aumentar el capital y establecer la autocracia de los judíos. Aunque dispersos por todo el mundo, formaban sin

embargo un cuerpo unido de intermediarios que manejaban los productos de otras naciones...

A lo largo de muchos siglos, se ha desarrollado gradualmente una nueva potencia mundial sin nombre, cuyas raíces se hunden en todas las grietas del quehacer humano, y hoy gobierna la empresa de todas las naciones.

Por misterioso que sea, este poder es real, implacable en su acción y perjudicial para el bienestar y los ideales de cualquier pueblo en el que se desarrolle. Herder, en su obra sobre *Los ideales de la historia humana*, describe a los judíos como "una nación de parásitos e intermediarios", que deprava al mundo con su usura.

Incluso Kant condenó sus prácticas, y Bismarck habló con horror de la miseria de la población rural, explotada de la forma más despiadada por los judíos. Voltaire, Goethe y Schiller los describieron como destructores. Martín Lutero, Schopenhauer y Napoleón advirtieron contra ellos.

Mientras los altares de la fuerza y el abuso han caído y los dioses de la tiranía y la esclavitud yacen en el polvo, Israel se ha levantado y, con un poder cada vez mayor, domina los asuntos mundiales. Dirige un servil ejército de anarquistas y su influencia alcanza incluso a los líderes de las mayores democracias del mundo.

Las clases altas de las naciones -diplomáticos, eruditos, escritores, legisladores, gente de pensamiento y reflexión- protegen a los judíos y se someten al hipnotismo de la mente judía.

Pero el pueblo llano -la vida misma y el músculo de la nación-, las masas que no pueden discutir, pero que sienten las pesadas iniquidades sobre sus espaldas [y] se rebelan cada vez con más abatimiento. Asumen su propio castigo [...].

No cabe duda de que las intrigas del imperio Rothschild han contribuido en gran medida al auge del fenómeno mundial del antisemitismo. El famoso escritor francés Edouard Drumont, autor de *La France juive*, uno de los análisis más importantes del siglo XIX sobre el poder financiero judío, declaró satíricamente que iba a escribir un libro titulado *La victoire des Juifs*, recordando una obra anterior de otro escritor sobre la Revolución Francesa titulada *La victoire des Jacobins*. Drumont dijo:

Se trata nada menos que de una conquista, por parte de una minoría ínfima pero consistente... Esta es la característica de esta conquista: un pueblo entero que trabaja para otro, un pueblo que se apropia, mediante un vasto sistema de explotación financiera, de los beneficios del trabajo de los demás. Las inmensas fortunas judías, los castillos, las mansiones privadas, no son fruto del trabajo real, de la producción de ningún tipo. Son el tributo pagado por una raza dominante a una raza sometida.

Es cierto que la familia Rothschild, cuya rama francesa vale por sí sola tres mil millones de francos, no tenía tanto dinero cuando llegó a Francia. Esta familia no hizo ningún gran invento, no descubrió ninguna mina, no aró la tierra. Se limitaron a tomar tres mil millones de francos de los franceses sin dar nada a cambio.

Algunas de sus empresas, cuyas acciones no valen nada hoy en día, y que sólo podrían haberse puesto en marcha mediante fraude, son auténticas estafas. Esta gigantesca malversación del dinero acumulado por los trabajadores se produce sin que nadie mueva un dedo para impedirlo...

Hoy, gracias a los judíos, el dinero, al que antes el mundo cristiano concedía poca importancia, se ha convertido en todopoderoso. El poder del capital, concentrado en manos de unos pocos, gobierna la vida económica de poblaciones enteras, esclaviza a los trabajadores y se alimenta de ganancias mal habidas sin trabajo...

Dado que casi todos los periódicos y agencias de publicidad de Francia son propiedad directa o indirecta de judíos, no es de extrañar que nos hayan ocultado cuidadosamente la magnitud y el alcance del enorme movimiento antisemita que está empezando a aparecer por todas partes.

En cualquier caso, he pensado que sería útil describir las fases sucesivas de la conquista judía y mostrar cómo, poco a poco, por culpa de los judíos, la vieja Francia se desmorona, cómo este pueblo de grandes principios, alegre y cariñoso, se ha vuelto odioso, orgulloso y se muere poco a poco de hambre. Todo el mundo presiente que el fin está cerca...

De lo que nadie habla es del papel desempeñado por el elemento judío en la agonía de esta generosa nación, del papel en la destrucción de Francia de la introducción de este cuerpo extraño en un organismo que hasta entonces gozaba de perfecta salud.

Pero Francia no fue la única nación que cayó en manos de la dinastía Rothschild. Los tentáculos de estos "reyes de reyes" se extendieron por todo el mundo. Y la clave para entender el crecimiento del poder de los Rothschild es reconocer el papel particular de la familia Rothschild en el desarrollo del Imperio Británico. De hecho, el dominio de los

Rothschild en Gran Bretaña -con la excepción de la Familia Real Británica- ha sido reconocido desde hace mucho tiempo.

En junio de 2008, la televisión iraní emitió una serie de documentales titulados *Armageddon Secret*, en los que aparecían académicos iraníes que afirmaban que los judíos pretendían dominar el mundo destruyendo todas las demás naciones del planeta. Un profesor universitario iraní, Ali-Reza Karimi, afirmaba en el documental que el objetivo de Israel era "hacerse con el control del mundo y mantener su posición central" y que "los judíos aspiran a dominar el mundo. Fomentan la destrucción y la ruina, y podemos ser testigos de tales acciones a nuestro alrededor".

Karimi afirmó que los judíos no sólo creían en la promesa de reinar desde el Nilo hasta el Éufrates, sino también en que "Dios les dio el mundo entero".

El documental cita a la familia Rothschild como cabeza de lo que se describe como un "culto político secreto" que, "durante cientos de años, ha distribuido una red secreta por todo el mundo".

El documental señala que la familia Rothschild "sembró en la mente de los judíos ricos la idea de que Palestina era la tierra prometida", y añade que "el gobierno británico, controlado por el imperio sionista dirigido por la familia Rothschild, estaba comprometido con la consecución del objetivo sionista".

Si alguien considera que se trata de una "teoría de la conspiración de fanáticos musulmanes", cabe señalar que en 1896, Mary Ellen Lease, una líder populista estadounidense, declaró francamente:

> "El dinero escritural y los bonos con intereses son la maldición de la civilización. Estamos pagando tributo a los Rothschild de Inglaterra, que no son más que agentes de los judíos".

No fue la única en hacer tales acusaciones.

Otro influyente populista estadounidense, William "Coin" Harvey, escribió un libro entonces muy popular, *A Tale of Two Nations*, la historia de un acaudalado banquero londinense, el barón Rothe -un personaje apenas velado inspirado en Rothschild-, que urdió un complot para hacerse con el control del sistema económico estadounidense.

En nuestro próximo capítulo, examinaremos el papel histórico de las finanzas judías y el ascenso del imperio Rothschild como fuerza principal en la conformación de las fortunas de lo que se conoce como el imperio "británico", pero que algunos llaman el imperio "yiddish".

Sea como fuere, los hechos demuestran que Gran Bretaña es, en efecto, un imperio "Rothschild".

Esta ilustración de la Segunda Guerra Mundial pone de relieve el papel del Imperio Británico, controlado por los Rothschild, en la dominación de los pueblos del mundo.

A la derecha, Winston Churchill, durante mucho tiempo a sueldo de los intereses judíos: un pistolero de Rothschild.

"John Bull, símbolo de Gran Bretaña, aparece (con razón) atado de pies y manos por plutócratas judíos.

CAPÍTULO VI

La City de Londres: la joya de la corona imperial de Rothschild

En 1944, un ingeniero estadounidense, E. C. Knuth, de Milwaukee (Wisconsin), publicó un libro intrigante y hoy en gran parte olvidado *titulado El imperio de la ciudad: el superestado mundial*. En él, Knuth describe lo que denomina "las cinco ideologías del espacio y el poder". Estas ideologías son las siguientes:

1.) La ideología del "mundo unificado";

2) Ideología panslava;

3) "Asia para los asiáticos";

4) Pangermanismo; y

5) Aislacionismo panamericano.

La ideología del "mundo unificado" a la que se refiere Knuth es, en su opinión, lo que él describe como "la ideología secreta de las finanzas internacionales" que se esfuerza por establecer la dominación mundial por parte de "un grupo estrechamente unido y bien disciplinado de privilegiados". Knuth señala que la mayoría de los estadounidenses lo desconocen, pero que la mayoría de los europeos, en cambio, tienen una idea bastante clara de su existencia y de cómo funciona.

El concepto de panamericanismo de Knuth -una ideología que describió como "América para los americanos"- se expresó en la famosa Doctrina Monroe. Ésta, señalaba con razón, fue la política exterior establecida por Estados Unidos desde 1823 hasta que fue abandonada por la adopción de la ideología de la dominación mundial por las finanzas internacionales. Dijo que, efectivamente, Estados Unidos había abandonado sus propias tradiciones para alinear su política con esta ideología secreta de las finanzas internacionales, cuyo objetivo último era aplastar la ideología panslava (de Rusia), "Asia para los asiáticos" (la ideología japonesa) y, por supuesto, el pangermanismo.

En la Primera Guerra Mundial, Estados Unidos estuvo en guerra con Alemania, y en la Segunda volvió a estarlo (y esta vez con Japón).

· Hoy vemos una nueva Rusia -bajo el liderazgo de Vladimir Putin- que se ha esforzado por romper los grilletes de los oligarcas judíos internacionales, y que ahora se enfrenta a la hostilidad de la ideología secreta de las finanzas internacionales, que controla firmemente Estados Unidos. Sin embargo, al mismo tiempo, como ha señalado Knuth, existía este entrelazamiento de poder entre el Imperio Británico -el llamado "Imperio de la Ciudad"- y Estados Unidos que, aunque muchos años después de que Knuth escribiera, es ahora una importante base de operaciones (al menos militarmente) para la ideología secreta de las finanzas internacionales.

De hecho, cuando Knuth escribía -incluso antes del final de la Segunda Guerra Mundial- predijo un conflicto entre la ideología secreta de las finanzas internacionales y la ideología de Rusia. Subrayaba que este inminente duelo a muerte sería el resultado de lo que él llamaba "los pueblos subyugados a los que [cada fuerza] podría traer u obligar a unirse a sus fuerzas". Tal duelo, decía, parecía inevitable dadas las profundas animosidades y las explosivas presiones económicas que ya existían en el momento en que escribía.

Knuth señaló que los socios estadounidenses de las fuerzas financieras internacionales en torno a la City de Londres, que habían abrazado la "nueva ideología secreta", se estaban rindiendo y abandonando el aislacionismo establecido desde hacía tiempo de "América para los americanos".

Al mismo tiempo, por supuesto, hubo quienes en Estados Unidos reconocieron los peligros de esta nueva ideología. El reverendo Henry Van Dyke -un nombre muy conocido en su época- dijo, de forma tan elocuente y tan apropiada (especialmente en nuestra época moderna de aventuras estadounidenses en el "globalismo"):

> Si los americanos no anhelan una guarnición en los trópicos, deben ser comprados u obligados a servir. Aumentar deliberadamente nuestra necesidad de fuerza militar mediante una extensión inmensa e innecesaria de nuestra frontera de peligro es atar una pesada carga y echarla sobre las espaldas inconscientes de las futuras generaciones de hombres laboriosos. Si vamos entre ellos, tendremos que luchar cuando toquen sus trompetas.

Conviene aclarar desde el principio que el término "City of London" no se refiere a la ciudad geográfica de Londres, la capital de Inglaterra.

Más bien, como sabe la mayoría de la gente informada, el término "City of London" se refiere a una sección específica de la capital británica (es decir, una parte concreta de la ciudad) donde se encuentran los principales bancos nacionales e internacionales.

La City era -y sigue siendo- un área de unos 677 acres que, aunque forma parte del Gran Londres, ni siquiera está bajo la jurisdicción de la policía oficial de la ciudad geográfica de Londres.

En su lugar, tenía su propia fuerza de policía privada de unos 2.000 hombres. Aquí, por supuesto, está la sede del Banco de Inglaterra que, como el Sistema de la Reserva Federal en Estados Unidos, es, a pesar de su nombre, una institución privada. En Inglaterra, el Banco de Inglaterra ni siquiera está sujeto a la regulación del Parlamento británico (¡!), por lo que siempre ha sido, a todos los efectos, una potencia mundial soberana por derecho propio.

La City es también la sede de la Bolsa y de otras instituciones mundiales - todas, por supuesto, bajo el dominio, si no el control directo, del Imperio Rothschild. Y esta "City" es, de hecho, la cara pública del corazón de la dinastía Rothschild, si no en todo el mundo, desde luego en la medida en que es el centro de lo que solíamos llamar el "Imperio Británico", porque la verdad es que el Imperio "Británico" no era más que la base geográfica del poder monetario internacional: el Imperio Rothschild.

El poder monetario -la "sexta gran potencia de Europa", como se la denominó en su día- era en realidad el poder de la familia Rothschild o, como se denominaba a la asamblea de poder de los Rothschild, "La Fortune".

La cara pública de "La Fortuna" era "La City" y Knuth declaró que probablemente era "la forma de gobierno más arbitraria y absoluta del mundo". Señaló que tantas personas que vivían bajo el control del Imperio Británico -el 80% de las cuales eran "gente de color"- eran "súbditos sin voz" de la oligarquía financiera internacional de la City.

Y, como señala, "La City" utiliza la alegoría de la "Corona" británica - la familia real- como símbolo de poder, pero, de hecho, la oligarquía financiera tenía entonces -como sigue teniendo hoy- su sede en el antiguo centro financiero de Londres: es decir, "La City".

El industrial estadounidense Andrew Carnegie (nacido en Escocia) comentó una vez, reflexionando sobre el poder de la City (a la que estaban vinculados sus propios negocios), que gracias a ese poder, "seis o siete hombres pueden sumir a la nación en la guerra" o "comprometerla en alianzas inextricables sin la menor consulta al Parlamento".

Carnegie dijo que éste era "el efecto palpable más pernicioso de la teoría monárquica", ya que estos agentes del poder llevaban a cabo estas políticas "en nombre del rey", pero, añadió, aunque el rey seguía siendo un verdadero monarca, "en realidad sólo era una marioneta conveniente que el gabinete utilizaba para servir a sus propios fines".

Las sorprendentes palabras de Andrew Carnegie tuvieron eco años más tarde, en algunos aspectos, en la agencia de noticias alemana World-Service, que señalaba que el gobierno "inglés" apenas representaba los intereses del inglés medio:

> El gobierno británico no es más que la fachada británica para el judío en el fondo. Los estadistas ingleses son las marionetas bien pagadas del capitalismo financiero judío-inglés.

> El Imperio Británico es la mayor empresa capitalista que existe. Es una enorme corporación cuyos principales accionistas son judíos. El propósito de esta corporación es explotar a la gente que vive en el Imperio Británico y en los estados bajo hegemonía británica, y acumular cada vez más riqueza incalculable, que sólo beneficia y disfruta la camarilla plutocrática judeo-inglesa en el poder.

> En Inglaterra, por tanto, encontramos por un lado riqueza excesiva y por otro pobreza extrema e indigencia para millones de ingleses. El capitalismo judeo-inglés, la plutocracia judeo-inglesa, no sólo explota a los habitantes de las colonias de la manera más desvergonzada; en su insaciable codicia no muestra ningún sentido de la responsabilidad hacia su propia nación. Puesto que el gobierno británico no es más que el adjunto del capital financiero judío-inglés, los intereses británicos y los intereses de las clases dominantes inglesas en la Inglaterra actual son idénticos; pero ninguno de ellos es en modo alguno idéntico a los intereses de la nación inglesa. Al contrario, sus intereses son directamente contrarios a los de la nación inglesa.

> Gran Bretaña, el país más rico del mundo, presenta un cuadro de la mayor y más poderosa pobreza en medio de una enorme riqueza. Un Estado cuyo gobierno examina cada cuestión desde el ángulo de "¿Es bueno para las finanzas o no?" ha rebajado así a una sexta parte de su población hasta el punto de vivir en barrios marginales no aptos para la habitación humana.

En Inglaterra, 13 millones de personas -una cuarta parte de la población total- sufren malnutrición. Antes de que empezara la actual guerra, había 2 millones de parados en Inglaterra. Hoy, sigue habiendo un millón de parados.

Decenas de miles de personas emigran cada año del campo a la ciudad, ya sea para llevar una exigua vida proletaria o para hundirse en la pobreza.

Cada año, miles de hectáreas de tierras de cultivo son retiradas de la producción. Cada año, más y más fábricas de algodón cierran sus puertas y echan a sus trabajadores a la calle.

Todo esto sucede porque conviene a los intereses de las finanzas, porque los enormes beneficios de la camarilla plutocrática judeo-inglesa son sólo en parte el resultado de las fuerzas productivas del trabajador inglés.

La mayoría de los beneficios proceden del sudor de los nativos mal pagados del Lejano Oriente; provienen del flujo constante de carne argentina importada y de alimentos extranjeros, mientras que cada granjero inglés tiene que luchar para salvar su granja de la quiebra. Mientras los trabajadores británicos del calzado y el cuero deambulaban por las calles de Northampton y Leicester en busca de trabajo, millones de pares de zapatos se importaban del extranjero.

Mientras se cerraban fábricas en Yorkshire y Lancaster, se importaban millones de yardas de algodón y material del Lejano Oriente, y el enorme déficit de material de exportación se suplía con la creación de industrias similares en las colonias y con la explotación rigurosa de los nativos del Lejano Oriente, en detrimento de la industria matriz y, por tanto, en detrimento de la nación inglesa, cada vez más improvisada y cada vez más arrojada al paro.

Mientras el agricultor se enfrenta a la ruina absoluta, millones de toneladas de carne, verduras y frutas extranjeras se vierten en el mercado inglés, y todo sólo porque la camarilla plutocrática judeo-inglesa obtiene mayores beneficios de ello. Así funciona la economía internacional de los "ladrones" a costa de la nación inglesa.

Esta es la maldición de la plutocracia. En este pantano plutocrático judeo-anglicano, todas las formas de corrupción prosperan naturalmente.

Fue el difunto Cecil Rhodes quien soñó con un planeta gobernado por Gran Bretaña, con las antiguas colonias americanas reunidas como parte de ese imperio: en muchos sentidos, es bastante paralelo al concepto de utopía judía.

Cuando Rhodes hablaba de la dominación anglosajona del globo, se refería a la élite de poder del Imperio Británico, pero ahora sabemos que el Imperio Británico difícilmente estaba en manos de los anglosajones de Inglaterra. Al contrario, estaba firmemente en manos del imperio Rothschild.

Y el propio Cecil Rhodes no era, en realidad, más que un agente muy influyente y bien pagado de los intereses de Rothschild.

Si Rhodes es recordado hoy como la *eminencia grise* del sueño imperial británico, el libro del historiador británico Niall Ferguson *The House of Rothschild: The World's Banker 1849-1999* ofrece al lector los datos concretos que demuestran, sin lugar a dudas, que, como dice Ferguson, los Rothschild tenían "un importante control financiero sobre Rhodes", que era sin duda una criatura de su propia cosecha.

El difunto Carroll Quigley, de la Universidad de Georgetown, en su enorme *Tragedy & Hope* y, más directamente, en su obra posterior, *The Anglo-American Establishment*, se centró en los vínculos de Rhodes con la élite no judía de Gran Bretaña, pero ignoró el dominio de la dinastía Rothschild sobre Rhodes.

El libro de Ferguson describe el predominio de los Rothschild en el mundo de Cecil Rhodes y esta élite, sugiriendo quizá que el uso del término "anglosajón" no es estrictamente exacto en un sentido étnico, no sólo porque los Rothschild eran judíos de fe y cultura, sino también porque su influencia era de alcance internacional.

En lo que respecta a la élite "británica", vale la pena señalar de nuevo en este punto que, de hecho, muchas de las antiguas familias aristocráticas de Gran Bretaña empezaron a codearse con miembros de la élite bancaria judía. Como señaló el escritor inglés Hillaire Belloc:

> Comenzaron a multiplicarse los matrimonios entre lo que habían sido las familias territoriales aristocráticas de este país y las fortunas comerciales judías. Después de dos de esas generaciones, en los albores del siglo XX, las grandes familias territoriales inglesas que no tenían sangre judía se convirtieron en la excepción. En casi todas estas familias la tensión era más o menos marcada, en algunas de ellas tan fuerte que aunque el nombre seguía siendo un apellido inglés y las tradiciones las de un linaje puramente inglés del pasado, el físico y el carácter se habían vuelto enteramente judíos y los miembros de la familia eran confundidos con judíos cada vez que

viajaban a países donde la nobleza aún no se había [casado con judíos].

Pero las cosas van mucho más allá de las relaciones familiares.

La influencia judía -y, por supuesto, en particular la del imperio Rothschild- estaba bien arraigada incluso en las grandes instituciones corporativas mundiales que eran sinónimo del imperio "británico", en particular la famosa Compañía Británica de las Indias Orientales.

El autor estadounidense L. B. Woolfolk, en su obra clásica (pero ahora poco conocida), *El gran dragón* rojo, publicada en 1890, describe la caída de la Compañía de las Indias Orientales en manos de las finanzas judías internacionales:

> En 1764, la Compañía Británica de las Indias Orientales era la empresa más grande y rica del mundo.
>
> Fue la única compañía que gobernó un imperio territorial. Se enriqueció con el tráfico, expandiendo su comercio mediante la conquista de los puestos comerciales de sus rivales continentales y el saqueo de la India.
>
> Desde el principio, había sido la mejor inversión de capital que se podía encontrar en las Islas Británicas. Sus acciones eran compradas con avidez por cualquiera que pudiera permitírselas.
>
> Los comerciantes tomaban tantas acciones como podían permitirse; pero, como sabemos, los comerciantes no suelen tener más capital del que necesitan para sus actividades habituales.
>
> La aristocracia terrateniente británica obtenía sustanciosos ingresos de sus propiedades y, obligada a buscar las mejores inversiones para asegurar el sustento de sus hijos pequeños, invirtió masivamente en la Compañía de las Indias Orientales.
>
> Pero los grandes capitalistas de la época eran los judíos. Eran los dueños del dinero.
>
> Suscribieron grandes cantidades de acciones y, a medida que cada generación vendía las acciones de la aristocracia a los hijos más jóvenes, los judíos -siempre ahorradores, siempre llenos de dinero y siempre en busca de las mejores inversiones- compraban las acciones que salían al mercado.
>
> Como resultado, la mayoría de las acciones de la Compañía de las Indias Orientales y de las otras compañías creadas posteriormente a partir de los dividendos de esta gran empresa cayeron en manos

judías. Los judíos se convirtieron en los grandes reyes del dinero del mundo.

En cualquier caso, como ha señalado E.C. Knuth, este gran sueño de lo que ahora llamamos el Nuevo Orden Mundial tenía un problema: sus defensores no vieron que las gigantescas guerras que se avecinaban serían el resultado de lo que él llamó "la oposición de razas poderosas que se negarían a reconocer una doctrina fantástica de la superioridad racial del [pueblo] anglosajón y su destino predestinado a dominar a todas las razas de la tierra".

De hecho, esta doctrina era parte integrante de la "ideología secreta de las finanzas internacionales". Pero, en verdad, esta ideología secreta - enmascarada hasta cierto punto por el sueño de dominación anglosajona de Rhodes- era, por supuesto, el viejo sueño talmúdico de un imperium mundial.

En este caso, el objetivo de la utopia judia se ocultaba tras la imagen de la Inglaterra anglosajona que, en la epoca del siglo XX, era un mecanismo integral (tal vez central) mediante el cual el imperio Rothschild (como casa real de la elite judia gobernante) trabajaba a traves de la City de Londres para establecer su Nuevo Orden Mundial. El difunto Vincent Cartwright Vickers, ex gobernador del Banco de Inglaterra y un importante fabricante de armas en cuya empresa los Rothschild tenían una participación significativa, escribió sobre estas operaciones:

> Los financieros se han arrogado, quizá no la responsabilidad, pero sí el poder de controlar los mercados mundiales y, por tanto, las múltiples relaciones entre unas naciones y otras, que implican amistades o desconfianzas internacionales.

> Los préstamos a países extranjeros son organizados por la City de Londres sin la menor consideración por el bienestar de estas naciones, sino únicamente con el objetivo de aumentar el endeudamiento, lo que permite a la City prosperar y enriquecerse.

> Esta dictadura del dinero, nacional y sobre todo internacional, que enfrenta a un país contra otro y que, al poseer una gran parte de la prensa, transforma la publicidad de su propia opinión privada en una apariencia de opinión pública general, ya no puede hacer del gobierno democrático un mero apodo.

> Hoy vemos a través de un cristal oscuro, porque hay muchas cosas que "no sería de interés público revelar".

E. C. Knuth señalaba que el poder de la oligarquía financiera residía en lo que él llamaba su "naturaleza intemporal y autoperpetuante, su planificación a largo plazo y su clarividencia, su facilidad para esperar y acabar con la paciencia de sus oponentes, aquellos que", como decía Knuth, "intentaban poner freno a esta monstruosidad", es decir, los políticos populistas y nacionalistas que veían los peligros del poder monetario internacional.

Los detractores de esta poderosa fuerza, señala Knuth, fueron todos derrotados porque se vieron obligados por quienes apoyaban sus esfuerzos "a mostrar acción y resultados en un plazo demasiado corto".

Los verdaderos patriotas que se opusieron al poder monetario internacional fueron "frustrados y derrotados, inundados de obstáculos y dificultades, obligados finalmente a contemporizar y retroceder".

Según Knuth, quienes en Estados Unidos y Gran Bretaña se atrevieron a enfrentarse a las finanzas internacionales, a menudo se encontraron con lo que denominó "un final vergonzoso".

Por otra parte, los que habían servido bien a las fuerzas del gran capital se habían beneficiado inmensamente.

El Banco de Inglaterra, controlado por los Rothschild, nos recuerda Knuth, era de hecho una potencia mundial soberana que no estaba sujeta a la regulación ni, en menor medida, al control del Parlamento británico.

Esta institución -en manos del imperio Rothschild- actuaba, según Knuth, como "el gran péndulo crediticio del mundo, capaz de ampliar o contraer el crédito a voluntad", sujeto únicamente a las órdenes de "La Ciudad" -en definitiva, de la dinastía Rothschild.

Knuth no fue el primer escritor que reconoció el dominio de los Rothschild sobre Gran Bretaña. El mayor Osman Bey, que escribió en 1878 en *The Conquest of the World by the Jews* (citado anteriormente), describió la relación especial entre el poder monetario internacional de la dinastía Rothschild y el Imperio Británico como el resultado de un toma y daca mutuo:

> Se concluyó una especie de acuerdo amistoso sobre la base de un interés común entre estas dos potencias comerciales, en virtud del cual el Imperio Británico presta su influencia política y su ayuda material al judaísmo, mientras que éste pone su influencia financiera a disposición de Inglaterra y apoya el comercio británico. Tanto los ingleses como los judíos se beneficiaron de este acuerdo tácito, los

primeros porque les permitió utilizar el inmenso capital judío para vender sus productos comerciales a través de intermediarios judíos.

El crítico estadounidense de las finanzas judías, Ezra Pound, lo expresó sucintamente en su libro *Gold and Work*, publicado en 1944: "Tras el asesinato del presidente Lincoln, no se intentó ninguna acción seria contra la usurocracia hasta la formación del eje Berlín-Roma".

(En el próximo capítulo examinaremos el conflicto entre Lincoln y el imperio Rothschild cuando este último avanzó en suelo americano). No fue casualidad, pues, que en 1940 el gobierno alemán, a través de su división publicitaria World-Service, planteara cándidamente la proposición, en términos nada inciertos, de que era precisamente a causa de la dominación judía de Gran Bretaña , a través de las fuerzas plutocráticas del imperio Rothschild, que el pueblo inglés se había visto lanzado a la guerra contra la Alemania nacionalsocialista que, como dijo Ezra Pound, había intentado tomar "medidas serias" contra el poder monetario internacional. World-Service escribió:

Es en el sistema plutocrático del gobierno inglés donde reside la verdadera razón por la que Inglaterra ha declarado hoy la guerra a la Alemania nacionalsocialista y antijudía.

El Gobierno inglés no declaró la guerra a Alemania en interés del pueblo inglés, ni para proteger a los súbditos británicos contra posibles actos de agresión alemanes, sino que declaró la guerra únicamente en interés de los judíos que controlan Inglaterra y en interés del capital financiero judío-inglés que buscaba la primera oportunidad para deshacerse de sí mismo, ambos enemigos reconocidos de cualquier forma de nacionalsocialismo.

Inglaterra no puede librar ninguna guerra en interés de la nación inglesa, porque el gobierno inglés no puede considerarse representante de su propio pueblo y no cuenta con la confianza de la nación.

Por el contrario, se limita a proteger la inmensa riqueza que está en manos de un pequeño círculo: la clase dominante judeo-inglesa; también garantiza que la pequeña camarilla judeo-inglesa aumente su enorme capital sin obstáculos.

Hoy, los judíos y la prensa inglesa nos quieren hacer creer que la alianza judeo-inglesa sólo surgió durante la guerra actual, que su causa natural fue la persecución de los judíos en Alemania y que las leyes antijudías del Tercer Reich llevaron a los judíos a ponerse del lado de Inglaterra en esa guerra. Como hemos visto, esto no es cierto.

El origen de la alianza judeo-inglesa reside única y simplemente en el vínculo inseparable entre el imperialismo judío y el imperialismo británico, y en el hecho de que el capital financiero judío es idéntico al capital financiero británico.

Sus orígenes residen única y simplemente en los lazos de sangre entre los judíos y la nobleza inglesa y en el hecho de que los judíos consiguieron transformar Inglaterra en un Estado plutocrático.

Los judíos no entraron en la guerra como aliados de Inglaterra porque Alemania los hubiera perseguido, sino que Inglaterra declaró la guerra a Alemania porque el gobierno inglés es el siervo obediente y ciego de las órdenes judías, del mismo modo que Inglaterra es el enemigo jurado de todos los estados antijudíos y, de acuerdo con su estructura plutocrática, debe serlo necesariamente.

El gobierno británico declaró la guerra a Alemania porque es un gobierno controlado por judíos y como tal representa la espada de Judá contra el antijudaísmo y todas las formas de nacionalsocialismo.

El gobierno inglés declaró la guerra a Alemania porque los ingleses no son los gobernantes de Inglaterra, sino porque el capital financiero judío está en el poder e Inglaterra es un Estado plutocrático.

Aunque a lo largo de los años se han escrito muchos libros sobre el tema de las finanzas internacionales en general, ha habido poca comprensión pública o reconocimiento del panorama general.

Sin embargo, como ha señalado E. C. Knuth, la lectura de los numerosos volúmenes que han tratado estos temas revela lo que él ha denominado "asombrosas pepitas de información" que, en conjunto, "revelan la asombrosa historia y estructura legal de un Estado mundial soberano". Este estado mundial está, por supuesto, gobernado por la City de Londres que, según Knuth, "funciona como un supergobierno mundial y no ocurre ningún incidente en ninguna parte del mundo sin que intervenga de una forma u otra".

"El gran plan de este orden de 'un mundo' decreta que es necesario", escribe Knuth, "limitar rápida y decisivamente la expansión política y territorial de Rusia.

Y eso, por supuesto, es lo que Knuth escribía en los últimos días de la Segunda Guerra Mundial, cuando Estados Unidos y Gran Bretaña aún eran aliados de Rusia, pero fue poco después de la guerra cuando surgió la llamada Guerra Fría y ahora, en los primeros años del siglo XXI, se está construyendo una "segunda Guerra Fría" -una "nueva Guerra Fría"- contra Rusia en su nueva encarnación como Estado nacionalista que ha desafiado los intereses internacionales judíos adinerados.

Hoy, el gran coloso que es Rusia, liberada de las garras del comunismo y del capitalismo, dos cabezas del mismo dragón, se interpone en el camino del Nuevo Orden Mundial.

Incluso mientras escribimos esto, en 2009, nos encontramos con que las esferas de influencia occidental vinculadas a Rothschild, en particular los EE.UU., están agitando la confrontación con Rusia, con los "neoconservadores" sionistas tocando efectivamente el tambor de la guerra contra Rusia (los libros de este autor *The Golem* y *The Judas Goats* exploran este fenómeno con cierto detalle). Knuth preguntó, con sarcasmo, si era de interés público sacar a la luz el gran plan de lo que él llamaba la "camarilla de un solo mundo" (es decir, un grupo de conspiradores) cuando estaban tan cerca de lograr su objetivo de establecer un imperio global. ¿Cuántas vidas más habría que sacrificar, se preguntaba, para hacer realidad "el gran sueño [...] de un mundo gobernado por una intelligentsia despótica benévola y crear así 'paz para la eternidad'"?

Knuth reflexionó sobre el control de los medios de comunicación por parte de esta élite internacionalista, planteando las siguientes cuestiones:

> ¿Cómo fue posible erigir esta estructura internacionalista de tergiversación y engaño entre nosotros y protegerla de la exposición durante casi medio siglo? ¿Por qué nuestros profesores de historia, nuestros rectores de universidad, nuestros educadores o nuestros periódicos no denunciaron esta monstruosidad?

Dijo que había "razones obvias y muy prácticas" por las que los encargados de informar y educar al público no lo habían hecho en relación con el poder del dinero internacional, y una de las principales razones era que "la existencia de nuestros periódicos depende absolutamente de la publicidad de los grandes intereses comerciales" y, añadió, con cierto cinismo, que "la principal función de los rectores de universidad es recaudar los fondos de los que depende la existencia de sus instituciones, estar en buenas relaciones con la gente adecuada".

Quienes han intentado sacar a la luz el Imperio Rothschild y el Nuevo Orden Mundial y sus orígenes talmúdicos -o incluso sólo partes de la historia más amplia- han tenido poco éxito porque, como ha reconocido Knuth, las obras de este tipo han recibido poco reconocimiento y "por considerarse 'polémicas' [son] tratadas con el desprecio del silencio".

Todo lo contrario, señaló Knuth, obsérvense las tiradas masivas y multimillonarias de lo que Knuth describió como "los productos altamente aclamados y ampliamente publicitados de los defensores del internacionalismo; con el completo dominio de la radio [y hoy, de la televisión] por los propagandistas internacionalistas...".

Así que la influencia del imperio Rothschild se apoderó de la Gran Bretaña imperial hace mucho tiempo, infiltrándose en sus familias aristocráticas e instituciones financieras, y la influencia de los Rothschild se extendió por todo el mundo.

Mientras tanto, al otro lado del Atlántico, la dinastía Rothschild ya se estaba moviendo para hacerse con el control del Nuevo Mundo y asegurarse de que los nuevos Estados Unidos estuvieran firmemente bajo su dominio.

En los capítulos que siguen, comenzamos a examinar el papel del imperio Rothschild en los asuntos estadounidenses, que culminó en el siglo XX con la aparición de Estados Unidos como motor del poder imperial en manos de la dinastía Rothschild.

August Belmont, Jacob Schiff, Joseph Seligman y Paul Warburg (de izquierda a derecha) fueron algunos de los principales representantes de los intereses de la dinastía Rothschild y de las finanzas judías internacionales en suelo estadounidense, aunque muchos estadounidenses no judíos fueron socios y testaferros de los Rothschild en diversos aspectos de las finanzas y la industria estadounidenses, siendo la familia Rockefeller el ejemplo más notable.

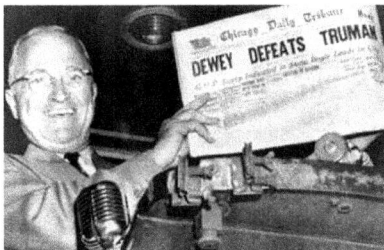

Harry Truman sobre el poder judío ...

Aunque el Presidente Harry Truman es aclamado como el presidente estadounidense que reconoció el nuevo Estado de Israel en 1948, el mundo judío se horrorizó el 11 de julio de 2003 cuando el Washington Post publicó extractos del diario privado inédito de Truman en el que reflexiona muy francamente sobre las actitudes y el poder de los judíos.

Una de ellas, fechada el 21 de julio de 1947, era especialmente severa y decía lo siguiente:

"Los judíos no tienen sentido de la proporción, ni criterio sobre los asuntos mundiales. Creo que los judíos son muy, muy egoístas. No les importa cuántos estonios, letones, finlandeses, polacos, yugoslavos o griegos sean asesinados o maltratados como desplazados [después de la guerra], siempre y cuando los judíos reciban un trato especial. Sin embargo, cuando ostentaban el poder -físico, financiero o político- ni Hitler ni Stalin tenían nada que reprocharles en términos de crueldad o maltrato a los que quedaban atrás."

Recuerde: estos no son los desvaríos de Adolf Hitler o de algún agitador callejero antisemita de derechas. Estas palabras no fueron escritas por un "teórico de la conspiración" o un "terrorista musulmán". No son los susurros de un misántropo amargado. Son las cavilaciones privadas de un querido presidente estadounidense, el hombre de la independencia, que no es otro que "Give 'Em Hell Harry". ¿Se equivocó?

CAPÍTULO VII

Los Rothschild y América: primero una colonia, luego el motor del poder imperial

En *Gold and Work*, publicado en 1944, Ezra Pound reflexionaba sobre el papel de las finanzas judías internacionales -el imperio Rothschild- a la hora de dictar los asuntos económicos de las naciones del mundo. Pound, uno de los primeros y más abiertos críticos del sistema de la Reserva Federal controlada por los Rothschild en suelo estadounidense (más sobre esto más adelante), comentó la pérdida de libertad que tantos sufrieron como resultado del auge del capitalismo plutocrático y su dominio usurero del dinero mundial:

> Nadie es tan tonto como para dejar que otra persona gestione su propia cuenta bancaria privada, y sin embargo naciones, individuos, industriales y empresarios han estado todos bastante dispuestos -casi ansiosos- de dejar el control de sus monedas nacionales y del dinero internacional en manos de la escoria más apestosa de la humanidad.

El autor estadounidense E. C. Knuth (que escribió en los últimos días de la Segunda Guerra Mundial) reconoció que el sistema estadounidense se había convertido en parte de la red de Rothschild. Al evaluar la forma en que el poder monetario mundial se había entrelazado con el sistema estadounidense a lo largo del siglo XX, concluyó -con consternación- que Estados Unidos se había convertido en "un súbdito de las leyes de Inglaterra".

En resumen, Estados Unidos ha caído en manos de la dinastía Rothschild, principal impulsora del imperio "británico".

èmeèmeY a pesar de que durante las últimas décadas del siglo XIX y los primeros años del siglo XX, las cuestiones monetarias y financieras, el oro y la plata, la deuda, la guerra y el imperialismo, eran temas habituales de discusión en los asuntos políticos estadounidenses, los norteamericanos seguían ignorando en gran medida la existencia del Imperio Rothschild.

Aunque había -como señalamos en el capítulo anterior- cierto reconocimiento del papel de la dinastía Rothschild y sus prácticas depredadoras del capitalismo financiero internacional, Knuth escribió:

> "En gran medida, la mayoría de los estadounidenses no sabían mucho sobre los Rothschild en ningún momento de la historia. En general, los Rothschild eran considerados un mito o una leyenda".

Sin embargo, dijo, y esto es sin duda un eufemismo: "Debe quedar muy claro que la gigantesca fortuna de esta familia sigue siendo un factor muy importante en los asuntos mundiales." Y esa fortuna no ha dejado de crecer desde entonces.

De hecho, como veremos a continuación, el aumento de la influencia de los Rothschild en Estados Unidos no es un fenómeno del siglo XX, como muchos tienden a creer. Por el contrario, las intrigas de los Rothschild en suelo estadounidense se remontan a los primeros años del siglo XIX.

La historia económica de los judíos, de Salo W. Baron, Arcadius Kahan y otros (publicado por Schocken Books en 1975), resume los inicios de las finanzas judías internacionales en Estados Unidos:

> Sin embargo, no fue hasta mediados del siglo XIX, con la llegada de un gran número de judíos alemanes a América, cuando empezaron a aparecer en Estados Unidos establecimientos bancarios judíos basados en el modelo europeo...

> Todas estas empresas funcionaban esencialmente como banqueros de inversión -el sector bancario comercial, más establecido, ofrecía relativamente pocas oportunidades a los inmigrantes germano-judíos- y así ayudaron a financiar muchas de las empresas de servicios públicos y corporaciones estadounidenses cuyo rápido crecimiento en la segunda mitad del siglo XIX había creado una insaciable demanda de capital.

> Para recaudar estos fondos, estas casas judías no sólo utilizaron sus amplias conexiones europeas, especialmente en Francia, Inglaterra y Alemania, sino que también crearon una cadena de asociaciones y direcciones interdependientes entre ellas que les permitieron recaudar rápidamente sumas muchas veces superiores a sus activos individuales y competir con éxito con empresas paganas de un tamaño muchas veces superior al suyo.

> No sólo los hijos y los padres de una determinada empresa solían casarse entre sí, sino que también se producían con frecuencia

alianzas matrimoniales entre distintas familias judías de banqueros, como era el caso de los Kuhn, los Loeb, los Schiff y los Warburg.

A menudo, los hijos de estas familias se casaban con grandes familias de empresarios judeo-alemanes de otros campos, y estos últimos procedían a reunir capital a través de las entidades bancarias a las que se habían unido.

Socialmente, el resultado de estos lazos comerciales y de parentesco fue la creación de una aristocracia bancaria y empresarial judeo-alemana con sede en Nueva York, cuyos descendientes siguieron desempeñando durante más de un siglo un papel dominante en la vida financiera, cultural y política de la comunidad judía estadounidense y, en menor medida, de la nación en su conjunto.

La contribución de estos bancos judíos al proceso de formación de capital en Estados Unidos a finales del siglo XIX y principios del XX fue considerable en todos los aspectos.

Los estudiantes de historia estadounidense conocen -o deberían conocer- las batallas históricas del presidente Andrew Jackson y otros nacionalistas estadounidenses contra las intrigas de los intereses adinerados que estaban decididos a establecer un "banco central" en las costas estadounidenses.

Y aunque en aquella época -en las primeras décadas del siglo XIX- los propios Rothschild no tenían su sede oficial en Estados Unidos (aunque sin duda eran, en aquel momento, la principal fuerza financiera de Europa), había banqueros estadounidenses y sus aliados políticos -en particular Alexander Hamilton (que puede que fuera, aunque no es seguro, de ascendencia parcialmente judía)- que defendían eficazmente los intereses de la dinastía Rothschild mientras los Rothschild trataban de extender sus tentáculos a los asuntos financieros de la nueva república, que defendían los intereses de la dinastía Rothschild, que intentaba extender sus tentáculos a los asuntos financieros de la nueva república.

Aunque el Primer Banco de los Estados Unidos (fundado en 1791) y el Segundo Banco de los Estados Unidos (fundado en 1816) eran instituciones ostensiblemente "estadounidenses", la historia demuestra que los críticos de la banca a menudo expresaban su preocupación por que los banqueros "británicos" en particular se inmiscuyeran en los asuntos estadounidenses a través de sus inversiones en estas instituciones financieras y sus tratos con ellas.

Así, aunque un destacado estadounidense no judío como Nicholas Biddle -fundador de una de las "grandes familias estadounidenses"- ocupara el cargo de Presidente del Segundo Banco de los Estados Unidos, actuaba, a todos los efectos, como agente de intereses financieros extranjeros -es decir, "británicos" (en efecto, es decir, Rothschild)- que operaban entre bastidores. [1]Del mismo modo, Eustace Mullins, en su obra clave *The Secrets of the Federal Reserve (Los secretos de la Reserva Federal)*, señaló que otro Rothschild -James de París- fue una figura clave que se benefició de las maquinaciones del Segundo Banco de Estados Unidos. En resumen, la presencia de los Rothschild en América era un fenómeno muy real, incluso en los primeros años de nuestra historia.

Cuando se trata del auge de la influencia de los Rothschild en suelo americano, estamos en deuda con el difunto Arnold Spencer Leese, historiador inglés independiente y paladín del nacionalismo inglés, veterinario, autoproclamado "médico de camellos" por formación (de hecho, se dice que es una de las autoridades más conocidas en materia de salud de los camellos), que elaboró una de las monografías más directas sobre la intriga de los Rothschild. Titulada *Gentile Folly: The Rothschilds*, se publicó en 1940.

La evaluación de Leese sobre la influencia de los Rothschild en Estados Unidos, contraria a gran parte de la literatura "estándar", confirma que los Rothschild fueron, de hecho, influyentes en los asuntos estadounidenses durante mucho tiempo. Leese señala que, por lo que respecta a nuestra historia, los Rothschild enviaron a Nueva York en 1837 a un agente llamado Schoenberg, pero éste cambió su nombre por el de August Belmont y se presentó como seguidor de la fe cristiana, aunque era judío, como los Rothschild. Belmont se inició en las finanzas ( ) en las sucursales de Rothschild en Francfort y Nápoles. El historiador estadounidense Stephen Birmingham, en su famosa crónica de sociedad *Our Crowd: The Great Jewish Families of New York*:

> Lo primero que la sociedad neoyorquina notó en August Belmont fue que tenía mucho dinero. Era dinero de los Rothschild, por supuesto, pero lo utilizaba con prodigalidad.

---

[1] La traducción fue publicada por Le Retour aux Sources, *Les secrets de la Réserve Fédéale*, www.leretourauxsources.com.

Como financiero con los fondos del mayor banco privado del mundo, enseguida desempeñó un papel importante no sólo para las empresas estadounidenses, sino también para el gobierno de su país, siempre falto de liquidez y cuyo crédito requería constantes inyecciones de los banqueros.

Durante el Gran Pánico de 1837, Belmont, el agente de los Rothschild, negoció grandes préstamos de los Rothschild en nombre de los bancos deudores estadounidenses. En otras palabras", según Birmingham, "pudo, con la ayuda de la vasta reserva de capital de los Rothschild, comenzar a operar su propio sistema de reserva federal en Estados Unidos". (¡Y esto fue mucho antes de la creación oficial del Sistema de la Reserva Federal en 1913!).[2]

Y tras establecerse en Estados Unidos como el primer agente de los Rothschild -aunque hubo muchos otros activos de los Rothschild a lo largo del tiempo- fue finalmente, gracias a la influencia de Salomon Rothschild, nombrado por el gobierno estadounidense ¡cónsul general de Austria en la ciudad de Nueva York de 1844 a 1850!

---

[2] Durante este periodo, se produjo una emigración considerable de católicos romanos a Estados Unidos -sobre todo desde Irlanda- y lo cierto es que los intereses judíos arraigados vieron en ello un peligro. De hecho, uno de los principales fanáticos estadounidenses que encabezó la lucha contra la inmigración a Estados Unidos -en particular la inmigración católica irlandesa- fue un destacado judío estadounidense, Lewis Charles Levin. Aunque la historia nos dice a menudo que el movimiento Know Nothing -el Partido de los Nativos Americanos- estaba "liderado por protestantes" y "dirigido contra católicos y judíos", lo cierto es que Levin -judío- no sólo fue uno de los fundadores del partido, sino también uno de los editores de su órgano nacional y ¡uno de los primeros miembros de Know Nothing elegidos para el Congreso! Nacido en 1808 en Charleston, Carolina del Sur, que -como sabrán los estudiosos del comercio de esclavos controlado por judíos- fue el centro de la población judía de Estados Unidos durante muchos años, mucho antes de que lo fuera la ciudad de Nueva York, Levin se estableció más tarde, como abogado, en Filadelfia, donde publicó y editó el *Philadelphia Daily Sun*. En 1844 fue elegido miembro del Congreso de Pensilvania por el partido estadounidense ("Know Nothing") y ocupó el cargo durante tres mandatos, hasta que fue derrotado en la reelección de 1850. Levin murió diez años después. El hecho de que Levin fuera uno de los primeros agitadores anticatólicos en suelo estadounidense es, cuando menos, interesante, porque los libros de historia se han cuidado de "retocar" los hechos sobre el papel de Levin en el movimiento Know Nothing. La carrera de Levin ha sido relegada al orwelliano "agujero de la memoria". En cambio, seguimos oyendo hablar de cómo los "protestantes" y los "católicos" eran tan hostiles a los "pobres inmigrantes judíos que huían de la persecución".

Tres años más tarde, este judío alemán y agente de Rothschild fue nombrado embajador estadounidense en los Países Bajos. En 1860, este agente de Rothschild se convirtió en presidente del Comité Nacional Demócrata. Se casó con la hija del famoso Comodoro Matthew Perry que "abrió" Japón a Occidente, lo que de hecho, como señalan los nacionalistas japoneses modernos, fue una manifestación temprana del imperialismo "americano", pero, como sabemos demasiado bien, en realidad no era más que imperialismo de Rothschild, parte del impulso para establecer un nuevo orden mundial como se describió por primera vez en el Talmud.

Mientras Belmont consolidaba la posición del imperio Rothschild en suelo estadounidense, los Rothschild establecieron oficinas en todo el sur de Estados Unidos para comprar lana, que luego era enviada a Francia y comercializada. Los Rothschild también compraban cosechas de tabaco. Barcos controlados por los Rothschild transportaban enormes cargamentos entre Estados Unidos y Francia.

No es sorprendente que los intereses de los Rothschild estuvieran profundamente implicados en las intrigas financieras y políticas que condujeron a la Guerra Civil estadounidense. El famoso poeta estadounidense Ezra Pound dijo:

> "Las naciones se ven empujadas a la guerra para destruirse a sí mismas, para destrozar su estructura, para destruir su orden social, para reducir su población. Y no hay caso más flamígero y flagrante en la historia que nuestra propia Guerra Civil, de la que se dice que es un récord occidental por el tamaño de los ejércitos empleados y que sólo es superada por los triunfos más recientes de [el imperio Rothschild:] las guerras de 1914 y la guerra actual [la Segunda Guerra Mundial]."

Arnold Leese escribe que los Rothschild estaban en conflicto con Napoleón III de Francia, que tenía la vista puesta en las Américas, al igual que los Rothschild. Napoleón III soñaba con extender su poder haciéndose con el control de México y partes del sur de Estados Unidos, y quería que Gran Bretaña se uniera a él para obligar al Norte a abandonar su bloqueo de los puertos sureños. Sin embargo, los Estados Confederados, deseosos de apaciguar a Napoleón, le ofrecieron territorio, incluyendo Luisiana y Texas. La posibilidad de que británicos y franceses estuvieran a punto de intervenir en la Guerra Civil estadounidense en nombre de la Confederación era muy real.

Sin embargo, el zar Alejandro de Rusia -que siempre se había opuesto a los esfuerzos de los Rothschild por interferir en los asuntos del

Imperio Ruso- envió su flota al otro lado del Atlántico y la puso a disposición del presidente Lincoln por si las intrigas de los Rothschild lograban inducir a las fuerzas británicas y francesas a entrar en la guerra en nombre de la Confederación. Los Rothschild no han olvidado este hecho.

Al final, ¿qué querían los Rothschild? Benjamin Disraeli, un antiguo aliado de los Rothschild y futuro Primer Ministro de Inglaterra, escribió sobre el futuro de los Estados Unidos después de la Guerra Civil Americana. Sería, escribió, una América de "ejércitos, diplomacia, estados rivales y gabinetes trabajando, frecuentes turbulencias y probablemente frecuentes guerras". En resumen, como dijo Arnold Leese,

> "Los Rothschild querían reproducir en América las condiciones caóticas de Europa, donde gobernaban todos los estados. Una América unida sería demasiado poderosa para ellos. Debe ser dividida, y ahora es el momento de hacerlo.

Sin embargo, Napoleón de Francia no quería trabajar con ellos. ¿Qué debían hacer los Rothschild? Su respuesta fue apoyar tanto al Norte como al Sur y tratar de impedir una victoria rotunda de cualquiera de los dos bandos, con el fin de separar las dos regiones, con la posibilidad de que el Imperio Británico, controlado por los Rothschild, anexionara los estados del Norte a Canadá, un dominio británico. En la práctica, esto significaba ayudar al Sur, más débil, en lugar de al Norte, más poderoso, que es precisamente lo que hicieron los británicos.

A pesar de que el sentimiento inglés favorecía en gran medida al Norte, que se oponía a la esclavitud, el gobierno británico, dirigido por los Rothschild, siguió una política de apoyo al Sur. Los británicos reconocieron a la Confederación y permitieron que se construyeran, equiparan y mantuvieran barcos del Sur en puertos británicos, a pesar de que, irónicamente, en Nueva York el agente de los Rothschild, August Belmont, apoyaba ostensiblemente la causa del Norte. Pero todo esto, por supuesto, formaba parte del objetivo de los Rothschild de poner al Norte en plena agresión contra el Sur para forzar la guerra de secesión que realmente ocurrió.

Sin embargo, cabe señalar que Lionel Rothschild creía que el Norte ganaría y que ejerció su influencia sobre los financieros de Inglaterra y Francia para que apoyaran al Norte. Así que, como dijo Leese, el imperio Rothschild tenía en última instancia intereses materiales en ambos bandos.

También está claro que August Belmont colaboró estrechamente con Judah Benjamin, el fiscal general judío, luego Secretario de Guerra y finalmente Secretario de Estado de la Confederación. La esposa de Belmont, gentil, era sobrina de John Slidell, uno de los socios abogados de Benjamin.

La propia hija de Slidell se casó con el barón Frederick Emil d'Erlanger, jefe de una importante firma bancaria judía en París, ¡cuyo padre, el barón Rafael d'Erlanger de Frankfurt, había sido representante confidencial de los Rothschild!

Mientras tanto, el presidente Abraham Lincoln tenía su propia agenda con respecto al poder monetario internacional y trató de introducir préstamos estatales para liberar al pueblo estadounidense del imperio Rothschild. No es sorprendente que Belmont se opusiera firmemente a la nominación y elección de Lincoln como Presidente en 1860. Lincoln eludió las intrigas de Rothschild durante la Guerra Civil financiando la guerra con créditos estatales, evitando así la dependencia de los bancos judíos bajo el control del imperio Rothschild.

No es casualidad, pues, que al mismo tiempo que John Wilkes Booth conspiraba para asesinar a Lincoln, también se atentara contra la vida del Secretario de Estado William Seward, quien, de hecho, había invitado al zar ruso, Alejandro II, a enviar su flota a Estados Unidos para detener los esfuerzos de los Rothschild por dividir Estados Unidos. En 1881, el propio zar fue asesinado.

èmeEn 2004, el autor Charles Higham (que también es un entusiasta promotor de los intereses judíos) publicó su libro, *Murdering Mr. Lincoln,* que en realidad describe con cierto detalle el papel de los intereses de Rothschild (y los de las sociedades secretas aliadas en la esfera de influencia de Rothschild) en el asesinato del Presidente Lincoln - un punto que casi oficialmente, al parecer, no es mencionado por el gran número de escritores de la "corriente principal" que han dedicado millones de palabras al asesinato del 16 Presidente.

(Y, dado que el presidente James Garfield, que asumió el cargo en 1881, también fue asesinado, probablemente no sea una coincidencia que Garfield fuera un crítico declarado del poder monetario internacional y sus activos estadounidenses que pretendían controlar el crédito estadounidense). En los años que siguieron a la Guerra de Secesión, Belmont y otros agentes de Rothschild suministraron a Estados Unidos 3,2 millones de onzas de oro a cambio de bonos con un tipo de interés del 4% y a un precio muy inferior al precio de mercado de dichos títulos en aquel momento. Sin embargo, esta operación resultó impopular en Estados Unidos, ya que el alivio de las finanzas de la nación duró sólo diez meses y la economía del país se deterioró bruscamente. Pero Estados Unidos lanzó un empréstito vendiendo sus bonos al público estadounidense, lo que contribuyó a aliviar la carga de sus ciudadanos.

El propio Belmont se convirtió en el mecenas de la tristemente célebre Sociedad Tammany -conocida popularmente como Tammany Hall- que dirigía la maquinaria política de la ciudad de Nueva York, que por supuesto se convirtió en la sede de las finanzas de Rothschild en América. Arnold Leese describió Tammany Hall como "una especie de fachada pagana de la Kehillah judía", es decir, el gobierno secreto judío.

Aunque Belmont murió en 1890, sus hijos Perry y August siguieron representando los intereses del imperio Rothschild. Morgan, hijo de August, y John Mason, hijo de Morgan, trabajaron para los Rothschild hasta su muerte.

August Belmont se alineó con J. P. Morgan que, según el autor Stephen Birmingham, se unió a los Rothschild en "un eje de poder financiero" al que incluso la gran casa bancaria Seligman encontró difícil enfrentarse. Al final, los Seligman se unieron a los Rothschild en lo que Birmingham describe como "la combinación más poderosa de la historia de la banca". La alianza Seligman-Belmont-Morgan-Rothschild tuvo tanto éxito que [en diez años] hubo quejas en Wall Street de que los "banqueros con sede en Londres [y] Alemania" tenían el monopolio de la venta de bonos estadounidenses en Europa, cosa que prácticamente hicieron."

La familia Seligman, como se recordará, estuvo en el centro del primer, y todavía notorio, escándalo de "antisemitismo en América", cuando a un miembro de la familia se le prohibió la entrada en el Grand Union Hotel debido a su origen judío. Sin embargo, es interesante observar que, según Birmingham, en lugar de extinguir el antisemitismo, este incidente en realidad lo alimentó.

En su día se dijo que los Seligman eran la familia judía más rica de Estados Unidos y se les apodó con razón "los Rothschild americanos". Sin embargo, en esa época surgieron otras importantes familias bancarias judías, todas satélites de la dinastía Rothschild.

Según Stephen Birmingham, que escribe en *Our Crowd: The Great Jewish Families of New York*: "Si Joseph Seligman prácticamente inventó la banca internacional en Estados Unidos, fue Jacob Schiff quien tomó ese invento, lo refinó y lo convirtió en un arte..." "En su apogeo, Schiff 'dominaba a todas las figuras financieras de Wall Street'".

Schiff, que se había casado en 1875 con la hija de uno de los fundadores del banco Kuhn-Loeb, pronto se hizo con el control del poderoso imperio. El matrimonio de Schiff le permitió formar parte de una élite no sólo vinculada económicamente, sino también maritalmente. Como comentó un periodista, refiriéndose a la familia de banqueros Warburg -otra familia de banqueros judíos del grupo "Nuestra Multitud"-, los Warburg no eran nadie hasta que se casaron con los Schiff, y Schiff no era nadie hasta que se casó con los Loeb.

Hoy, esta alianza incluye a la familia del ex vicepresidente Al Gore, cuya hija Karenna se casó con Drew Schiff, miembro de la familia Schiff. Así pues, aunque Gore dijera en la Convención Nacional Demócrata de 2000 que lo nominó para la presidencia: "Lo hice todo yo solo", su relación con el clan Schiff -y, por tanto, con el imperio Rothschild- sugiere lo contrario.

En 1881, señala Birmingham, "las finanzas estadounidenses habían entrado en la gran era de Schiff". Sin embargo, sólo la familia Schiff tenía amplios vínculos con los Rothschild que se remontaban a varias generaciones. Según Birmingham:

> En el siglo XVIII, los Schiff y los Rothschild compartían una casa doble... hasta que uno de los Schiff, ya lo bastante próspero como para trasladarse a Londres, vendió el resto de la casa al primer Rothschild para hacer fortuna. Si se les presiona, los Schiff suelen admitir que, aunque no son tan ricos colectivamente como los Rothschild, su familia es la más augusta. Los Rothschild sólo eran conocidos como grandes banqueros.

> El árbol genealógico de los Schiff no sólo incluía banqueros de éxito, sino también eminentes eruditos y miembros del rabinato. Así, en el siglo XVII, Meir ben Jacob Schiff, compositor de notables comentarios sobre el Talmud, y David Tevele Schiff, que llegó a ser Gran Rabino de la Gran Sinagoga de Inglaterra a finales del siglo XVIII, pertenecían a la familia Schiff.

> Los Schiff también pueden demostrar que son una familia mucho más antigua que los Rothschild. La genealogía de los Schiff, cuidadosamente expuesta en la Enciclopedia Judía, es la más larga de todas las familias judías existentes: los Schiff de Fráncfort se remontan al siglo XIV.

En realidad, Jacob Schiff se remontó hasta el siglo X a.C., nada menos que hasta el rey Salomón, y de ahí a David y Betsabé, donde decidió detenerse. Jacob Schiff se tomó en serio su ascendencia del rey de Israel...

El industrial estadounidense Henry Ford, por su parte, señaló que Schiff, en sus primeros años, había sido de hecho aprendiz en la oficina de su padre, que era agente de los Rothschild. Como señaló Ford, Schiff se convirtió en

> "uno de los principales canales a través de los cuales el capital judío-alemán fluía hacia los negocios americanos, y su actividad en este campo le dio un lugar en muchos departamentos importantes de los negocios americanos, especialmente ferrocarriles, bancos, compañías de seguros y compañías de telégrafos".

En la revista *Truth* del 16 de diciembre de 1912, George R. Conroy reveló que los vínculos entre Rothschild y Schiff se extendían hasta el siglo XX:

> El Sr. Schiff es jefe del gran banco privado Kuhn, Loeb & Co, que representa los intereses de los Rothschild a este lado del Atlántico. Se le ha descrito como un estratega financiero y fue durante años el ministro de finanzas del gran poder impersonal conocido como Standard Oil [que, por supuesto, se identificaba públicamente con la familia Rockefeller]. Trabajó mano a mano con los Harriman, los Gould y los Rockefeller en todas sus empresas ferroviarias y se convirtió en el poder dominante en el mundo ferroviario y financiero de América.

De hecho, en 1912, una comisión del Senado, conocida como la Comisión Pujo por el nombre de su presidente, investigó los fideicomisos monetarios de la época. La comisión reveló que Kuhn, Loeb -a pesar de su alianza con J. P. Morgan- estaba principalmente aliado con el National City Bank, controlado por Rockefeller. Sin embargo, Jacob Schiff había sido durante mucho tiempo director de esta entidad de Rockefeller, y Schiff estaba por lo tanto implicado en los dos grandes bloques financieros que operaban en suelo americano, que no eran por lo tanto tan "independientes" como el público podría haber pensado. En ambas influencias estaban implicados intereses "judíos".

Según Stephen Birmingham, el comité Pujo descubrió que Jacob Schiff encabezaba *los dos* principales intereses financieros: "El grupo Morgan-Baker-First National Bank y el grupo Rockefeller-Stillman-National City Bank formaban el círculo íntimo. Los poderes eran el acero y el petróleo, cada uno con su propio banco masivo.

Contrariamente a lo que todo el mundo había supuesto, no se reveló ninguna "rivalidad" entre estas [facciones]. Kuhn, Loeb, decidieron que el comité, algo vagamente, sólo se calificaba como aliado del grupo interior". Mientras algunos se preguntaban qué significaba esto, otros, en particular algunos miembros de la prensa, dedujeron que Jacob Schiff tenía contactos privilegiados con los dos grandes poderes de Wall Street [e] incluso [Schiff] admitió que así era."

Así que la vieja leyenda, propagada por muchos escritores "patrióticos" estadounidenses, de que hubo una "lucha" entre los Rockefeller y la élite bancaria judía, se cae por su propio peso. En cualquier caso, los Rockefeller eran poco más que secuaces bien pagados, ¡satélites del imperio Rothschild!

En lo que respecta a la familia Rockefeller, cabe señalar que no existe ninguna información sólida en el ámbito público que indique que son de origen judío, aunque se ha especulado mucho al respecto durante más de un siglo. Contrariamente a la creencia popular, la tan citada "prueba" de que "los Rockefeller son judíos" no es prueba alguna.

El rumor de que los Rockefeller son judíos proviene en gran parte del hecho de que el mencionado Stephen Birmingham -en su libro de Harper & Row de 1971, *The Grandees*, un perfil de la historia de la élite judía sefardí estadounidense (descendiente de familias judías españolas y portuguesas)- menciona que el nombre "Rockefeller" se encuentra en un raro estudio genealógico de 1960, *Americans of Jewish Descent*, de Malcolm H. Stern.

Mientras que algunos saltaron sobre esta información y comenzaron a circular la historia de que esto era una "prueba" de que "los Rockefeller son judíos", una lectura cuidadosa de *todo el* libro muestra que - hasta donde está documentado en este libro - los Rockefeller que *sí* tienen sangre judía provienen de la línea de Godfrey Rockefeller, quien se casó con una tal Helen Gratz, que era judía. Sus hijos y herederos fueron educados en la Iglesia Episcopal y tuvieron poco que ver con asuntos judíos o israelíes.

Godfrey Rockefeller pertenecía *en realidad a una línea distinta de la familia Rockefeller*, descendiente de uno de los hermanos de John D. Rockefeller, padre, y primo segundo de los famosos hermanos Rockefeller: Nelson, David, Laurence y John D. III. Así que la famosa historia de que los Rockefeller eran judíos -al menos la que se cita tan a menudo- se basa en una lectura errónea de lo que realmente aparecía en el tan citado libro de Birmingham.

No es un gran placer destruir el mito popular de que "los Rockefeller son judíos", difundido por muchas personas bienintencionadas, pero los hechos sobre el origen de este rumor hablan por sí solos. No se trata, por supuesto, de sugerir que no haya sangre judía en las venas de la familia Rockefeller (durante generaciones), pero cualquier acusación en ese sentido debería basarse en hechos, no en la mala interpretación de una referencia pasajera en un libro.

Sin embargo, a pesar de estos hechos -que pueden descubrirse consultando el libro de Birmingham, del que *procede* la versión más reciente del rumor *de que "los Rockefeller son judíos"*-, pocas personas consultan el libro y prefieren transmitir la leyenda.

Pero muchas familias americanas prominentes que no son judías (que sepamos) se han mezclado con los nuevos fariseos del imperio Rothschild en las costas americanas.

Teniendo en cuenta, como hemos mencionado anteriormente, que la familia del ex vicepresidente Al Gore había mantenido durante mucho tiempo estrechos vínculos con Armand Hammer, el industrial judío estadounidense conocido por sus conexiones con la élite bolchevique - y que era hijo de un padre fundador del Partido Comunista estadounidense-, tiene sentido que la familia política de Gore, la familia Schiff (y sus asociados, los Rothschild), desempeñaran un papel importante en la financiación de la revolución bolchevique en Rusia en 1917.Inicialmente, según el profesor Gore, la familia Schiff desempeñó un papel importante en la financiación de la revolución bolchevique en Rusia.

Albert S. Lindemann, en *Las lágrimas de Esaú*:

> El enemigo más persistente de la Rusia zarista fue Jacob H. Schiff [quien] desempeñó un papel crucial no sólo al negar a los rusos los bonos que buscaban en el mercado internacional para financiar la [Guerra Ruso-Japonesa], sino también, de manera aún más decisiva, al proporcionar apoyo financiero a Japón, que luego derrotó a Rusia de manera tan humillante [...] Schiff se regocijaba por la forma en que él y otros judíos habían podido contribuir a la humillación del gran Imperio ruso. Se jactaba de que, tras su humillación en la guerra ruso-japonesa, Rusia había comprendido que "la judería internacional es una potencia después de todo".

Más tarde, en concierto con los Rothschild y otros intereses bancarios judíos, Schiff financió personalmente la toma del poder por los bolcheviques en la Rusia cristiana y el asesinato de millones de cristianos, financiando a León Trotsky y a los demás carniceros que tomaron el poder y se instalaron en el Kremlin.

La historia completa del papel de los Schiff en la tragedia que contribuyó a allanar el camino para la Segunda Guerra Mundial, Corea, Vietnam y todas las demás crisis de la "Guerra Fría" sólo la conocen unos pocos, pero forma parte de la leyenda del imperio Rothschild y de su papel en la manipulación de los asuntos mundiales. A fin de cuentas, aunque la dinastía Schiff era una fuerza importante por derecho propio, lo cierto es que formaba parte del imperio Rothschild.

Llegados a este punto, una vez examinado el papel de las intrigas del imperio Rothschild en América, es esencial reconocer el papel de los Rothschild en el establecimiento del sistema de la Reserva Federal en Estados Unidos.

Aunque se ha escrito mucho sobre la Reserva Federal y la realidad de lo que es -un monopolio monetario privado controlado por la banca-, el hecho de que la familia Rothschild fuera en última instancia la principal fuerza detrás del establecimiento del sistema en suelo estadounidense no es algo que se comprenda del todo.

Por ejemplo, como no había nadie llamado "Rothschild" en la famosa reunión frente a la costa de Georgia, en Jekyll Island, donde se estableció el marco de la Reserva Federal, hay quienes desvincularían a la familia Rothschild de todas las circunstancias. Sin embargo, la mano fina de Rothschild estaba de hecho presente, representada por Paul Warburg de la compañía Kuhn, Loeb que, como hemos observado, estaba bajo el control de Jacob Schiff, un asociado de Rothschild de muchos años.

Descendiente de otra gran familia de banqueros judíos alemanes, Warburg fue el principal artífice del sistema de la Reserva Federal, creado en 1913, que consolidó el control del sistema monetario estadounidense por el imperio Rothschild y las finanzas judías internacionales.

La discusión de Henry Ford sobre lo que él llamaba "la idea judía de un banco central para América" se refería a la Reserva Federal. Ford escribió:

> Lo que el pueblo de Estados Unidos no entiende y nunca ha entendido es que, aunque la Ley de la Reserva Federal era gubernamental, todo el Sistema de la Reserva Federal es privado. Es un sistema bancario privado creado oficialmente.

Pregunte a las primeras 1.000 personas que encuentre en la calle, y 999 de ellas le dirán que el Sistema de la Reserva Federal es un dispositivo mediante el cual el gobierno de los Estados Unidos ha entrado en el negocio bancario en beneficio del pueblo. Creen que, al igual que Correos y Aduanas, la Reserva Federal forma parte de la maquinaria oficial del gobierno...

Las enciclopedias clásicas no contienen inexactitudes, pero tampoco dicen que el Sistema de la Reserva Federal sea un sistema bancario privado; el lector profano se queda con la impresión de que forma parte del gobierno.

El sistema de la Reserva Federal es un sistema bancario privado, la creación de una aristocracia bancaria dentro de un sistema aristocrático ya existente, por el cual se ha perdido una gran parte de la independencia bancaria, y por el cual se ha hecho posible que los financieros especuladores centralicen grandes sumas de dinero para sus propios fines, ya sean beneficiosos [para el pueblo de los Estados Unidos] o no.

Al abordar la cuestión de los vínculos entre la Reserva Federal y lo que denominó "los planes económicos de los judíos internacionales", Ford afirmó con razón que

"La fuerza del dinero judío reside en su internacionalismo. Extiende una cadena de bancos y centros de control financiero por todo el mundo y los hace jugar del lado del juego que favorece a Judá".

Ford dijo que los bancos judíos aislados en un país determinado no supondrían una amenaza. Como meros banqueros en su propio país, no causarían preocupación. El Sr. Ford señaló que en la banca comercial convencional no habían predominado los judíos y que los bancos de depósito tradicionales apenas formaban parte de la red financiera judía.

"Los Rothschild nunca fueron banqueros en el verdadero sentido de la palabra; eran prestamistas a naciones cuyos representantes habían corrompido para que les pidieran préstamos. Hacían negocios precisamente siguiendo el modelo del prestamista callejero que seduce al hijo del rico para que pida prestada una gran suma, sabiendo que el padre pagará. En realidad no es banca. Los cerebros así pueden "conseguir" dinero, pero no "hacer" dinero.

Por eso, según el Sr. Ford, es necesario examinar el alcance internacional del poder bancario judío. Este sistema, dijo, no requiere que un banco judío sea el poder financiero más importante en un país determinado. No es la riqueza y la importancia de un solo banco, sino, por el contrario, la riqueza y la importancia de la cadena mundial de diferentes bancos judíos lo que da fuerza al poder monetario internacional.

Por ejemplo, Ford citó a Paul Warburg, de Kuhn, Loeb & Company, que fue uno de los principales impulsores de la creación del sistema de la Reserva Federal en Estados Unidos. La empresa de Warburg distaba mucho de ser el banco más poderoso de Estados Unidos, pero debido a sus conexiones internacionales -que eran, como dijo Ford, "todas judías"- adquirió un nuevo aspecto en cuanto a su impacto en la vida estadounidense.

El dossier muestra que fue la creación de la Reserva Federal en 1913 lo que proporcionó el marco para la expansión del control de los Rothschild sobre las finanzas y la industria estadounidenses.

Los estadounidenses, por supuesto, entendían poco de esto. El escritor estadounidense E. C. Knuth señaló que en 1945, en su libro *The Empire of "The City"*, el senador Edward Hall Moore, de Oklahoma, había hecho público el hecho de que "el Gobierno británico" poseía grandes participaciones en 80 de las mayores empresas industriales de Estados Unidos, entre ellas General Motors y Standard Oil, de Indiana. Que Standard Oil fuera una de ellas podría sorprender a los ingenuos estadounidenses que durante mucho tiempo habían creído que la familia Rockefeller, que parecía dominar Standard Oil, era de alguna manera "real" en términos estadounidenses, cuando en realidad la influencia de los Rothschild se extendía incluso a las filas de una empresa "estadounidense" tan famosa.

De hecho, el imperio Rockefeller, en mas formas de las que muchos se han dado cuenta, siempre ha sido una subsidiaria del imperio Rothschild, rica y poderosa puede ser, pero una subsidiaria de Rothschild no obstante. Y como veremos mas adelante en estas paginas, muchas instituciones tradicionalmente vistas como parte de la esfera de influencia "Rockefeller" ahora han caído firmemente en manos de agentes del imperio Rothschild.

Knuth lo dijo bien:

> "El público estadounidense ha sido conducido ciegamente al matadero, como tantas ovejas conducidas por la rampa al matadero, con interminables años de ruina y miedo por delante para millones".

Se refería al hecho de que "el dinero inteligente de Europa", de hecho, había provocado despiadadamente el gran crack bursátil de 1929 y, gracias a ello, había adquirido un poder absoluto sobre la economía estadounidense.

Pero hubo algunos líderes nacionalistas entre el pueblo estadounidense que se opusieron al sistema. Por ejemplo, James J. Hill, el gran constructor de ferrocarriles estadounidense, advirtió de la creciente deuda nacional y de los peligros de que la nación cayera en manos de los usureros:

> No necesito recordarles que el crédito público, aunque inmenso, no es inagotable... De todos los recursos, éste debe conservarse con sumo cuidado, en primer lugar porque nunca podemos saber de antemano cuándo se agotará.
>
> Pero el crédito es aparentemente ilimitado en un momento y se derrumba al siguiente.
>
> La única regla segura es no imponerle cargas que puedan evitarse y reservarlo para los días de mayor necesidad.

Hill lanzó una advertencia a sus compatriotas:

> "De nada nos servirá conservar lo que queda de los grandes recursos nacionales que han sido propiedad de este continente, si no preservamos el crédito nacional como algo más precioso que todos estos recursos. Cuando se agote, el corazón de la nación dejará de latir.

En los años que precedieron a la Segunda Guerra Mundial y en los primeros días de la contienda que la siguió, otros alzaron la voz. Sin embargo, la mayoría de estos líderes nacionalistas fueron finalmente expulsados de sus cargos o silenciados. En palabras de Knuth:

> "el destino de quienes transgredieron los planes de los "globalistas" [había sido] duro y desafortunado desde entonces".

Con el nuevo sistema internacional impuesto después de la Segunda Guerra Mundial por el Banco Mundial y el Fondo Monetario Internacional -todos ellos proyectos del poder monetario internacional del imperio Rothschild- Knuth declaró que Estados Unidos había quedado "atrapado en una posición de peligro ilimitado y . Las naciones extranjeras [continuarían] aprovechándose de su espuria posición exigiendo descarada e insolentemente enormes subsidios en forma de préstamos, que en realidad no son más que un chantaje a los políticos estadounidenses, seguros de perder su voz en la política mundial [como lo hizo] Woodrow Wilson después de la Primera Guerra Mundial, si no siguen cediendo."

Por supuesto, en sus escritos, Knuth señalaba que el sistema estadounidense, ostensiblemente independiente tras la Revolución Americana, estaba de hecho dominado desde lejos, ya que tantas fortunas estadounidenses estaban vinculadas a las de los Rothschild y sus compañeros del poder monetario internacional que se arremolinaban en torno a la "City" de Londres. Knuth dijo

> Millones de hombres [en los Estados Unidos] están influyendo en el destino y la vida o la muerte de sus conciudadanos con una organización que es subversiva del espíritu y la letra de la Constitución de los Estados Unidos, una organización de la que ni uno de cada mil de sus conciudadanos ha oído hablar.

> El propósito de estos hombres está totalmente ligado a la dependencia de sus propias fortunas, invariablemente grandes, de las operaciones de la City, la ciudadela de las finanzas internacionales. Estos hombres no sólo ejercen colectivamente una influencia planificada de inmenso peso en el mayor secreto, sino que lo hacen con el apoyo de inmensos fondos proporcionados por Cecil Rhodes y Andrew Carnegie.

Y como hemos señalado, Rhodes fue un instrumento del imperio Rothschild desde el momento en que entró en el mundo de las finanzas y la industria mundiales. Lo mismo puede decirse de Carnegie, por titánico que fuera.

La "organización" a la que Knuth se refiere específicamente, en este caso, es la "Sociedad Peregrina", que promueve la hermandad británico-estadounidense. La Sociedad Peregrina se fundó en Londres en 1902, cuatro meses después de la muerte de Cecil Rhodes y, por supuesto, como hemos visto, el concepto de Rhodes era volver a poner a Estados Unidos bajo el control directo y abierto del Imperio Británico. Muchos estadounidenses ricos e influyentes participaron activamente en esta organización.

El Council on Foreign Relations, con sede en Nueva York (que estaba estrechamente vinculado a la Pilgrim Society) no era, como ya hemos señalado, más que una filial estadounidense, un primo menor, por así decirlo, del Royal Institute of International Affairs (RIIA), con sede en Londres, a su vez el brazo de política exterior del Imperio Rothschild, que utilizaba el RIIA como base de operaciones para dirigir las empresas exteriores oficiales del Imperio "británico". El RIIA tenía su sede en la City de Londres.

Señalando que el capital "británico" [léase judío, léase Rothschild] había desempeñado un papel importante en el desencadenamiento del Gran Crac de 1929 y observando que la inflación generalizada que causó el crack podría haber sido controlada y detenida en cualquier punto de su progreso por lo que Knuth llamó el "gran péndulo del crédito mundial" dominado por Rothschild, Knuth describió las consecuencias:

> No cabe duda de que la enorme quiebra y pérdida de valores estadounidenses sirvió no sólo para dañar y paralizar al mayor competidor de Gran Bretaña en aquel momento, sino también para disciplinar a una administración recalcitrante y poco amistosa. Tampoco hay duda de que miles de millones de dólares de oro extranjero fueron transferidos fuera de Estados Unidos durante el año electoral de 1932 para desacreditar aún más a la administración Hoover e influir así en esas elecciones.

> Tampoco parece haber ninguna duda de que una cantidad masiva similar de oro extranjero, por un total de 1.139.672.000 dólares, fue transferida a los EE.UU. en 1935 para influir en las [próximas] elecciones de 1936, para recrear la "confianza" y para preparar al inversor estadounidense para otra esquila en 1937.

> En resumen, no cabe duda de que la Casa Rothschild ha ganado dinero en los grandes choques de la historia y en las grandes guerras de la historia, precisamente los periodos en los que otros han perdido su dinero.

En resumen, como dijo uno de los secuaces de los Rothschild, el vizconde Reginald Esher, "la posición de los Rothschild en los asuntos de los países del mundo es indispensable para todos ellos, pero responsable ante ninguno".

Mirando todo esto desde una perspectiva estadounidense, observando cómo el poder monetario internacional ha afectado al curso de los asuntos mundiales, Knuth dijo de los estadounidenses:

> Mucha gente se da cuenta de que esta desconcertante situación, en la que una nación supuestamente democrática y autónoma está de hecho controlada en contra de la voluntad de su pueblo en sus asuntos exteriores, indica claramente que debe existir una organización secreta muy poderosa y bien financiada que planifica y dirige los asuntos exteriores estadounidenses y, a falta de una identificación más específica, a esta supuesta organización secreta se la conoce comúnmente como "los Financieros Internacionales".

Pero, por supuesto, como Knuth ha dejado muy claro, estos "financieros internacionales" eran en realidad miembros de la familia Rothschild y sus agentes cuidadosamente colocados en toda Europa y en otros lugares y, de hecho, en suelo estadounidense. Y a medida que la influencia de los Rothschild crecía en todo el mundo, cada vez más patriotas reconocían los peligros a los que se enfrentaban sus naciones a manos de estos buitres plutocráticos depredadores.

El profesor Carroll Quigley, de la Universidad de Georgetown, escribió en *Tragedy and Hope* sobre lo que consideraba la oportunidad de que los intereses financieros internacionales dominaran la política estadounidense. Afirmaba con franqueza

> El principal problema de la vida política estadounidense ha sido durante mucho tiempo cómo hacer que los dos [partidos en el Congreso] sean más nacionales y más internacionales. El argumento de que los dos partidos deberían representar ideales y políticas opuestas, uno, quizás, a la derecha y el otro a la izquierda, es una idea tonta excepto para los doctrinarios y los académicos. Al contrario, los dos partidos deberían ser casi idénticos, para que el pueblo estadounidense pueda "echar a los granujas" en cualquier elección sin que se produzcan cambios profundos o generalizados en la política.

Quigley afirmó que las políticas de la élite internacional que él consideraba "vitales y necesarias para América" ya no eran objeto de desacuerdos significativos, sino que eran "discutibles sólo en detalles de procedimiento, prioridad o método". Elogió las políticas internacionalistas y declaró que "cualquier partido nacional estadounidense que espere ganar unas elecciones presidenciales debe aceptar estas cosas".

Sin embargo, añadió,

> "Uno u otro partido en el poder se vuelve, con el tiempo, corrupto, cansado, poco emprendedor y falto de vigor. Entonces debería ser posible sustituirlo, cada cuatro años si es necesario, por el otro partido, que no será ninguna de estas cosas, pero que perseguirá con nuevo vigor prácticamente las mismas políticas básicas."

Está claro que con el ascenso del imperio Rothschild en los asuntos estadounidenses, los funcionarios electos en Estados Unidos se convirtieron rápidamente en instrumentos al servicio de estos intereses depredadores. Demócratas y republicanos por igual se colocaron en su lugar, abogando por políticas que avanzaban la agenda de la élite global - promoviendo el objetivo de un Nuevo Orden Mundial.

El ascenso de Adolf Hitler en Europa, desafiando a los Rothschild y a las finanzas judías internacionales, allanó el camino para lo que se convirtió en la Segunda Guerra Mundial. En Estados Unidos, Franklin Delano Roosevelt trabajó incansablemente para llevar a Estados Unidos a la guerra contra Alemania. Baste decir que el papel de FDR en esta tragedia ha sido objeto de muchos buenos libros de eminentes historiadores revisionistas como Harry Elmer Barnes, Charles Beard, Charles Callan Tansill y otros.

Ningún estudioso honesto de aquella época puede evitar llegar a la conclusión de que la Segunda Guerra Mundial fue una guerra que Estados Unidos no necesitaba librar y que no debería haber librado. No trajo "nada bueno" al mundo ni a Estados Unidos. Por el contrario, sentó las bases para futuras guerras y creó un marco de posguerra sobre el que el impulso hacia un nuevo orden mundial ha avanzado más que nunca.

Por lo que respecta a la familia Roosevelt, la información ampliamente publicada sugiere que la familia Roosevelt tenía antepasados judíos, que el apellido original era "Rossocampo", nombre que llevaban los judíos sefardíes que se encontraban entre los expulsados de España en 1620, y que luego se fue cambiando a medida que las distintas ramas de la familia se asentaban en otros lugares de Europa. Pero no hay pruebas sólidas de que esta historia tan citada sea un hecho absoluto.

Sabemos que descendientes de miembros de la familia de origen holandés -que obviamente se llamaban Rosenvelt- emigraron a Estados Unidos y que el nombre acabó convirtiéndose en el "Roosevelt" que conocemos hoy. Algunos dicen que los Rosenvelt eran originalmente judíos, fueran o no de origen sefardí.

Mientras tanto, sabemos que a lo largo de varias generaciones los Roosevelt se casaron con otras personas que no eran judías en absoluto, y que cuando Franklin y Eleanor Roosevelt -primos que iban a convertirse en marido y mujer- eran jóvenes ricos miembros de la élite estadounidense, no se sabía que practicaran la religión judía.

Durante la era Roosevelt, un cuadro genealógico de la familia Roosevelt, que circuló tanto en Europa como en Estados Unidos, acusaba a otro tronco familiar judío -a saber, el de la línea "Samuels"- de haberse introducido en la línea Roosevelt resultante.

Por muy emocionante que esta información pudiera haber sido en su momento para los detractores de FDR, su procedencia es cuanto menos oscura. Aunque muchos quisieran creerlo, el apellido "Samuels" suele ser un apellido judío, pero no sabemos con certeza que fueran judíos.

Sin embargo, para una fuente de datos quizá más inmediata sobre una posible herencia judía en la familia Roosevelt -según una fuente judía- podemos recurrir al número del 5 de febrero de 1982 del *London Jewish Chronicle*, que contenía un artículo titulado "FDR 'had Jewish great-grandmother'". El artículo, escrito por Leon Hadar, dice lo siguiente:

> El difunto Presidente de EE.UU. Franklin Delano Roosevelt tenía una bisabuela judía, dijo la semana pasada Philip Slomovitz, editor del *Detroit Jewish News*, que publicó una carta que le envió hace 45 años el difunto rabino Steven Wise, ex presidente del Congreso Judío Mundial.

> En su carta, el rabino Wise describe un almuerzo que su esposa mantuvo con la Sra. Eleanor Roosevelt, esposa del difunto Presidente (y una de sus primas lejanas), quien le dijo: "A menudo nuestra prima Alice y yo decimos que el cerebro de la familia Roosevelt procede de nuestra bisabuela judía", cuyo nombre era Esther Levy.

> La carta añade que la Sra. Roosevelt le dijo [a la Sra. Wise] que "cada vez que nuestra prima Alice o yo mencionamos a nuestra bisabuela judía, la madre de Franklin se enfada y dice: "Sabes que no es así. ¿Por qué lo dices?". Según el rabino Wise, la señora Roosevelt también le dijo a su esposa: "No debes usar eso. Creo que es mejor dejar el asunto ahora".

> En otra carta al Sr. Slomovitz, Franklin Roosevelt, cuyo centenario se celebra este año, escribió que sus antepasados "podían ser judíos, católicos o protestantes". El rabino Wise, muy cercano al Presidente Roosevelt, declaró que su carta al Sr. Slomovitz era "estrictamente privada y confidencial".

Irónicamente, tanto Franklin como Eleanor Roosevelt eran conocidos por hacer comentarios antijudíos en privado, aunque fueran de origen judío. A pesar de ello, ambos se convirtieron en iconos de la cosmovisión judía. Sin embargo, este fenómeno pareció desvanecerse en los últimos años del siglo XX y los primeros del XXI, ya que escritores judíos agresivos afirman ahora que FDR -a pesar de su sangrienta guerra mundial contra Hitler- "no hizo lo suficiente para detener el Holocausto".

Sea como fuere, cabe señalar que el autor recuerda haber leído hace muchos años en la revista *American* Heritage que un investigador había encontrado información que demostraba que los antepasados maternos de FDR en la familia Delano eran de origen judío, un detalle interesante teniendo en cuenta que la propia madre de FDR era conocida por hacer comentarios antijudíos.

El hecho de que FDR fuera judío (o parcialmente judío) es, por tanto, irrelevante para el panorama general. El hecho es que un gran número de políticos estadounidenses no judíos han sido -o son hoy- defensores de la agenda judía, promoviendo el advenimiento de un nuevo orden mundial, la utopía judía.

La conclusión es la siguiente: En el transcurso del siglo XX, los Estados Unidos de América se convirtieron en el principal mecanismo de control en manos del imperio Rothschild. La sangre y el tesoro estadounidenses se convirtieron en los medios por los que el Nuevo Orden Mundial avanzó a buen ritmo.

El control judío de los medios de comunicación y de prácticamente todas las formas de educación y comunicación ha crecido exponencialmente, permitiendo a los Rothschild y a las dinastías judías modernas que operan dentro de su esfera de influencia ejercer un mayor control político sobre los asuntos estadounidenses.

En los siguientes capítulos, examinaremos la naturaleza del poder judío en América, revisando sus parámetros y revelando los nombres e intrigas de los nuevos fariseos que están haciendo avanzar la agenda Rothschild: el establecimiento de un imperio judío global.

Arriba: Esta caricatura del siglo XIX del "Monopoly News Delivery" -que sugiere el control de la prensa estadounidense por parte de las élites- es aún más representativa de la situación de los medios de comunicación estadounidenses en la actualidad, con un puñado de familias judías e intereses financieros dentro de la esfera de influencia de los Rothschild que controlan los principales medios de comunicación, cuya influencia se complementa con un número extraordinario de editores y periodistas judíos en sus puestos en las industrias de la radiodifusión y la publicación. Además, una amplia gama de "think tanks" y grupos de presión controlados por judíos refuerzan el dominio del imperio Rothschild sobre los medios de comunicación.

La imagen antijudía (izquierda) - "Such a Bisiness"-, que se burla de la perspicacia empresarial judía, podría aplicarse con razón a la moderna industria de los medios de comunicación y a los tejemanejes depredadores y corruptos de los elementos judíos de Wall Street que han llevado a la otrora próspera economía estadounidense al borde de la destrucción.

CAPÍTULO VIII

Sí, los judíos controlan los medios de comunicación: el mecanismo Rothschild de dominación política

En última instancia, no podemos hablar del curso de los asuntos modernos, nacionales o internacionales, sin reconocer el papel preeminente de los medios de comunicación modernos (influidos por Rothschild) a la hora de dictar la política pública y determinar la selección de los presidentes estadounidenses y de los políticos elegidos popularmente a todos los niveles. Y para abordar adecuadamente y con precisión la cuestión del poder de los medios de comunicación, debemos reconocer el hecho de que los judíos ejercen un control sustancial sobre los medios de comunicación de masas, particularmente en Estados Unidos. Este es un hecho esencial que no se puede negar.

En 1993, en *Tribes*, el autor judío Joel Kotkin afirmaba que aunque, en su posición, los judíos "no controlaban los medios de comunicación y las artes, como sugieren algunos antisemitas", el hecho era éste:

> Es evidente que los judíos ejercen una influencia desproporcionada en el cine, la edición, la publicidad y el teatro. En los medios de comunicación, según una encuesta realizada en los años setenta, una cuarta parte de las personalidades destacadas eran judías, más de diez veces su porcentaje en la población general.

El escritor judío Norman Cantor, en *La cadena sagrada*, dice lo siguiente sobre la influencia de los medios de comunicación judíos en Estados Unidos:

> Como en Berlín y Viena antes de Hitler, los judíos desempeñaban un papel importante en el mundo editorial. En 1950, dos de los tres periódicos más influyentes de Estados Unidos, *el New York Times* y el *Washington Post*, eran propiedad de familias judías. Además, ambas familias participaban directamente en la gestión diaria de los periódicos y en la definición de su política editorial.

J. J. Goldberg -otro escritor judío- en su libro de 1996, *Jewish Power: Inside the American Jewish Establishment*, reconoció:

Es cierto que los judíos están representados en el sector de los medios de comunicación en un número muy desproporcionado en relación con su porcentaje de población. Los estudios han demostrado que, aunque los judíos representan poco más del 5% de la prensa nacional -apenas más que su porcentaje de la población-, constituyen una cuarta parte o más de los directores, editores y productores de los "medios de élite" de Estados Unidos, incluidas las divisiones de noticias de las cadenas, los principales semanarios y los cuatro diarios más importantes (*New York Times, Los Angeles Times, Washington Post, Wall Street Journal*).

En el cambiante mundo de las megacorporaciones mediáticas, los judíos son aún más numerosos. En un artículo de *Vanity Fair* de octubre de 1994 titulado "The New Establishment", en el que se describía a los cabecillas de la nueva élite de los medios de comunicación, algo menos de la mitad de las dos docenas de empresarios perfilados eran judíos.

Según los editores de la revista, se trata de la auténtica élite estadounidense, "hombres y mujeres de los sectores del entretenimiento, las comunicaciones y la informática, cuyas ambiciones e influencia han convertido a Estados Unidos en la única superpotencia real de la era de la información".

Y en algunos sectores clave de los medios de comunicación, especialmente entre los jefes de los estudios de Hollywood, los judíos son tan numerosos que decir que estas empresas están controladas por judíos es poco más que una observación estadística.

"Si existe un poder judío, es el poder de la palabra, el poder de los columnistas judíos y de los creadores de opinión judíos", afirma Eugene Fisher, director de relaciones católico-judías de la Conferencia Nacional de Obispos Católicos, y uno de los más ardientes defensores de la comunidad judía en los círculos religiosos cristianos. "La comunidad judía es muy culta y tiene mucho que decir. Y si puedes influir en la opinión, puedes influir en los acontecimientos.

El Sr. Goldberg añadió que

El peso combinado de tantos judíos en una de las industrias más lucrativas e importantes de Estados Unidos confiere a los judíos de Hollywood un gran poder político...

Pero lo mismo podría decirse, en mucho mayor grado, de otros sectores donde hay grandes concentraciones de judíos: Wall Street, el sector inmobiliario neoyorquino o la industria de la confección.

En cada uno de estos sectores, los judíos forman un bloque importante -una minoría significativa en Wall Street, una casi mayoría en la confección y la propiedad comercial- y han traducido su influencia en una presencia visible en la escena política.

El escritor judío Steven Silbiger escribió en 2000 en su libro *The Jewish Phenomenon*, un catálogo virtual de la influencia judía, que

"La influencia judía es tan pronunciada en la televisión como en el cine. En los informativos de televisión, los judíos han sido muy visibles ante la cámara. Como periodistas, sus creencias religiosas y culturales personales no influyen en sus reportajes, pero su poder es significativo porque influyen en la forma en que los estadounidenses vemos el mundo y dan forma a nuestras opiniones..... Los productores de noticias son aún más influyentes que los reporteros, ya que deciden qué historias se emitirán, en qué orden y durante cuánto tiempo. Un número desproporcionado de ellos son judíos...

En los años 80, los productores ejecutivos de los tres telediarios de la noche eran judíos.

Además, como señala *Jewish Power* [de J. J. Goldberg, citado en otro lugar-Ed.], aunque los judíos representan "el 5% de la prensa nacional -apenas más que su porcentaje de población-, constituyen una cuarta parte de los redactores, editores y productores de los 'medios de élite' de Estados Unidos, incluidas las divisiones de noticias de las cadenas, los principales semanarios de noticias y los cuatro periódicos más importantes".

El porcentaje notablemente alto de judíos en la televisión ha persistido durante generaciones, quizá porque se trata de una comunidad relativamente pequeña y muy unida.

En una encuesta realizada entre creadores de televisión, el 59% afirmó haber sido criado como judío, mientras que el 38% [de este grupo] sigue identificándose como judío.

En su libro *La cadena sagrada*, el escritor judío Norman Kantor también señaló el predominio de la influencia judía en el lucrativo mundo del deporte profesional. Aunque Cantor no lo afirma *como tal*, el hecho es que el control judío del ámbito deportivo está directamente relacionado con el poder mediático judío, en la medida en que las retransmisiones deportivas se han convertido en parte integrante de los medios de comunicación de masas, lo que ha provocado en gran parte -debido a la obsesión de Estados Unidos por el deporte- que los estadounidenses estén desorientados y, por tanto, sean incapaces de centrarse en los verdaderos problemas a los que se enfrentan:

> En la década de 1990, los multimillonarios judíos demostraron que habían alcanzado la cima de la proeza social y la trascendencia cultural comprando equipos deportivos profesionales, hasta entonces coto privado de los WASP y los magnates irlandeses. En 1993, los New York Giants -el nombre más honrado del deporte profesional-, otros dos equipos de la National Football League y dos franquicias de la Major League Baseball estaban en manos judías.

> Uno de estos propietarios judíos tenía tanta influencia entre los demás propietarios que consiguió que despidieran al comisionado de béisbol y asumió el cargo de comisionado en funciones, representando a los propietarios ante una comisión del Congreso.

> En la década de 1930, los judíos estadounidenses pensaron que estaban haciendo lo correcto al producir dos campeones de boxeo.

> Los judíos ya no necesitaban mostrar sus cuerpos sudorosos, eran los dueños de los equipos.

El escritor judío Charles Silberman, que escribió en 1985 en *A Certain People*, expuso su propia evaluación del poder mediático judío, en particular en el campo del periodismo y la gestión de la información, tanto en la prensa escrita como en la radiodifusión:

> En conjunto, el periodismo se ha convertido en una profesión intelectualmente apasionante, razonablemente bien remunerada y prestigiosa, en la que los judíos desempeñan un papel cada vez más importante.

> En 1982, por ejemplo, los judíos representaban algo menos del 6% de la prensa nacional en su conjunto, pero entre el 25 y el 30% de la "élite mediática", es decir, los que trabajaban para el *New York Times*, el *Washington Post* y el *Wall Street Journal*, *Time*, *Newsweek* y *U.S. News & World Report*, así como las divisiones de noticias de la CBS, la NBC, la ABC y el Public Broadcasting System y sus principales emisoras. (Un estudio de 1971 cifraba en un 25% el número de judíos en la élite de los medios de comunicación.) Si consideramos los puestos clave en la toma de decisiones, el papel de los judíos parece aún mayor.

> Los judíos son igualmente influyentes, aunque menos conocidos, en la gestión de los informativos de televisión. Son los corresponsales de la cadena, por supuesto, los que se han convertido en nombres conocidos, entre ellos judíos ...

Sin embargo, la mayor concentración de judíos se encuentra entre los productores, que deciden qué temas se emitirán, cuánto durarán y el orden en que se presentarán.

En 1982, antes de un cambio de asignación, los productores ejecutivos de los tres telediarios de la noche eran judíos, al igual que los productores ejecutivos de 60 Minutes, de la CBS, y 20/20, de la ABC.

Hay casi el mismo número de judíos en los puestos de "productor principal" y "productor de programas", así como en puestos directivos.

Otro escritor judío, Barry Rubin, que escribe en *Assimilation and Its Discontents*, señala sólo un ejemplo de cómo las "noticias" y la "información" orientadas a los judíos se presentan constantemente en la prensa dominante:

La sección de reseñas del *Washington Post* del 18 de octubre de 1992 está repleta de libros escritos por judíos o sobre judíos: sobre los deportes y la experiencia judía americana; una biografía de Bill Graham, superviviente del Holocausto y gran empresario del rock & roll; la historia de una familia neoyorquina de clase alta infectada por el antisemitismo; el retrato de grupo de una mujer sudafricana sobre su grupo de amigos judíos; el libro de una pareja judía sobre la inversión extranjera en Estados Unidos, en el que se analizan los problemas de las lealtades múltiples y la influencia extranjera junto con las cuestiones de asimilación; y el libro de un autor judío sobre la política de la enseñanza superior, en el que se debate el multiculturalismo en términos extraídos de la integración de los judíos en la sociedad estadounidense.

Todo esto por no hablar de la increíble gama de editores y escritores judíos (por lo general virulentamente pro-Israel) que contribuyen a una amplia gama de periódicos "independientes" de diversas tendencias políticas - desde el "conservador" *Weekly Standard* a la ostensiblemente "liberal" *New Republic* -, así como una amplia gama de otras publicaciones intermedias, todas las cuales están alineadas con la promoción de las demandas globales del imperio Rothschild y su impulso para establecer un nuevo orden mundial. Del mismo modo, la influencia de Internet no necesita mención. No se puede negar la verdad sobre la influencia de los medios de comunicación judíos.

Volver a publicar una lista de tantos nombres y publicaciones sería repetir la cuestión, pero el hecho es que los periodistas y publicaciones que tratan de desafiar el poder del dinero judío internacional y tratan de poner trabas a la utopía judía son marginados y obligados a buscar medios independientes para desafiar este desastre inminente.

Afortunadamente, existen publicaciones como *American Free Press* (americanfreepress.net) y *The Barnes Review* (barnesreview.com), así como medios independientes en Internet como Republic Broadcasting (que se encuentra en republicbroadcasting.org) - y una gran cantidad de otros recursos - pero su influencia es (tristemente) empequeñecida por la cacofonía mediática dirigida desde los más altos rangos del imperio Rothschild.

Resulta sorprendente observar que la influencia judía en los medios de comunicación no es un fenómeno del siglo XX, que no apareció con el auge de las grandes empresas nacionales (y ahora internacionales) de radiodifusión o los grandes semanarios de noticias.

Como hemos visto en varias ocasiones en estas páginas, el hecho es que, como demuestra la historia, la influencia judía sobre los medios de comunicación de masas en las naciones occidentales ha sido un factor importante detrás de las críticas a "los judíos" y los que se levantaron para criticar el poder judío sobre los medios de comunicación apuntaron singularmente en la dirección del poder monetario internacional personificado por el imperio Rothschild en Europa en todas las capitales importantes.

El problema de los medios de comunicación no es nada nuevo. *La American Free Press*, con sede en Washington, declaró francamente que "los medios de comunicación son el enemigo". Se trata de una cuestión que no puede abordarse sin reconocer la considerable influencia judía en los medios de comunicación.

Y a medida que continuamos nuestro examen de la influencia del Imperio Rothschild en las costas estadounidenses, veremos que este poder se extiende mucho más allá de los medios de comunicación. En muchos sentidos, Estados Unidos se ha convertido realmente en la fuerza impulsora detrás del Imperio Rothschild y su impulso para establecer un imperio judío, una utopía judía, un nuevo orden mundial.

Esta gran celebración, en el Nueva York del siglo XIX, de la fiesta central judía de Purim conmemora el libro de Ester del Antiguo Testamento, que saluda el genocidio de 75.000 persas -antecesores de los actuales iraníes (que son una vez más el blanco del utopismo judío). Ninguna otra fiesta judía -todas las que celebran la derrota y destrucción de los no judíos- ilustra mejor el sueño del Nuevo Orden Mundial que Purim. Los no judíos saben poco de las horribles enseñanzas que sustentan el judaísmo.

CAPÍTULO IX

El "nuevo establishment judío

Si cree que Estados Unidos está dirigido por una élite blanca anglosajona protestante (WASP), como algunos siguen afirmando, piénselo de nuevo. La realidad es muy distinta, según una revista estadounidense de la vieja escuela que solía ser la voz de la llamada clase dirigente WASP.

Vanity Fair, la elegante revista mensual que ahora es propiedad de la multimillonaria familia sionista Newhouse, publica una lista anual de las 100 personas más poderosas de Estados Unidos, lo que *Vanity Fair* denomina el "Nuevo Establishment".

Esta asombrosa lista (publicada para 2007) revela una realidad que a muchos les costará aceptar: El "New Establishment" estadounidense está dominado de forma abrumadora por figuras judías o por personas a sueldo o dependientes de familias judías e intereses financieros que financian el poderoso lobby israelí en Estados Unidos. Esta conclusión, por "chocante" o "controvertida" que pueda parecer a algunos, es ineludible.

La lista de *Vanity Fair* de 2007 va del 1 al 100, pero en realidad hay 108 nombres en toda la lista, con ocho casos en los que aparecen dos nombres (a veces uno o ambos nombres son judíos, en otros casos no).

Así pues, aunque 62 de las 108 personas de la lista son judías (lo que significa que el 57% de las personas de la lista son judías), el número total de nombres judíos ocupa en realidad el 62% de los puestos de poder de la lista, sobre una base de 1 a 100.

Y como hay al menos cuatro personas que podrían ser judías, según algunas fuentes (no necesariamente fiables, hay que señalar), podríamos extrapolar y decir que el *posible* gran total de nombres judíos en la lista es de hecho 66 de 108 - lo que significa que el 61% de las personas en la lista son judías, ocupando el 65% de los lugares de poder (sobre la base de 1-100).

También hay rumores sobre la ascendencia judía de al menos una persona de la lista, pero como no hay pruebas ni de lo uno ni de lo otro, no hemos incluido a esa persona en la lista como judía. Esto significa, por supuesto, que si esa persona es de origen judío, el porcentaje de nombres e influencia judíos (en relación con esta lista) aumentará.

En cualquier caso, dada la sólida información de que disponemos -a pesar de rumores y acusaciones-, se calcule como se calcule, no cabe la menor duda de que los miembros más poderosos del "Nuevo Establishment" -tal como lo percibe *Vanity Fair- son* judíos.

Cabe señalar que los críticos de *Vanity* Fair se verían en apuros para rebatir la valoración *de* lo que constituye el "New Establishment".

Nunca se ha acusado a la revista de promover "teorías conspirativas" u "odio antijudío" en modo alguno. De hecho, la revista se considera "de moda" y una lectura obligada para las personas que quieren estar a la moda.

El hecho de que una publicación judía publicara los nombres de estos intermediarios judíos (sin mencionar específicamente su herencia étnica y religiosa) es interesante, sobre todo porque el prestigioso periódico israelí *Jerusalem* Post anunció la publicación de la lista el 11 de octubre de 2007, con el titular "El poder judío domina la lista [de *Vanity Fair*]". El reportero del Post, Nathan Burstein, señaló: "Se trata de una lista de las 'personas más influyentes': es una lista de las 'personas más poderosas del mundo', 100 banqueros y magnates de los medios de comunicación, editores y creadores de imagen que dan forma a la vida de miles de millones de personas. Se trata de un club exclusivo e insular cuya influencia se extiende por todo el planeta pero se concentra estratégicamente en las más altas esferas de poder. Más de la mitad de sus miembros son judíos.

En otras palabras, es una lista que habría hecho saltar de alegría a las generaciones anteriores de judíos, ya que llama la atención sobre su desproporcionada influencia en las finanzas y los medios de comunicación.

La identidad del grupo que está detrás de la lista, que no es un grupo de antisemitas marginales sino una de las publicaciones más comunes y prestigiosas de los quioscos, sólo empeoraría la situación a los ojos de muchos. La lista parece ajustarse a todos los estereotipos tradicionales sobre dónde están sobrerrepresentados los judíos.

Aunque los medios de comunicación estadounidenses "dominantes" no destacaron el protagonismo judío en la lista -que con razón puede calificarse de predominante, ya que se dice que los judíos representan menos del 3% de la población estadounidense-, la noticia de la lista fue ampliamente comentada en publicaciones de la comunidad judía estadounidense.

Joseph Aaron, editor del *Chicago Jewish News*, dijo que sus lectores deberían "sentirse muy, muy bien" de que sus correligionarios sean tan poderosos en Estados Unidos. En la lista de *Vanity* Fair, reproducida aquí y anotada con detalles fácticos sobre los nombres de la lista, los nombres judíos aparecen en cursiva. Y aunque es posible que aparezcan otros nombres judíos en la lista, no hay ninguna investigación *sólida que lo confirme.*

También cabe señalar, por ejemplo, que el barón de los medios de comunicación Rupert Murdoch -que encabeza la lista- es mencionado como judío, aunque no lo sea "oficialmente".

Esto merece una explicación. A menudo se dice que Murdoch deriva su herencia judía de su madre, cuyo apellido de soltera era Green. Quienes afirman que Murdoch es judía citan su apellido como "prueba" de su origen judío, ya que el apellido Green suele ser judío. Sin embargo, la propia fuente de este autor sobre la cuestión de la ascendencia judía de Murdoch -un hombre de negocios internacional que anteriormente mantenía estrechos vínculos con Murdoch- ha indicado que la ascendencia judía de Murdoch procede efectivamente del lado de su madre, pero que la sangre judía no procede del propio apellido Green (como muchos creen).

No importa. *Sea cual sea su origen étnico,* Murdoch ha sido un destacado partidario de Israel y de la causa sionista mundial, lo que no es sorprendente si se tiene en cuenta que sus principales patrocinadores en su ascenso al poder fueron las poderosas familias Rothschild, Bronfman y Oppenheimer, todas ellas incuestionablemente judías. (Puede encontrarse un relato del ascenso de Murdoch y sus intrigas mediáticas en el libro anterior de este autor, *Las cabras de Judas*). Desde la publicación de la lista, varias fuentes de Internet han afirmado que varios otros nombres de la lista (que no figuran aquí como judíos) son judíos; sin embargo, nuestra investigación no indica que éste sea el caso. En última instancia, la preponderancia de los nombres es incuestionablemente judía, lo sean o no los nombres en disputa.

También es importante señalar que el 45-50% aproximadamente de los nombres de la lista que no se sabe definitivamente si son judíos o son claramente no judíos son nombres de individuos que están directamente en deuda con familias judías e intereses financieros por su propio poder y privilegio. Rupert Murdoch es quizás el más conocido de este grupo.

El segundo en este campo es Warren Buffett, clasificado en el número 6. Aunque no es judío, se le asocia desde hace tiempo con el imperio Rothschild y es una de las principales fuerzas detrás de la poderosa combinación mediática *Washington Post-Newsweek*.

Aunque el *Post* es más conocido como el bastión de la familia judía Meyer-Graham, con sede en Estados Unidos, las pruebas sugieren que los principales inversores entre bastidores que financian el influyente imperio del Post siempre han operado en la esfera de los intereses bancarios vinculados a Rothschild que operan en suelo estadounidense. La familia Meyer/Graham está a su vez vinculada a los multimillonarios judíos de San Francisco propietarios del imperio de la ropa Levi Strauss, que a su vez es una fuerza importante en los ingresos publicitarios mundiales.

Diecisiete de ellos son actores, artistas y personalidades de la televisión y los medios de comunicación que, aunque se enriquecieron gracias a su fama, deben su notoriedad (y riqueza) al patrocinio de los propietarios de los medios de comunicación que hicieron de estas 17 personalidades nombres familiares: por ejemplo, personas como el agitador de Fox News Bill O'Reilly y Steven Colbert, entre otros.

Tres de ellos, Pinault (29º), Gagosian y Pigosi (84º y 86º), son figuras del mundo del arte, conocido por estar dominado por intereses judíos.

Otros ocho, como Bernard Arnault (8º), Giorgio Armani (37º), Miuccia Prada (44º), Karl Lagerfeld (52º), Martha Stewart (54º), Oscar de la Renta (53º), Diego Della Valle (63º) y Donatella Versace (81º) son figuras de la industria de la moda y la perfumería, ambas totalmente dependientes de la fabricación de ropa (dominada casi exclusivamente por familias e intereses financieros judíos), la distribución de los grandes almacenes y la industria publicitaria, también dominada por los mismos elementos.

Dos de ellos - Bill Clinton y su ex vicepresidente Al Gore - son sólo políticos - nótese el "sólo" - que fueron instalados en sus posiciones de poder gracias al patrocinio de los intereses financieros sionistas. Nótese de paso que la hija de Gore, Karenna, se casó con el tataranieto del plutócrata judío Jacob Schiff, satélite de la poderosa familia Rothschild.

Los estudiantes informados de historia sabrán que Schiff desempeñó un papel clave en la financiación de la revolución bolchevique en Rusia.

Varios otros son ejecutivos de gigantes mediáticos dominados por intereses financieros judíos, que actúan como "testaferros" bien pagados de los controladores entre bastidores. Por ejemplo, Richard Parsons, afroamericano, figura en el puesto 18, pero no es más que un testaferro en Time-Warner.

Y como sabrán quienes conozcan la historia de Time-Warner, este imperio mediático ha estado dominado desde al menos finales de la década de 1960 por elementos vinculados al sindicato del crimen organizado del gángster judío Meyer Lansky (que colaboró estrechamente con el Mossad israelí) y al imperio licorero de Sam Bronfman, durante mucho tiempo jefe del Congreso Judío Mundial (WJC), y su hijo Edgar Bronfman, que recientemente se jubiló como jefe del WJC vinculado a Lansky.

Se ha afirmado ampliamente que la idea de que las familias y los intereses financieros judíos eran muy poderosos era "un cuento de viejas", una "ridícula patraña antisemita sin base en la realidad", producto de una "desacreditada falsificación zarista". Sin embargo, la nueva evaluación *de Vanity* Fair sugiere lo contrario y refuerza el tema del libro anterior de este autor, *La nueva Jerusalén,* que ya había documentado detalladamente lo que *Vanity Fair* ha confirmado ahora: "El poder sionista en Estados Unidos".

En la lista de *Vanity Fair* que figura a continuación, las personas de las que se sabe que son de origen judío aparecen *en cursiva.* Los nombres de tres personas cuyo origen se desconoce -pero que han sido declaradas judías por algunas fuentes de Internet que han adoptado esta lista para su uso- aparecen en negrita. Las personas de las que no se sabe en absoluto si son judías o de origen judío aparecen en letra normal.

Las descripciones de las personas no se incluyeron originalmente en la lista de *Vanity Fair,* sino que son anotaciones del autor, Michael Collins Piper. La lista de personas es la siguiente.

1. *Rupert Murdoch,* multimillonario barón mundial de los medios de comunicación financiado por los imperios Rothschild, Bronfman y Oppenheimer. (La controversia en torno a las aparentes raíces judías de Murdoch ya se ha tratado anteriormente).

2. *Steve Jobs,* Consejero Delegado del conglomerado informático mundial Apple.

3. *Sergey Brin* y *Larry Page*, fundadores del gigante de Internet Google.

4. *Stephen Schwarzman* y Pete Peterson, fundadores del Grupo Blackstone, un gigante de la inversión financiera que representa a oscuras camarillas de depredadores plutocráticos.

5. Warren Buffett, antiguo satélite estadounidense de la familia europea Rothschild y uno de los propietarios del grupo editorial *Washington Post*.

6. Bill Clinton, ex Presidente de los Estados Unidos.

7. *Steven Spielberg*, productor y director de Hollywood, quizá el hombre más poderoso de la industria cinematográfica.

8. Bernard Arnault, industrial francés cuyo creciente imperio produce artículos de lujo como Louis Vuitton, Christian Dior y Dom Pérignon, entre otros.

9. *Michael Bloomberg*, alcalde multimillonario de Nueva York y posible candidato presidencial, que hizo su fortuna en la industria de la información financiera.

10. Bill y Melinda Gates, la pareja que dirige el coloso informático Microsoft.

11. Carlos Slim Helú, según la revista *Fortune*, este multimillonario mexicano de origen libanés es el hombre más rico del mundo. Controla 200 empresas que representan el 7% del producto interior bruto de México.

12. H. Lee Scott, Presidente y Consejero Delegado de Wal-Mart (Nota: algunas versiones de Internet de esta lista han sugerido que Scott es judío, pero no hemos encontrado pruebas definitivas de ello, por lo que pecamos de prudentes al NO incluirlo en la lista como judío).

13. *Ralph Lauren*, magnate de la industria de la moda.

14. Oprah Winfrey, personalidad de la televisión ampliamente promocionada.

15. *Barry Diller* y *Diane von Furstenberg* (marido y mujer). Diller es una figura de Hollywood que ahora desempeña un papel importante en la industria de la televenta. Su mujer es una destacada diseñadora de moda.

16. *David Geffen*, socio de Steven Spielberg en Hollywood e importante figura de la industria cinematográfica.

17. *Howard Stringer*, consejero delegado de Sony.

18. Richard Parsons, testaferro afroamericano, director general y presidente del consejo de administración de los dirigentes sionistas del imperio mediático Time-Warner (Al Gore, ex vicepresidente de Estados Unidos y suegro de un heredero de la fortuna bancaria internacional Schiff que financió la revolución bolchevique.

20. *Larry Ellison*, Consejero Delegado de Oracle, el gigante del software de bases de datos conocido por su apoyo a las causas israelíes.

21. *Herb Allen*, jefe de la influyente empresa de capital riesgo Allen & Co, convoca un cónclave anual de industriales de élite en Sun Valley, Idaho.

22. Jeff Bewkes, recientemente nombrado director general del imperio mediático Time-Warner (que lleva mucho tiempo bajo la influencia de la familia Bronfman y otros elementos sionistas).

23. *Jeff Bezos*, fundador del gigante de Internet Amazon.com, especializado en libros y vídeos.

24. *Peter Chernin*, que dirige Fox News para Rupert Murdoch y los patrocinadores de Murdoch entre bastidores.

25. *Leslie Moonves*, jefe de CBS, el bastión de la familia Sarnoff.

26. *Jerry Bruckheimer*, productor de Hollywood de grandes películas y programas semanales de televisión.

27. George Clooney, estrella de cine y defensor de causas liberales.

28. Bono, estrella del rock y activista contra la pobreza en el mundo.

29. François Pinault, rey de las marcas de lujo y coleccionista de arte

30. *Roman Abramovitch*, petrolero y financiero ruso.

31. *Ronald Perelman*, multimillonario jefe del monopolio del tabaco y del gigante de los cosméticos Revlon.

32. Tom Hanks, actor y productor

33. *Jacob Rothschild*, magnate de la banca mundial y miembro de la célebre familia sionista, que ejerce una gran influencia entre bastidores en Estados Unidos a través de asociados como Warren Buffett, que no es judío.

34. *Robert DeNiro*, actor y productor de madre judía.

35. *Howard Schultz*, fundador de la cadena de café Starbucks.

36. *Robert Iger*, director del conglomerado mediático Walt Disney.

37. Giorgio Armani, diseñador de moda y magnate de la confección.

38. *Jeffrey Katzenberg*, socio de Spielberg y Geffen.

39. *Ronald Lauder* y *Leonard Lauder*, jefes del imperio de cosméticos Estee Lauder; figuras destacadas del Congreso Judío Mundial.

40 George Lucas, productor de Hollywood (más conocido por las películas de La guerra de las galaxias y su imperio de artilugios de marketing).

41. *Harvey Weinstein* y *Bob Weinstein*, grandes productores de Hollywood.

42. Diane Sawyer y *Mike Nichols* (marido y mujer). Sawyer es una personalidad de los informativos de televisión; Nichols, un influyente productor y director de Hollywood.

43. *Bruce Wasserstein*, director de la poderosa empresa sionista de inversiones Lazard y propietario de la revista *New York*.

44. Miuccia Prada, famosa diseñadora de bolsos e icono de la moda.

45. *Steven Cohen*, gestor de fondos de cobertura de SAC Capital Advisers.

46. Tom Cruise, actor y productor. (*Se rumorea que* Cruise tiene algo de sangre judía, pero no lo incluimos en esta lista).

47. Jay-Z, rapero y empresario

48. *Ron Meyer*, director de Universal Studios, ahora bajo el control del imperio de la familia Bronfman.

49. *Frank Gehry*, arquitecto.

50. Arnold Schwarzenegger, actor convertido en gobernador de California, estrechamente relacionado con Warren Buffett, miembro de la familia Rothschild (véase más arriba).

51. *Henry Kravis*, rey de las compras apalancadas en Kohlberg, Kravis & Roberts; su esposa es una de las principales figuras del Council on Foreign Relations, la rama neoyorquina del Royal Institute of International Affairs de la familia Rothschild, con sede en Londres.

52. Karl Lagerfeld, jefe del imperio de perfumería Chanel.

53. Oscar y Annette de la Renta, diseñadores de moda.

54. Martha Stewart, popular personalidad de la televisión y magnate del menaje del hogar.

55. *Mickey Drexler*, director de la empresa de moda J. Crew.

56. *Michael Moritz*, financiero asociado anteriormente a Google y antiguo periodista que fue jefe de la oficina de San Francisco de la revista *Time*, controlada por Bronfman. Tiene participaciones en Pay Pal y Yahoo.

57. *Brian Roberts* dirige Comcast, el mayor operador de cable del país y el segundo proveedor de servicios de Internet.

58. Roger Ailes dirige Fox News para Murdoch y sus socios.

59. *Vivi Nevo*, magnate de la inversión internacional de origen israelí con importantes participaciones en Time-Warner, Goldman Sachs y Microsoft (uno de sus principales socios es el traficante de armas israelí Arnon Milchan, uno de los principales patrocinadores del programa secreto de desarrollo de armas nucleares de Israel). 60. Mick Jagger, estrella del rock.

61. *Jeff Skoll*, productor de cine.

62. Vinod Khosla, de origen indio y afincado en Estados Unidos, es un gran inversor en tecnologías "verdes" como la solar, el carbón limpio, las pilas de combustible y el etanol celulósico, así como en tecnologías de la información y la comunicación.

63. Diego Della Valle, figura importante de la industria de la moda de accesorios de lujo, en particular de la empresa de calzado Tod's.

64. *Stacey Snider*, codirectora de DreamWorks, el grupo Spielberg-Geffen-Katzenberg de Hollywood.

65. *Brian Grazer* y Ron Howard, grandes productores de Hollywood.

66. John Lasseter, Estudios Disney-Pixar.

67. *George Soros*, infame hombre de negocios internacional.

68. Philippe Dauman dirige el gigante mediático Viacom por cuenta del magnate sionista Sumner Redstone (que también controla CBS).

69. John Malone, jefe de Liberty Media (Discovery Channel, USA network, etc.); anteriormente asociado a Jerrold Electronics, fundada por Milton Shapp, ferviente sionista que fue gobernador de Pensilvania durante dos mandatos.

70. *Sumner Redstone*, propietario del gigante mediático Viacom/CBS.

71. *Paul Allen*, director de la sociedad de inversiones Vulcan y cofundador, con Bill Gates (véase más arriba), del imperio Microsoft.

72. *Eddie Lampert*, gestor de fondos para la élite mundial; miembro de la fraternidad secreta Skull & Bones de Yale.

73. *Leon Black*, gran inversor con influencia decisiva en Telemundo, la cadena de televisión en español, el imperio de casinos Harrah's y Realogy, que controla empresas inmobiliarias como Coldwell Banker y Century 21.

74. Jann Wenner, propietario de la revista *Rolling Stone*

75. *Eric Fellner* y Tim Bevan Working Title Films, Londres (Nota: algunas versiones de Internet de esta lista han sugerido que Bevan es judío, por lo que pecamos de cautelosos al NO incluirlo en la lista de judíos).

76. *Jerry Weintraub*, productor de Hollywood.

77. Donatella Versace, jefa de un imperio de la moda.

78. *Thomas L. Friedman*, columnista *del New York Times*.

79 Tim Russert, comentarista de noticias de la NBC (ya fallecido).

80. Charlie Rose, comentarista de noticias y presentador de programas de entrevistas en la cadena de televisión PBS.

81. *Joel Silver*, productor de cine de Hollywood.

82. *Frank Rich*, comentarista/autor *del New York Times*

83. Jonathan Ive, diseñador del iPod, el iMac y el iPhone. (Nota: algunos han sugerido que Ive es judío, pero no hemos encontrado pruebas definitivas de ello, por lo que pecamos de cautelosos al NO incluirlo en la lista de judíos).

84. Larry Gagosian, propietario de galerías de arte en Nueva York, Londres y Los Ángeles, estrechamente asociado con multimillonarios sionistas como David Geffen y S. I. Newhouse Jr.

85. *Charles Saatchi*, propietario de la famosa Galería Saatchi y figura destacada del sector de las relaciones públicas.

86. Jean Pigozzi, coleccionista de arte y estrecho colaborador de la familia Rothschild.

87. Stephen Colbert, satírico político y presentador de televisión.

88. Bill O'Reilly, tertuliano conservador de la Fox.

89. *Jon Stewart*, personalidad de la televisión.

90. *Steve Bing*, productor de cine.

91. *Eli Broad*, inversor multimillonario y mecenas de causas sionistas.

92. *Michael Milken*, depredador de Wall Street, ex convicto y ferviente partidario de Israel.

93. *Arthur Sulzberger Jr*, propietario del imperio mediático *New York Times*.

94. *Ron Burkle*, magnate de los supermercados y los medios de comunicación (en particular *Motor Trend* y *Soap Opera Digest*).

95. *Scott Rudin*, productor de Hollywood

96. Jimmy Buffett, cantante y músico, empezó a invertir.

97. *Steven Rattner*, inversor en capital riesgo y fondos de cobertura, ex periodista *del New York Times*.

98. Arianna Huffington, escritora y personalidad televisiva.

99. *Doug* Morris dirige Universal Music en nombre de sus propietarios, la familia sionista Bronfman y su vasto imperio.

100. Jimmy Iovine, jefe de Interscope Records y estrechamente relacionado con el ya mencionado magnate sionista de la música David Geffen. (Nota: muchas fuentes de Internet sugieren que Iovine es judío. Sin embargo, existe una red criminal italiana, la familia Iovine. Debido a estas ambigüedades, hemos optado por pecar de precavidos y no considerar judío a Iovine. El hecho es que está estrechamente relacionado con el magnate judío David Geffen y, por supuesto, es posible que Iovine sea en parte de origen judío). Para que conste: una versión de esta lista originalmente anotada por el autor, Michael Collins Piper, ha sido publicada en varios lugares de Internet, pero las versiones de esta lista contenían varios errores.

Esta versión, tal como aparece en estas páginas, debe considerarse la obra definitiva del autor sobre el tema.

Cualquier error es mío y sólo mío.

También hay que señalar que una versión posterior de la lista "New Establishment" de *Vanity Fair* -de 2008- tenía un tono significativamente diferente. Se añadieron algunos nombres "nuevos" -

entre ellos al menos un acaudalado árabe musulmán- y se eliminaron otros.

Estaba claro que *Vanity* Fair intentaba quitarse la espina después de que la preponderancia de nombres definitivamente judíos que aparecían en la lista de 2007 (descrita anteriormente) fuera señalada por los críticos del poder judío -quizá con demasiada frecuencia- en Internet.

Pero la lista *de Vanity* Fair no es, en última instancia, ni mucho menos una prueba absoluta de que el poder judío opera en la esfera de la familia Rothschild. Por el contrario, el conjunto de otras pruebas sólidas de dinero e influencia judíos procedentes de una amplia variedad de fuentes -la mayoría de ellas judías- confirma precisamente las conclusiones básicas que podrían extraerse de la "divertida" lista recopilada por la elegante revista mensual.

Estados Unidos se ha convertido realmente en la nueva Babilonia y en el vehículo a través del cual el sueño de una utopía judía -el Nuevo Orden Mundial- se utiliza para cumplir la agenda talmúdica de nuestros fariseos modernos.

En las páginas que siguen, exploramos en profundidad los nombres, los rostros, la increíble riqueza y el poder de los satélites del imperio Rothschild que operan hoy en Estados Unidos, dictando el curso del futuro de esta nación y el rumbo mismo de los asuntos mundiales.

Al Capone (arriba), el famoso mafioso de Chicago, no era más que un testaferro del sindicato del crimen judío que incluía al difunto Sam Bronfman (izquierda), fundador del Congreso Judío Mundial, y al hijo de Bronfman, Edgar (derecha), que hoy dirige la familia Bronfman, uno de los principales engranajes estadounidenses del imperio mundial de los Rothschild.

CAPÍTULO X

La banda Bronfman: la familia real de los judíos estadounidenses - los "padrinos" de Al Capone y John McCain

Descrita en su día como "los Rothschild del Nuevo Mundo", la familia Bronfman -aunque oficialmente tiene su sede en Canadá- es sin duda la proverbial "familia real" del establishment judío estadounidense, ya que la influencia de la familia está firmemente arraigada en Estados Unidos, extendiéndose desde Nueva York hasta Hollywood y todo lo que hay entre medias. El sindicato Bronfman ha contado entre sus protegidos, tanto directos como indirectos, a muchas figuras poderosas y conocidas, desde Al Capone hasta el senador estadounidense John McCain (R-Ariz.).

Aunque es más conocida por su control del imperio licorero Seagram, esta legendaria y siniestra familia controla mucho más que eso. En cierto modo, encarnan la "última historia de éxito judía".

Representan prácticamente todo lo que está realmente mal -en el sentido clásico de la palabra- con el poder y la influencia judíos en Estados Unidos. Y aunque técnicamente no son la familia judía más rica de Estados Unidos -hay otras mucho más ricas-, los Bronfman tienen un cierto nivel de influencia y prominencia que pocas familias pueden reclamar. Después de todo, Edgar Bronfman, el patriarca de la familia, fue durante mucho tiempo el jefe del Congreso Judío Mundial. Y ése es un título de peso.

Ya en 1978, el biógrafo de la familia Bronfman, Peter Newman, estimaba en *The Bronfman Dynasty* que el patrimonio total de las distintas ramas de la familia ascendía a unos 7.000 millones de dólares. Cita a la revista *Fortune*, que decía entonces:

> "La fortuna de los Bronfman rivaliza con la de todas las familias norteamericanas, salvo un puñado, algunas de las cuales adquirieron su poder en el siglo XIX, en una época en la que los impuestos no influían más en la riqueza que las cajas pobres".

Desde entonces, por supuesto, los Bronfman han aumentado su riqueza e influencia en proporción.

Al principio, según nos cuentan, el clan Bronfman emigró a Canadá bajo el patrocinio -como muchos otros- de diversas organizaciones benéficas judías bajo el dominio de la familia europea Rothschild, la gran casa financiera que ha reinado entre bastidores durante generaciones.

Sin embargo, el imperio Bronfman, tal y como lo conocemos hoy, fue fundado por Sam Bronfman, un avispado hombre de negocios bucanero que, junto con sus hermanos, ganó millones en el comercio de licores, y aún más enviando su licor a Estados Unidos, donde se consumía ilegalmente durante la Ley Seca. De este modo, la familia forjó vínculos tempranos con el sindicato del crimen estadounidense dirigido conjuntamente por Meyer Lansky, un judío de origen ruso afincado en Nueva York, y sus socios italianos, Charles "Lucky" Luciano y Frank Costello.

De hecho -y esto es probablemente un pequeño y sucio secreto que es mejor no mencionar- apenas hay una ciudad fronteriza en las regiones septentrionales de Estados Unidos -desde Maine hasta el estado de Washington- en la que no se encuentren apacibles fortunas familiares amasadas por residentes (no siempre judíos, pero muchos sí) que formaban parte de la red de contrabando de licores de Bronfman y Lansky.

Y en las grandes ciudades, una "conexión" con la red Lansky-Bronfman era "imprescindible" para cualquiera que quisiera triunfar. De hecho, incluso el príncipe italoamericano del crimen de Chicago, Al Capone, debió su ascenso al poder a su relación con Bronfman, otro hecho poco conocido que los medios de comunicación estadounidenses han ocultado en gran medida.

A pesar de todo el revuelo mediático sobre el supuesto "dominio" de Capone sobre Chicago, nunca llegó a controlar más de una cuarta parte de los chanchullos de la Ciudad de los Vientos. Es más, como señaló el famoso escritor independiente sobre crímenes Hank Messick en su estudio clásico, *Secret File* (G. P. Putnam's Sons, 1969), Capone, por muy poderoso que fuera, nunca ostentó un título superior al de "capo" (o "capitán") -líder de una banda de diez hombres- en las filas de la red criminal de la "mafia" italoamericana oficialmente organizada de Chicago.

Otro aspecto que a menudo se olvida en la leyenda de la "Mafia" es que, de hecho, Capone sólo pudo convertirse en miembro oficial de la Mafia después de que los jefes del crimen italoamericanos de Chicago suavizaran las normas de pertenencia a la Mafia para permitir el ingreso de algunos no sicilianos como Capone (que había nacido en Nápoles, en la Italia continental).

En realidad, Capone respondía entre bastidores a jefes mucho más importantes y reservados con base en el este, parte del grupo de "élite" que rodeaba al infame jefe del crimen judío Meyer Lansky, con base en Nueva York (que acabó trasladando sus operaciones a Miami y, durante un breve periodo -muchos años después- a Israel).

Fue el grupo de Lansky, que incluía a su socio judío Benjamin "Bugsy" Siegel y a sus socios de origen italiano Costello y Luciano, quien envió a Capone (primo lejano de Luciano) a Chicago en primer lugar.

En su notable biografía de Lansky, *Meyer Lansky: Mogul of the Mob* (Paddington Press, 1979), escrita en colaboración con Lansky, los escritores israelíes Dennis Eisenberg, Uri Dan y Eli Landau completan algunos de los elementos omitidos por los biógrafos de Capone.

El propio Lansky dijo a sus biógrafos israelíes que "era Bugsy Siegel quien le conocía bien cuando Capone vivía y trabajaba en el Lower East Side... [Era] un amigo lo bastante íntimo como para esconderle con una de sus tías" cuando Capone se metió en problemas por asesinato. [Era lo bastante amigo de Capone como para esconderle con una de sus tías" cuando Capone se metió en problemas por asesinato. [Era] lo suficientemente amigo de Capone como para esconderlo con una de sus tías" cuando Capone se metió en problemas por asesinato.

Para mantenerlo fuera del punto de mira de las fuerzas del orden, Lansky envió a Capone a Chicago a jugar duro con la banda de Johnny Torrio, un neoyorquino que se había "ido al Oeste" y pretendía destronar a su propio tío, el gángster de toda la vida "Big Jim" Colosimo, como jefe de la mafia italoamericana de Chicago.

Torrio era esencialmente el secuaz de Lansky en Chicago y Capone ascendió rápidamente en el escalafón hasta convertirse en la mano derecha de Torrio.

Messick, autor especializado en crimen organizado, señala que la posición de Capone "encantó" a los partidarios de Lansky "porque Capone era en gran medida su hombre".

Aunque Capone acabó convirtiéndose en su propio amo en Chicago, dirigiendo docenas de chanchullos [...], su lealtad a sus amigos de Nueva York era tan firme que Lansky y [Luciano] sabían que siempre podían contar con él".

También hay que señalar que Torrio, el "jefe" inmediato de Capone en Chicago, también era el contacto en Chicago para los intereses del imperio Bronfman, con sede en Canadá, que enviaba sus productos legales a través de la frontera para el consumo ilegal de los bebedores estadounidenses de la época de la Ley Seca. Sam Bronfman y su familia colaboraron estrechamente con el sindicato de Lansky desde el principio. Así pues, el vínculo Torrio-Capone ha cerrado el círculo.

Mientras tanto, el jefe de Chicago, Colosimo, no hace nada por ganarse el favor de Bronfman, Lansky y Siegel, a los que califica de "judíos corruptos".

Colosimo dijo que no podía entender por qué Luciano trataba tan estrechamente con Lansky y Siegel, declarando: "A veces sospecho que debe tener sangre judía en las venas", una sospecha que -a la luz del destino posterior de Luciano, como veremos- es muy poco probable.

Además, Colosimo afirmó que "el negocio del alcohol no tenía futuro" y no mostró ningún interés en suministrar alcohol a los Bronfman. Colosimo quería concentrarse en las drogas, la prostitución y la usura. Su boicot a Bronfman mermaba los beneficios del sindicato de Lansky.

Ni que decir tiene que, llegado el momento, Lansky (a través de Torrio y Capone) fue a por Colosimo, que murió tiroteado por un gángster judío de Nueva York enviado para hacer el trabajo. En el fastuoso funeral de Colosimo, la corona de flores más grande llevaba una tarjeta que decía: "De los jóvenes judíos afligidos": "De los jóvenes judíos afligidos de Nueva York". Al poco tiempo, el alcohol de los Bronfman llegaba a Chicago gracias a Torrio, el secuaz de Lansky, y a su mano derecha, Capone, que pronto se convertiría en la figura "mafiosa" favorita de los medios de comunicación.

Así que cuando examinamos las fuerzas que hay detrás del gángster italoamericano más famoso del siglo XX, vemos que sus raíces están muy arraigadas en el bando Bronfman (y sionista). Y eso es noticia en sí mismo.

Como hemos visto, el actual jefe de la familia Bronfman es Edgar Bronfman quien, además de sus numerosos asuntos internacionales, fue también durante muchos años Presidente del Congreso Judío Mundial, cargo desde el que ejerció una considerable influencia política.

Bronfman, por supuesto, fue el principal actor en el reciente (y todavía en curso) esfuerzo por extorsionar miles de millones de dólares a los bancos suizos por su supuesta implicación en el blanqueo del "oro judío" supuestamente robado por los nazis, y por confiscar la riqueza de ciertos individuos judíos en Europa que habían ocultado sus vastas fortunas en bancos suizos antes de la Segunda Guerra Mundial.

La cuestión de cómo se acumuló esta inmensa riqueza nunca ha sido explicada por los medios de comunicación, aunque la implicación de la familia Bronfman en la polémica puede proporcionar parte de la clave.

Sabemos que los Bronfman adquirieron gran parte de su fortuna inicial antes de la Segunda Guerra Mundial en el comercio ilegal de alcohol, en conjunción con la figura del sindicato del crimen estadounidense Meyer Lansky, cuyas operaciones se extendían mucho más allá de las costas americanas.

También se sabe que Lansky era una de las figuras clave del sindicato del crimen en el uso de cuentas bancarias suizas para blanquear dinero procedente de actividades delictivas. Por lo tanto, es seguro que algunas de las personas que fueron detenidas por el Tercer Reich y cuyas cuentas bancarias fueron confiscadas eran en realidad agentes del sindicato de Lansky-Bronfman y, por lo tanto, participaban en actividades ilegales. Los judíos "perseguidos" eran entonces delincuentes comunes.

El hijo de Bronfman, Edgar Jr, puede ser tan poderoso como su padre, aunque desde una perspectiva diferente. El menor de los Bronfman ha tomado el control de Universal Studios y de todas las filiales de entretenimiento que ahora forman parte del imperio Bronfman. Edgar Jr., uno de los principales actores de Hollywood y de la producción musical y cinematográfica, habría echado por tierra una importante inversión familiar al vincular a la familia con la empresa francesa Vivendi, pero ningún miembro de la familia Bronfman ha sido visto mendigando en las calles de Nueva York, Beverly Hills o Montreal en el momento de escribir estas líneas.

Matthew, el hijo menos conocido de Edgar, es muy activo en asuntos judíos, y es Presidente del Comité de Programas y Presidente del Comité del Centro Bronfman para la Vida Judía. En 2007 fue elegido Presidente del Consejo del Congreso Judío Mundial, que durante mucho tiempo había estado presidido por su padre. También es

Presidente del Comité de Presupuesto y Finanzas del Congreso Judío Mundial y miembro de su Comité Ejecutivo.

Dirige una sociedad de inversiones con sede en Nueva York, BHB Holdings, y es también accionista mayoritario de uno de los mayores bancos israelíes, Israel Discount Bank, y accionista mayoritario de SuperSal, la mayor cadena de supermercados de Israel. Otra de sus empresas es el control de la franquicia IKEA en Israel, donde también posee importantes propiedades inmobiliarias, además de las que tiene en Estados Unidos.

Entre los cargos anteriores de Mathew Bronfman figuran los de Presidente y Consejero Delegado de Candle Acquisitions Company, fabricante de velas especiales, y Presidente de Sterling Cellular Holdings, empresa de telefonía móvil. En sus primeros años, participó en otros holdings de Bronfman. También trabajó para el banco internacional Goldman Sachs, demostrando una vez más la imbricación de las fuerzas judías mundiales del imperio Rothschild.

Seagrams figura sistemáticamente entre los principales contribuyentes políticos a los dos principales partidos políticos de Estados Unidos. Esto es interesante en sí mismo, porque cuando, durante la campaña presidencial de 1996, Bill Clinton atacó a su oponente del GOP, Bob Dole, por aceptar contribuciones de la industria del tabaco, el hecho de que ambos partidos principales estuvieran recibiendo contribuciones sustanciales de la industria del alcohol - en particular del imperio Bronfman - parece haber sido pasado por alto en gran medida.

Una institución "americana" tan eminente como Du Pont, por ejemplo, cayó bajo el control de los Bronfman. En 1981, Du Pont, entonces la séptima empresa más grande de Estados Unidos, fue objeto de una adquisición por parte de la familia Bronfman. De hecho, para entonces, los Bronfman ya poseían el 20% de Du Pont, una participación sustancial en sí misma, porque en el mundo empresarial, incluso una participación de sólo el 3% en las acciones de una empresa otorga a su propietario el control efectivo de la misma.

Aunque el nombre tradicional estadounidense "Du Pont" sigue apareciendo en los documentos de la empresa y en los productos Du Pont vendidos a los consumidores estadounidenses, el verdadero poder entre bastidores es el del imperio Bronfman.

En realidad, la familia Du Pont -aunque seguía siendo muy rica, tras haber acumulado sus recursos financieros a lo largo de varias generaciones- tenía poca influencia dentro de la empresa que llevaba su apellido. Al final, los Bronfman vendieron oficialmente su participación en Du Pont, pero utilizaron sus recursos para extender su riqueza y sus tentáculos a otros lugares.

Hoy, los Bronfman son parte integrante del establishment plutocrático, no sólo en Estados Unidos, sino en todo el mundo.

Otras participaciones de los Bronfman a lo largo de los años incluían empresas tradicionalmente "americanas" como Campbell Soup, Schlitz Brewing, Colgate-Palmolive, Kellogg, Nabisco, Norton Simon, Quaker Oats, Paramount Pictures y Warrington Products (fabricantes de las botas Kodiak y los zapatos Hush Puppies). Además, los Bronfman también tenían una participación en la Ernest W. Hahn Company (que en aquel momento explotaba 27 centros comerciales regionales en California y planeaba abrir 29 más), así como en Trizec Corp, una de las mayores empresas de promoción inmobiliaria de Norteamérica.

Los Bronfman también poseen activos considerables en lugares "inesperados" y "fuera de los caminos trillados". Por ejemplo, la empresa Cadillac Fairview, controlada por los Bronfman y dedicada al desarrollo de propiedades comerciales de alquiler, creó un centro comercial en Hickory (Carolina del Norte) y (en 1978) estaba en proceso de crear otros dos. Otra empresa de Bronfman es el Shannon Mall de Atlanta y el Galleria de Westchester, Nueva York.

Además, una filial de Bronfman tenía opciones sobre el desarrollo de un centro comercial en Mississippi y otro en Connecticut. Las empresas de los Bronfman también controlaban polígonos industriales en Los Ángeles y sus alrededores, torres de oficinas en Denver y San Francisco, y urbanizaciones en Nevada ( ), California y Florida. Los Bronfman también se hicieron con el control del capital social de General Homes Consolidated Cos. Inc. con sede en Houston, que construye casas y urbaniza terrenos, y cuyas actividades se extienden hasta Mississippi y Alabama.

Durante muchos años, la familia -aunque esto no era muy conocido- controló grandes extensiones de tierra en los suburbios de Virginia que rodean Washington D.C., tierras lucrativas de las que en los últimos años se ha desprendido con grandes beneficios.

Como recordatorio, las diversas participaciones de la familia Bronfman en EE.UU. que se enumeran aquí no son en absoluto una visión global de su cartera. Y nada de esto cubre las participaciones de los Bronfman sólo en Canadá, por ejemplo, o en otros lugares.

Todo este poder financiero también constituye un importante poder político en los diversos estados y localidades donde se ha establecido la influencia de los Bronfman.

En este sentido, la influencia oculta de la familia Bronfman en el estado de Arizona -un lugar considerado en la mente de la mayoría de los estadounidenses como un paraíso de vaqueros, cactus y amplios espacios abiertos, un bastión conservador aparentemente ajeno a la corrupción y las intrigas que se dan en grandes ciudades como Nueva York, Miami, Chicago y Los Ángeles- es de especial interés. De hecho, Arizona figura entre las grandes capitales del crimen. Esta dudosa distinción está directamente relacionada con la influencia de la familia Bronfman en Arizona.

La influencia de la familia Bronfman en Arizona es tan fuerte que es justo decir que los Bronfman son nada menos que los "padrinos" de la carrera política del "reformista" más conocido de Estados Unidos, el senador por Arizona John McCain. Esta es la historia:

En 1976, Don Bolles, periodista comprometido de Phoenix, fue asesinado por un coche bomba tras escribir una serie de artículos en los que exponía los vínculos con el crimen organizado de un gran número de personalidades de Arizona estrechamente relacionadas con un tal Jim Hensley.

Cinco años después, "Honest John" McCain llegó a Arizona como flamante marido de la hija de los Hensley, Cindy. "Según Charles Lewis, del Center for Public Integrity, "desde el momento en que McCain aterrizó en Phoenix, los Hensley han sido los principales patrocinadores de su carrera política". Pero lo cierto es que las personas que están detrás de la fortuna de los Hensley son aún más interesantes y controvertidas.

Aunque es de dominio público que el suegro de McCain era el propietario de Anheuser-Busch en Arizona -uno de los mayores distribuidores de cerveza del país-, los principales medios de comunicación no dijeron nada sobre los orígenes de la fortuna Hensley que financió el ascenso de McCain al poder. La fortuna Hensley no es más que una rama regional del vasto imperio del contrabando y el chantaje de la dinastía Bronfman que, a su vez, fue uno de los principales actores -como ya hemos mencionado- del sindicato del crimen dirigido por Meyer Lansky y sus socios, tanto en Estados Unidos como en el extranjero.

El suegro de McCain empezó como secuaz de un tal Kemper Marley que, durante unos cuarenta años, hasta su muerte en 1990 a los 84 años, fue el jefe político indiscutible de Arizona entre bastidores. Pero Marley era mucho más que una máquina política. De hecho, también era el hombre fuerte del sindicato del crimen de Lansky en Arizona, el protegido del lugarteniente de Lansky, el jugador de Phoenix Gus Greenbaum, que en 1941 creó una red nacional de corredores de apuestas. Después de que Lansky ordenara el asesinato de su socio de toda la vida, "Bugsy" Siegel, que estaba robando dinero del casino Flamingo de Las Vegas -financiado en parte con préstamos de un banco de Arizona presidido por Marley-, Greenbaum puso a Marley al frente de la red, mientras Greenbaum ocupaba el lugar de Siegel para velar por los intereses de Lansky en Las Vegas.

En 1948, Greenbaum fue asesinado en un "golpe" de la mafia que desencadenó una serie de guerras entre bandas en Phoenix, pero Marley sobrevivió y prosperó, al igual que Jim Hensley, que patrocinó el ascenso al poder de McCain.

Durante este periodo, Marley estableció el monopolio de la distribución de alcohol en Arizona. Según Al Lizanitz, director de relaciones públicas de Marley durante muchos años, fue la familia Bronfman la que metió a Marley en el negocio de los licores.

El suegro de McCain era el principal lugarteniente de Kemper Marley, el principal agente del sindicato de Lansky en Arizona, que a su vez servía de testaferro a la familia Bronfman, piezas clave del sindicato de Lansky.

Durante la Ley Seca, los Bronfman, con sede en Canadá, suministraban -y por tanto controlaban- el "grifo" de alcohol que iba a parar a los miembros del sindicato de Lansky en Estados Unidos, incluido Al Capone en Chicago. Tras la Ley Seca, los socios de Lansky-Bronfman, como Marley, se hicieron con el control de gran parte de la distribución de alcohol (y cerveza) en todo el país. Al Lizanitz, relaciones públicas de Marley durante muchos años, reveló que en realidad fueron los Bronfman quienes metieron a Marley en el negocio del licor.

En 1948, 52 empleados de Marley (entre ellos Jim Hensley, director general de Marley) fueron procesados por infringir las leyes federales sobre bebidas alcohólicas. Hensley fue condenado a seis meses de prisión con suspensión de pena y su hermano Eugene a un año de prisión.

En 1953, Hensley y (esta vez) Marley fueron procesados por la fiscalía federal por falsificar registros de bebidas alcohólicas, pero el joven abogado William Rehnquist actuó como su "portavoz" (como se conoce a los abogados de la mafia) y los dos hombres salieron impunes. Rehnquist llegó a ser Presidente del Tribunal Supremo y presidió el "amaño" que permitió a George W. Bush convertirse en Presidente en unas elecciones muy reñidas.

Los conocedores de Arizona afirman que Hensley "ocupó el lugar" de Marley en 1948 y que éste le pagó estableciéndole en su propio negocio de distribución de cerveza. Aunque, durante la campaña presidencial de 2008, *Newsweek* sugirió que el negocio de Hensley era una operación "familiar" de gran éxito, la verdadera historia se encuentra en lo más profundo de la historia del crimen organizado al más alto nivel.

El suegro de McCain también se metió en las carreras de perros y aumentó su fortuna vendiendo su pista a un individuo vinculado a la familia Jacobs, con sede en Buffalo, pieza clave de la red de Lansky durante la época de la Ley Seca como distribuidor del licor Bronfman.

Creciendo a lo largo de los años, comprando pistas de carreras y desarrollando concesiones de comida y bebida en los estadios, las empresas de Jacobs han sido descritas como probablemente la mayor tapadera cuasi legítima para el blanqueo de dinero del crimen organizado en Estados Unidos.

En 1976, Marley, mentor de Hensley (en la cima de su poder), fue el principal sospechoso del asesinato del periodista Don Bolles, que investigaba a la mafia en Arizona, pero Marley nunca fue procesado.

Aunque no se puede responsabilizar personalmente a John McCain de las fechorías de su difunto suegro -cuya fortuna pasó a manos de su hija, Cindy McCain, esposa de John-, lo cierto es que el "reformador" McCain debe su fortuna política y financiera a las buenas gracias de los nombres más importantes del crimen organizado. Así que no es de extrañar que hoy en día la industria del juego de Las Vegas sea uno de los principales benefactores financieros de John McCain.

Esta visión general es sólo la punta del iceberg, pero dice mucho sobre McCain y el entorno político que lo engendró, especialmente a la luz de la destacada posición de McCain como uno de los principales partidarios de Israel en Estados Unidos.

Irónicamente, como se ha señalado anteriormente, durante la campaña presidencial de 2008, McCain fue respaldado por un miembro estadounidense de la familia Rothschild y se benefició de una recaudación de fondos organizada en su nombre por los Rothschild en Londres. Edgar Bronfman optó por apoyar públicamente a Barack Obama frente a McCain, claramente "decepcionado" por la fanática compañera de fórmula cristiana de McCain, Sarah Palin.

Esto también debe tenerse en cuenta para la historia de la familia Bronfman: A la luz del libro del autor sobre el asesinato del presidente John F. [3]Kennedy, el libro *Juicio Final, que* sostiene que el servicio de inteligencia israelí, el Mossad, desempeñó un papel importante junto con la CIA en el asesinato del presidente Kennedy, precisamente debido a la obstinada oposición de JFK a la campaña de Israel para construir armas nucleares de destrucción masiva, las huellas dactilares de Sam Bronfman están por todas partes en la conspiración del asesinato de JFK.

Louis Bloomfield, antiguo secuaz de Bronfman, no sólo era presidente de Permindex, patrocinada por el Mossad (entre cuyos directivos figuraba nada menos que el empresario de Nueva Orleans Clay Shaw, acusado por el ex fiscal de Nueva Orleans Jim Garrison de su implicación en el asesinato de JFK), sino que nuevas pruebas indican que Jack Ruby, figura de la mafia de Dallas, estaba en realidad en el radar de Bronfman.

Además, mientras otro asociado de los Bronfman en Dallas, el petrolero Jack Crichton, rondaba a la viuda de Lee Harvey Oswald tras el asesinato de JFK, otro funcionario de los Bronfman -el "superabogado" John McCloy- formaba parte de la Comisión Warren. McCloy era director -y Crichton vicepresidente- de Empire Trust, una sociedad financiera controlada en parte por la familia Bronfman.

Y aunque Sam Bronfman es más conocido por su imperio de bebidas alcohólicas Seagrams, lo que muchos investigadores de JFK que señalan con el dedo a los "barones del petróleo de Texas" no tienen en cuenta es que Sam Bronfman era él mismo un barón del petróleo de Texas, habiendo comprado Texas Pacific Oil en 1963. Ya en 1949, Allen Dulles, más tarde director de la CIA destituido por JFK y también

---

[3] *Final Judgement - The missing link in the JFK assassination*, traducido y publicado por Omnia Veritas Ltd, www.omnia-veritas.com.

miembro de la Comisión Warren, actuó como abogado en los asuntos privados de Phyllis, la hija de Bronfman.

Aquellos interesados en la historia completa deben consultar *Juicio Final*, ahora en su sexta edición de 768 páginas completamente documentada. En última instancia, el asesinato de JFK es indiscutiblemente, y sin lugar a dudas, el acontecimiento central que permitió que la influencia judía secreta alcanzara nuevas cotas en la estructura de poder estadounidense.

Se mire por donde se mire, los Bronfman son la "primera familia" -de hecho, diríamos la "familia real"- del establishment judío y sionista estadounidense, pero sin duda son secundarios a los "Reyes de Reyes": los Rothschild.

En muchos sentidos, sin embargo, podría decirse que en términos de delincuencia organizada a la antigua usanza -en contraposición a las operaciones de "alto nivel" del imperio Rothschild- los Bronfman son sin duda la familia real del sindicato del crimen judío, en virtud de su recién descubierta respetabilidad, habiendo alcanzado riqueza y prestigio desde sus primeros años como socios del "poco respetable" Meyer Lansky.

Alrededor de la dinastía Bronfman gravitan, como satélites, una amplia gama de otras familias poderosas que, a su vez, tienen sus propias familias satélites y sus propios intereses financieros. Son los nuevos fariseos que trabajan para hacer realidad el sueño talmúdico del Nuevo Orden Mundial.

En los capítulos que siguen, conocemos a los nombres y familias más importantes entre los nuevos fariseos, cuyas inmensas fortunas financian y corrompen a los políticos estadounidenses (y de todo el mundo) que cumplen las órdenes del imperio Rothschild en su búsqueda de una utopía judía.

Aunque se creen aristócratas, nobles y damas, caballeros modernos, príncipes y princesas, lo cierto es que muchos de ellos son, como describió con franqueza David Ben-Gurion, padre fundador de Israel, a muchos supervivientes del Holocausto, "gente dura, mezquina y egoísta". Así que conozcamos a estos futuros líderes del mundo.

La verdad sobre el antisemitismo ...

Esta caricatura del siglo XIX de plutócratas judíos en el exterior del Edificio del Monopolio demuestra que la oposición a los judíos a menudo se deriva del reconocimiento público de su historia de búsqueda del poder absoluto.

Incluso el famoso historiador Albert Lindemann, en *Les larmes d'Ésau (Las lágrimas de Esaú)*, lo expresó sin rodeos:

> "La tendencia a descartar el antisemitismo como una alucinación extraña está indudablemente justificada en algunos casos: La tendencia a descartar el antisemitismo como una alucinación extraña, una fantasía de mentes enfermas, está sin duda justificada en algunos casos, pero también se ha exagerado a menudo y, por lo tanto, ha dificultado la comprensión, ya que los judíos han sido odiados por muchas razones por una gran variedad de personas normales, muchas de las cuales no eran emocionalmente inestables ni intelectualmente poco sofisticadas, y unas pocas de las cuales eran ... de gran capacidad (Wagner, Barrès o T.S. Eliot, por ejemplo). Es demasiado fácil, incluso tranquilizador, describir a los antisemitas como trastornados mentales o moralmente defectuosos en todos los aspectos. Hasta qué punto el antisemitismo era "normal" requiere una investigación más seria y abierta.... La hostilidad hacia los judíos, individual o colectivamente, no siempre se ha basado en visiones fantásticas o quiméricas de ellos, o en proyecciones no relacionadas con ninguna realidad palpable".

CAPÍTULO XI

Los "duques y duquesas" de la corte americana de Rothschild: las treinta familias judías más poderosas

Lo que sigue -en orden alfabético- es nuestra estimación de los 30 individuos más poderosos (todos menos uno judío y prácticamente todos con sede en EE.UU.) que constituyen -junto con la familia Bronfman- el nivel más alto de los que operan como fuerzas clave en nombre del Imperio Rothschild. Son verdaderamente los nuevos fariseos.

SHELDON ADELSON, a pesar de su avanzada edad, se ha establecido recientemente como uno de los grandes líderes de la riqueza judía. Nacido en Boston, es ahora una figura importante en la industria de los casinos de Las Vegas, dominada por judíos. Aunque en un principio trabajó en el negocio de las salas de ordenadores, en 1988 compró, junto con otros socios, el hotel Sands de Las Vegas, y ahora ha ampliado sus posesiones a Macao, en la República Popular China, una ciudad del juego que fue colonia portuguesa hasta finales de 1999. También está construyendo un casino en Singapur. Considerado la tercera persona más rica de Estados Unidos, con una fortuna de 26.500 millones de dólares, es un devoto amigo de Israel y en 2006 fundó un periódico en ese país, del que posteriormente se retiró. Sin embargo, desde entonces ha creado un nuevo diario en Israel, gratuito, llamado *HaYom*. Como reflejo de su inmenso interés por Israel, también ha intentado, sin éxito, adquirir una participación mayoritaria en el conocido periódico israelí *Maariv*. Adelson es también uno de los principales financiadores de Birthright Israel, que permite a jóvenes judíos viajar a la Palestina ocupada. Las inclinaciones políticas de Adelson también se reflejan en el hecho de que ha financiado un grupo llamado Freedom's Watch, que apoya las posiciones neoconservadoras de línea dura que persigue la corrupta administración de George W. Bush.

ISRAEL HOWARD "IZZY" ASPER, fallecido en 2003, fue el fundador de CanWest Global Communications Corporation, hoy propiedad de sus hijos, Leonard, Gail y David. Nacido en el seno de una familia judía de Manitoba, Canadá, el Sr. Asper se afilió al Partido Liberal y era conocido -a pesar del nombre del partido- por sus inclinaciones "conservadoras", que probablemente reflejaban el hecho de que el Sr. Asper era un sionista acérrimo. Sionista de línea dura, Asper era admirador del famoso "nazi judío" Vladimir Jabotinsky, cuya filosofía guía el pensamiento del partido Likud de Israel (y su partido "rival" afín, Kadima).Abogado de profesión, Asper entró en el negocio de los medios de comunicación en 1975, cuando se convirtió en propietario de la cadena de televisión CKND de Winnipeg. En los 25 años siguientes, CanWest se hizo con el control del *National Post* y de más de 60 periódicos canadienses, así como de la cadena de televisión Global. Esta comprometida familia sionista amplió su influencia en Estados Unidos comprando el control de la famosa revista *New Republic* a Martin Peretz, otro sionista de línea dura conocido por su inusualmente estrecha y duradera relación personal con el ex vicepresidente Al Gore (que fue alumno de Peretz cuando éste enseñaba en Harvard). Gore, como hemos señalado en estas páginas, está ahora vinculado a la poderosa familia bancaria Schiff (un engranaje clave del imperio Rothschild) a través del matrimonio de la hija de Gore, Karenna, con un heredero de la fortuna Schiff.

SAMUEL BELZBERG, fundador de otro acaudalado imperio empresarial judío con sede en Canadá, que opera junto a la más conocida (e influyente) familia Bronfman descrita en detalle en el capítulo anterior, creó y es presidente y director general de First City Financial Corporation, Ltd, una institución financiera de servicios integrales, y actualmente es presidente de Gilbralt Capital Corporation, una empresa de inversión privada. Una de sus hijas, Lisa, está casada con Matthew Bronfman, hijo de Edgar Bronfman, y tiene fama de haber sido amante del ex presidente Bill Clinton. Otra hija, Wendy, está casada con el empresario Strauss Zelnick. Sam Belzberg fue uno de los principales financiadores del Centro Simon Wiesenthal de Los Ángeles, que se ha convertido en uno de los principales actores de la propaganda judía mundial y de las operaciones de inteligencia con el pretexto de "luchar contra el odio".

ELI BROAD (pronunciado como "road", por cierto), nacido en Detroit y residente en Los Ángeles, fue director ejecutivo de Sun America, un imperio inmobiliario, y ocupa el puesto 42 entre las personas más ricas de Estados Unidos, con un patrimonio de 5.800 millones de dólares. Él y su esposa Edith, fervientes partidarios de Israel, han invertido gran parte de su fortuna en instituciones educativas y, por tanto, son actores principales en la dirección de la educación estadounidense, así como en el mundo del arte, que durante mucho tiempo ha estado controlado institucionalmente por intereses judíos.

WARREN BUFFETT, considerado por *Forbes* la persona más rica del mundo a 5 de marzo de 2008 -con un asombroso valor de 62.000 millones de dólares- no es judío, pero es uno de los principales (y obviamente bien pagados) secuaces del imperio Rothschild. Es especialmente amigo de Lord Jacob Rothschild de Londres. Es una "tapadera" perfecta para los Rothschild, con su herencia de Nebraska, su estilo familiar y su identificación con las camisas de Berkshire Hathaway, conocida por sus coloridos anuncios, en los que aparecen modelos masculinos (a menudo famosos) con parches en los ojos y camisas de Berkshire Hathaway. Aunque la Berkshire Hathaway de Buffett se identifica con sus camisas, la empresa es ahora un enorme holding para una amplia gama de activos bajo el control de esta importante figura de los mercados de valores estadounidenses y mundiales, que representa los intereses de los Rothschild. Y aunque mucha gente identifica el poderoso periódico *Washington Post* como el bastión familiar de la dinastía Meyer-Graham en Washington, lo cierto es que Buffett (junto con otras instituciones financieras con vínculos Rothschild) tiene una participación sustancial en la Washington Post Company, editora del *Washington* Post y también (hasta finales de 2010) editora de la revista *Newsweek* y propietaria, además, de múltiples periódicos e intereses de radiodifusión en toda América. Entre paréntesis, vale la pena señalar que el imperio editorial de la familia Meyer fue creado por Eugene Meyer, un especulador de guerra de la Primera Guerra Mundial que llegó a ser Presidente de la Junta de Gobernadores de la Reserva Federal controlada por los Rothschild y más tarde, apropiadamente, jefe del Banco Mundial. Su compra a precio de ganga del *Washington Post* en 1933 fue casi una ocurrencia tardía, aunque crucial, que afianzó firmemente la influencia de los Rothschild en el Washington oficial. Meyer también estaba emparentado con la familia Haas (herederos del gigantesco imperio de la ropa Levi-Strauss, con sede en San Francisco) y con el Gran Rabino de Francia. (Para más información sobre la historia Meyer-Graham, véase *The New Jerusalem de* este autor, Michael Collins Piper). De todos modos, Warren Buffett también posee el 7% de Coca-Cola Company, una inversión bastante lucrativa en sí misma. Y lo que muchos tampoco saben es que Coca-Cola (a pesar de su identificación como fabricante de refrescos) también ha estado profundamente involucrada en vastas intrigas políticas internacionales del más alto (y más bajo) orden, como se documenta en el libro difícil de encontrar, *The Cola* Wars, de J. C. Louis y Harvey Z. Yazijian. La tradición "americana" de la "Coca-Cola" es, por tanto, más compleja de lo que muchos piensan, y Warren Buffett, el activo de los Rothschild, está en el centro de la misma. Actualmente, Buffett está transfiriendo gran parte de su patrimonio a la fundación del magnate de Microsoft Bill Gates, de quien se cree que es de origen judío, aunque no lo reconoce.

RONALD BURKLE. Este operador judío afincado en Los Ángeles, con un patrimonio superior a los 3.500 millones de dólares, es amigo íntimo de Bill Clinton (a quien ayudó a enriquecer) y, a pesar de su corta edad (nació en 1952), es uno de los principales inversores en los sectores minorista, manufacturero y de distribución. Es miembro del consejo de Occidental Petroleum, la empresa petrolera del difunto Armand Hammer, hijo de una destacada figura judía del Partido Comunista de Estados Unidos dominado por judíos a principios del siglo XX. (Hammer también era amigo íntimo de la familia del ex vicepresidente Al Gore, cuya hija Karenna, como hemos señalado, está casada con la familia de Jacob Schiff, el satélite neoyorquino del imperio Rothschild que financió la revolución bolchevique). Burkle también ha sido presidente y accionista mayoritario de Alliance Entertainment, Golden State Food, Dominics, Fred Meyer, Ralph's y Food4Less. También es miembro del Consejo de Administración de Yahoo, el imperio de Internet.

LESTER CROWN, principal heredero del financiero judío de Chicago Henry Crown, fallecido en 1990, dirige las empresas familiares creadas a partir de la fortuna de la empresa de fabricación de armas General Dynamics, de la que Henry Crown se hizo con el control en 1959. En la actualidad, la familia Crown controla Maytag, Hilton Hotels, Alltel, Aspen Skiing Company y el Rockefeller Center de Nueva York, sí, incluso la joya de la corona Rockefeller (para más información sobre los verdaderos líderes del imperio Rockefeller, véase MAURICE GREENBERG). Crown también controla el equipo de baloncesto Chicago Bulls y tiene una participación en el equipo de béisbol New York Yankees. Gran benefactor de la comunidad judía estadounidense en general, Crown también forma parte del Consejo de Administración de la Universidad de Tel Aviv y es miembro del Comité Estadounidense del Instituto Weizmann de Ciencias (con sede en Israel). También ha sido director de Trans World Airlines y del Continental Illinois Bank. En la década de 1950, la familia Crown poseía una participación mayoritaria en el Empire State Building de Nueva York. Una de sus hijas, Susan Crown, es Presidenta de la Fundación Shoah, una empresa dedicada al Holocausto. La familia tiene un patrimonio total de más de 4.000 millones de dólares y es especialmente influyente en Israel, donde ha financiado el programa israelí de desarrollo de armas nucleares. Lester Crown también presidió el Chicago Council on Global Affairs, una rama del Council on Foreign Relations de Nueva York, la rama oficial estadounidense del Royal Institute of International Affairs del imperio Rothschild, con sede en Londres. La familia Crown, junto con otra familia judía de Chicago, los Pritzker (véase NICHOLAS J. PRITZKER), forman parte del "círculo íntimo" de Barack Obama, el político de Chicago elegido Presidente de Estados Unidos en las elecciones de 2008.

En 2000, **LARRY ELLISON** era el hombre más rico del mundo. En 2005, con un patrimonio neto de 18.400 millones de dólares, sólo era el noveno hombre más rico del mundo. Aunque no es un nombre muy conocido, es uno de los principales actores mundiales como fundador y CEO de una gran empresa de software conocida como Oracle Corporation. Lo interesante es que antes de su ascenso al poder, Ellison trabajó en los años setenta para la empresa AMPEX y en aquella época uno de sus proyectos era una base de datos para la Agencia Central de Inteligencia, a la que llamó Oracle. Cabe destacar que, según *Forbes*, Ellison tenía una fortuna de 26.000 millones de dólares en 2007, un aumento bastante considerable respecto a su patrimonio neto en 2005. Conocido por su extravagante estilo de vida, Ellison posee el quinto yate más grande del mundo, numerosos coches exóticos y muchos aviones privados, ¡incluidos cazas de combate! Curiosamente, este antiguo agente implicado en operaciones de bases de datos de la CIA propuso en un momento dado, tras la tragedia terrorista del 11-S, donar al gobierno estadounidense un software que crearía y mantendría una base de datos de identificación nacional a partir de la cual se emitirían tarjetas de identificación nacional, un mecanismo de vigilancia y control de la población estadounidense por parte del imperio Rothschild.

JEFFREY EPSTEIN, cuyo nombre es poco conocido para el público americano, es uno de los hombres más ricos de América y, aunque sólo tiene cincuenta años, es muy influyente en la esfera de influencia de los Rothschild.

Su empresa, llamada inicialmente J. Epstein & Company y luego Financial Trust Company, gestiona los asuntos financieros de multimillonarios judíos. ᵉʳ*El New York Times* informó el 1 de julio de 2008 de que el negocio de Epstein es "un poco misterioso". Dice que gestiona el dinero de multimillonarios, pero el único cliente del que habla es Leslie H. Wexner, fundador de Limited Brands... Como explica Epstein, ofrece una forma especializada de asesoramiento financiero de alto nivel. Asesora a la gente en todo, desde impuestos y fideicomisos hasta acuerdos prenupciales y demandas de paternidad, e incluso da consejos de diseño de interiores para jets privados. Fuentes del sector afirman que cobra honorarios fijos anuales que oscilan entre 25 y más de 100 millones de dólares." Evidentemente, una de las funciones del joven Epstein en el imperio Rothschild es, al igual que otros nombres de moda en los círculos financieros judíos, gobernar instituciones asociadas durante mucho tiempo al apellido Rockefeller. Epstein es miembro del Consejo de Administración de la Universidad Rockefeller y también ha sido miembro de la Comisión Trilateral, fundada por David Rockefeller, y del Consejo de Relaciones Exteriores, ampliamente conocido como una institución "Rockefeller", pero que, como hemos señalado en varias ocasiones, es en realidad una rama de la entidad Rothschild con sede en Londres conocida como el Real Instituto de Asuntos Internacionales.

Uno de los principales intereses de Epstein parece haber sido el campo de la ciencia. En este sentido, Epstein fue el benefactor de varios científicos de primera fila, muchos de ellos judíos. El dinero de Epstein sirvió para financiar investigaciones de física en Sudáfrica y la India, así como experimentos de microbiología en Bangladesh. Una de las amigas íntimas de Epstein es Ghislaine Maxwell, hija a su vez del corrupto intrigante judío de origen checo que se dio a conocer al mundo como "Robert Maxwell" en Gran Bretaña, donde era una potencia mediática mientras se dedicaba al espionaje de alto nivel tanto para el Mossad israelí como para el KGB soviético. En los últimos años, Epstein también ha sido amigo íntimo del ex presidente Bill Clinton. Parece apropiado, en algunos aspectos: Epstein se declaró recientemente culpable en un tribunal penal del estado de Florida de conducta inapropiada con varias mujeres jóvenes. Fue condenado a 18 meses de prisión.

Los abogados de Epstein en este embrollo incluían al famoso abogado judío Alan Dershowitz, uno de los judeo-supremacistas más virulentos de la actualidad, y a Kenneth Starr, que tiene el honor de haber sido el principal atormentador del amigo de Epstein, Bill Clinton. A pesar de este revés, Epstein sigue siendo poderoso y pronto volverá al centro de la élite judía mundial.

STEPHEN FEINBERG Descrito por el diario israelí *Ha'aretz* como "un judío neoyorquino con un toque de oro", Feinberg controla el holding neoyorquino Cerberus Global Investments, que en 2006 compró la participación del gobierno israelí en Bank Leumi, el segundo banco más importante de Israel. El periódico israelí afirmó que los ingresos de la compra de Feinberg se utilizarían para "pagar la pesada deuda nacional de Israel". De hecho, el negocio de Cerberus de Epstein es bastante grande. La edición del 3 de octubre de 2005 de *Business Week* describió Cerberus como "más grande" incluso que gigantes empresariales tan conocidos como McDonald's, 3M, Coca-Cola y Cisco Systems y señaló que Cerberus controla unos 226 restaurantes Burger King, las cadenas de alquiler de coches National y Alamo, el fabricante de productos de construcción Formica Corp. y los antiguos estudios Warner Hollywood (que, por cierto, han pasado de mano en mano entre diversos intereses judíos -principalmente elementos del crimen organizado declarado- durante varias generaciones). Otro actor importante en las operaciones de Feinberg es el financiero judío afincado en Nueva York Michael Steinhardt (véase MICHAEL STEINHARDT). Lo que resulta especialmente interesante es que dos poderosas figuras políticas estadounidenses están estrechamente relacionadas con las operaciones de Feinberg: el ex vicepresidente Dan Quayle y el ex secretario de Defensa Donald Rumsfeld. Quayle es el testaferro de Feinberg, como presidente del consejo de administración de Cerberus, y, según *Ha'aretz*, Feinberg es un "tímido niño prodigio" que

"Se hace escasear con los fotógrafos y envía a subordinados como el presidente de Cerberus, Dan Quayle, a firmar sus contratos. En cuanto a Rumsfeld, lo que debería preocupar a los estadounidenses es que Rumsfeld (mientras era Secretario de Defensa) invirtió en Cerberus de Epstein ya en 2001, mucho antes de la invasión estadounidense de Irak (de la que Rumsfeld fue uno de los más ardientes partidarios), tras la cual Cerberus se benefició del establecimiento de campamentos base militares en Irak.

MAURICE GREENBERG Aunque el famoso apellido "Rockefeller" ha representado una riqueza e influencia considerables en Estados Unidos (y en todo el mundo) desde finales del siglo XIX, lo cierto es que, a lo largo de las generaciones de Rockefeller, la riqueza de la familia ha disminuido considerablemente a medida que se distribuía entre las generaciones más jóvenes. Además, lo que generalmente no se sabe es que un multimillonario judío afincado en Nueva York, Maurice R. "Hank" Greenberg, se erigió en el verdadero impulsor de los restos del imperio Rockefeller en diversos campos, junto con su hijo Jeffrey Greenberg, antiguo Presidente y Director General de Marsh & McClennan Company, y su otro hijo, Evan G. Greenberg, Presidente y Director General de Ace Limited. Estas empresas, junto con la de su padre, American International Group (de la que en su día se dijo que era la mayor compañía de seguros y servicios financieros del mundo), controlan de hecho gran parte del sector de los seguros.

Lo interesante es que Greenberg padre, que es director honorario y vicepresidente del Consejo de Relaciones Exteriores (CFR) - considerado durante mucho tiempo como el principal organismo de política exterior patrocinado por Rockefeller- es, de hecho, el principal poder dentro del CFR en la actualidad, aunque, por supuesto, David Rockefeller, ya bien entrado en años, sigue siendo una figura nominal del CFR. Greenberg también participa activamente en la Comisión Trilateral, otro grupo de presión en política exterior fundado por David Rockefeller.

Greenberg es desde hace mucho tiempo un estrecho colaborador del ex secretario de Estado Henry A. Kissinger. Kissinger, cuyo ascenso a la prominencia se produjo bajo el patrocinio de David Rockefeller y los círculos que rodean el CFR que, como vimos anteriormente, no es más que un "primo pequeño" con sede en Nueva York del Royal Institute of International Affairs, el brazo de la política exterior del imperio Rothschild, a través del cual la dinastía Rothschild dio directrices al Ministerio de Asuntos Exteriores británico para la promoción de los intereses de Rothschild en todo el mundo.

La relación entre Greenberg y Kissinger era tan estrecha que, en un momento dado, Kissinger fue presidente del consejo asesor internacional de AIG. No es de extrañar que este príncipe judío inmensamente poderoso, Greenberg, haya sido presidente, vicepresidente y director del Banco de la Reserva Federal de Nueva York y, en consecuencia, también haya participado a altos niveles en varias instituciones fundadas por la familia Rockefeller, como la Sociedad Asiática, la Universidad Rockefeller y el Museo de Arte Moderno. Greenberg es actualmente Presidente de C.V. Starr & Company y es interesante señalar que Greenberg se vio obligado a dimitir como Presidente y Consejero Delegado de AIG a raíz de las acusaciones penales presentadas contra él por Elliot Spitzer, entonces Fiscal General del Estado de Nueva York. Más tarde, por supuesto, Spitzer fue elegido gobernador de Nueva York en gran medida sobre la base de su reputación de "asesino de gigantes", pero, por supuesto, en la primavera de 2008 fue "regado" fuera del cargo, después de lo cual incluso el prestigioso periódico judío *Forward* señaló que, a pesar de su herencia judía, Spitzer nunca se había identificado realmente con las preocupaciones judías y era visto como distante por la comunidad judía en general, lo que quizá explique en cierto modo por qué esta poderosa figura pública judía fue "ejecutada" ceremonialmente. Sea como fuere, si Spitzer ha caído, Greenberg sigue siendo uno de los judíos más poderosos del planeta, y quizás, en cierto modo, uno que podría describirse como el principal administrador del imperio Rothschild de los círculos y esferas de influencia estadounidenses que rodean los restos de las operaciones de la familia Rockefeller. En otoño de 2008, justo antes de las elecciones presidenciales estadounidenses, las intrigas de Greenberg salieron a la luz pública. Su feudo de muchos años, AIG, estaba en el centro de los gigantescos escándalos financieros (en gran parte vinculados a judíos) que sacudieron la economía estadounidense, amenazando con provocar el colapso de otro puesto avanzado de Occidente -Estados Unidos-, recordando la provocadora sugerencia del filósofo e historiador judío Max Dimont de que el pueblo judío tiene la costumbre de sobrevivir al colapso de las civilizaciones y acabará reinando sobre el planeta. En este sentido, algunos podrían preguntarse si el colapso de Wall Street -bajo dominio judío- no forma parte del capítulo final, una maniobra deliberada para, en cierto modo, avanzar en el objetivo de establecer la utopía judía.

LA FAMILIA HAAS es heredera de la fortuna de la ropa Levi-Strauss y, en conjunto, sus miembros figuran sin duda entre los más ricos de Estados Unidos. También está emparentada con la familia Meyer, que es una de las principales figuras detrás de la empresa Washington Post, y con el testaferro de la familia Rothschild, Warren Buffett, que no es judío (véase WARREN BUFFETT). La familia Haas es relativamente discreta pero muy poderosa debido a su riqueza combinada, que empequeñece la de tantos otros estadounidenses no judíos.

HENRY R. KRAVIS y GEORGE R. ROBERTS. Kravis, hijo de un ingeniero petrolero judío de Tulsa, Oklahoma, y su primo Roberts se asociaron con Jerome Kohlberg, Jr. en Nueva York para formar Kohlberg, Kravis & Roberts and Company, desde donde se hicieron internacionalmente conocidos por su implicación en compras apalancadas. Se les apodó "los reyes de los bonos basura". Kohlberg ha dejado la empresa, pero Kravis y Roberts siguen siendo figuras destacadas de la institución. Se les conoce sobre todo por la compra apalancada de RJR Nabisco, que fue objeto de un libro y una película, *Barbarians at the Gate*. Entre las empresas con las que Kravis ha estado asociado, comprado o vendido a lo largo de los años se encuentran: First Data Inc: First Data Inc, Toys R Us, Duracell Batteries, Safeway, Beatrice Foods, Playtex, Texaco y HCA Inc, el proveedor de servicios sanitarios. La esposa de Kravis, Marie-Josée, era una columnista y personalidad televisiva canadiense que, junto con su marido, participaba activamente en el "neoconservador" (es decir, sionista de línea dura) Hudson Institute de Estados Unidos y era conocida por su implicación en asuntos del Partido Republicano. Tanto el Sr. como la Sra. Kravis son miembros activos del Consejo de Relaciones Exteriores y han asistido a reuniones del Grupo Bilderberg, que se reúne anualmente bajo los auspicios del imperio Rothschild y sus satélites de la familia Rockefeller. El propio Kravis es vicepresidente de la Universidad Rockefeller, lo que le sitúa en el grupo de judíos que han suplantado a los Rockefeller en muchas de las instituciones originalmente patrocinadas por esa familia.

RONALD LAUDER tiene una fortuna estimada en 3.000 millones de dólares. Él y su hermano, Leonard, son herederos de la fortuna de los cosméticos Estee Lauder. Lauder lleva mucho tiempo vinculado a los asuntos del Partido Republicano, ya que durante la administración Reagan fue Subsecretario de Defensa para la Política Europea y de la OTAN en el Pentágono. Más tarde, el Presidente Reagan le nombró Embajador de Estados Unidos en Austria. En un momento dado presentó sin éxito su candidatura a la alcaldía de Nueva York, pero fue derrotado por Rudy Giuliani, uno de los principales defensores de los intereses judíos, que no era judío, en las elecciones primarias del Partido Demócrata estadounidense (GOP). Especialmente implicado en intrigas judías, Lauder dirige el Ronald S.

Lauder, que se centra en asuntos judíos en Europa Central y Oriental. También ha invertido en medios de comunicación de Europa del Este y en la televisión israelí. Participa en numerosas organizaciones judías como la Liga Antidifamación, el Seminario Teológico Judío y, en 2007, fue elegido Presidente del Congreso Judío Mundial. También cabe señalar que la hija de Lauder, Jane, está casada con Kevin Warsh, miembro de la Junta de Gobernadores de la Reserva Federal.

S. I. NEWHOUSE y su hermano **DONALD NEWHOUSE** son herederos de la fortuna editorial creada por su difunto padre. En 2007, *Forbes* clasificó a Newhouse y a su hermano como los 37 estadounidenses más ricos, con una fortuna estimada en 8.000 millones de dólares. Su difunto padre, Sam Newhouse, estuvo vinculado durante mucho tiempo al crimen organizado. El patrimonio mediático de Newhouse es tan amplio que merece la pena enumerarlo:

PERIÓDICOS NEWHOUSE:

Alabama

- *Noticias de Birmingham*
- *La prensa móvil*
- *El registro de prensa móvil*
- *El registro móvil*

Luisiana

- *El New Orleans Times-Picayune*

Michigan

- *Noticias de Ann Arbor*
- *El Flint Times*
- *Prensa de Grand Rapids*
- *La Gaceta de Kalamazoo*
- *Noticias de Saginaw*
- *The Times* (Bay City)

Mississippi

- *The Mississippi* Press (Pascagoula)
- *The Mississippi Press Register* (Pascagoula) **Nueva Jersey**
- *The Jersey Journal* (Ciudad de Jersey)
- *The Star-Ledger* (Newark)
- *The Times* (Trenton)

Nueva York

- *The Herald-American* (Siracusa)

Ohio

- *The Plain-Dealer* (Cleveland)

Oregón

- *The Oregonian*

Pensilvania

- *The Patriot-News* (Harrisburg)

- *El Centinela de Juniata*

- *Perry County Times*

- *The Duncannon Record*

- *The News-Sun* (Condado de Perry)

REVISTAS NEWHOUSE:

- *American City Business Journals (28 semanarios económicos locales)*

- Revista *Parade* (el famoso suplemento dominical)

- *Atractivo*

- *El New Yorker*

- *Compendio de Arquitectura*

- *Conde Nast Traveler*

- *Bon Apetit*

- *Señorita*

- *Casada*

- *Vanity Fair*

- *Saber más*

- *Vogue*

- *Glamour*

- *Gentlemen's Quarterly*

- *Gourmet*

RONALD PERELMAN. Probablemente más conocido por ser el jefe del imperio cosmético Revlon, Perelman fue considerado en su día el hombre más rico de Estados Unidos. En 2007, sin embargo, la revista *Forbes* lo rebajó al puesto 28 de los estadounidenses más ricos (y al 87 del mundo), con un patrimonio de unos 9.000 millones de dólares. Su principal operación de fachada es MacAndrews & Forbes Holdings (sin conexión, al parecer, con la citada *editorial Forbes*). Por supuesto, esto suena como una anticuada empresa de inversión anglosajona protestante, pero no es nada de eso. Perelman es un judío muy devoto, con inclinaciones ortodoxas, y apoya firmemente a muchas organizaciones benéficas judías. Dedica tres horas a rezar todos los sábados judíos e incluso mantiene un hogar kosher. Una de sus organizaciones benéficas favoritas es el grupo Jabad Lubavich, una de las sectas judías más intransigentes. Lo notable de Perelman es la amplitud de sus inversiones. En primer lugar, procede de una familia relativamente rica. La familia de su padre controlaba American Paper Products y luego compró Belmont Iron Works, fabricante de acero estructural, empresa en la que Perelman aprendió el negocio. Posteriormente se especializó en negocios y obtuvo un máster en Comercio en la prestigiosa Wharton School de la Universidad de Pensilvania. Como hombre de negocios que es, Perelman se ha aventurado en muchas áreas. Compró canales de televisión y empresas de entretenimiento como Genesis Entertainment. También adquirió grandes cantidades de acciones de la famosa empresa Sunbeam, aunque ésta quebró más tarde. También fue uno de los principales propietarios de Consolidated Cigars, un holding que posee varias marcas de puros. También se dice que Perelman ganó entre 600 y 1.200 millones de dólares al sumergirse en la crisis de las cooperativas de crédito y comprar varias empresas insolventes para luego reestructurarlas en su propio beneficio. Perelman es propietario del grupo Marvel Entertainment, que produce cómics y todos los trucos de marketing que los acompañan. También ha comprado Skybox International y Fleer Corporation, que producen tarjetas de béisbol, y el Grupo Panini, un fabricante italiano de cromos que produce productos relacionados con el deporte. Aunque no solemos pensar en ello, lo cierto es que la industria del cómic es una importante salida para la propaganda política. Perelman es, a su manera, una fuerza importante en la esfera de influencia de los Rothschild.

NICHOLAS J. PRITZKER es ahora el jefe de la fortuna de la familia Pritzker, con sede en Chicago (vinculada desde hace tiempo al crimen organizado judío), y presidente de la cadena hotelera Hyatt Development Corporation, propiedad de su familia. La familia también controla Trans-Union Credit Bureau (una importante fuente de datos "internos" sobre millones de personas para uso del imperio Rothschild) y Caribbean Cruise Lines. Los Pritzker, junto con la mencionada familia Crown de Chicago (véase LESTER CROWN), forman parte del "círculo íntimo" del recién elegido presidente estadounidense Barack Obama.

SUMNER REDSTONE, nacido en Boston, es hijo de Michael Redstein, propietario de Northeast Theater Corporation, que más tarde se convirtió en National Amusements. Aunque Redstone ejerció inicialmente la abogacía y trabajó para el Departamento de Justicia de Estados Unidos en San Francisco, optó por unirse a la empresa de su padre, donde empezó a invertir en productoras cinematográficas y estudios como Columbia Pictures, Twentieth Century Fox, Orion Pictures y Paramount Pictures. Con el tiempo, Redstone se hizo con el control de Viacom International, que era una escisión de CBS. Más tarde, a través de Viacom, Redstone se hizo con el control de las citadas empresas cinematográficas. En la actualidad, Viacom es una de las mayores empresas de medios de comunicación del mundo. En la actualidad, Viacom es una de las mayores empresas de medios de comunicación del mundo. Sus participaciones incluyen Blockbuster Entertainment y ahora la propia CBS, que Redstone compró en 2000. Se dice que Redstone es la 86ª persona más rica del mundo, con una fortuna de 9.000 millones de dólares.

SAMUEL REICHMANN, inmigrante judío procedente de Hungría, es el fundador de otra legendaria fortuna judía radicada en Canadá, que ha sido especialmente influyente en los asuntos norteamericanos. Con sede en Montreal, la familia Bronfman (véase el capítulo anterior para más información sobre esta familia). Los herederos de Reichmann son sus hijos Paul, Ralph, Albert, Louis y Edward (que emigró a Israel y ya ha fallecido) y su hija Eva. La principal fuente de riqueza de los Reichmann fue la construcción y la promoción inmobiliaria. Fueron los responsables de la construcción del First Canadian Place, el edificio más alto de Canadá, y sus posesiones se extendieron al extranjero, sobre todo a Nueva York y Tokio; en un momento dado fueron los mayores promotores inmobiliarios del mundo. Aunque su imperio Olympia & York acabó quebrando, los Reichmann son muy ricos y siguen teniendo influencia en los asuntos mundiales. Son conocidos por su inmensa devoción a su herencia judía ortodoxa, hasta el punto de que, incluso en medio de sus promociones inmobiliarias y otros proyectos inmobiliarios, la construcción se detenía en los días sagrados judíos. Se han asociado en sociedades internacionales con empresarios judíos como George Soros y Laurence Tisch, entre otros (véase GEORGE SOROS y LAURENCE TISCH).

HAIM SABAN, que vale más de 3.000 millones de dólares, es un judío de origen egipcio cuya familia emigró a Israel en 1956. Actualmente vive en Beverly Hills e Israel y *Forbes* lo considera la 102ª persona más rica de Estados Unidos. Inicialmente productor de televisión, Saban se asoció con la News Corporation de Rupert Murdoch, testaferro de los Rothschild, y vendió Fox Family Worldwide a Walt Disney Company.

La venta de la cadena, rebautizada desde entonces ABC Family Channel, fue la mayor transacción de la historia entre una empresa y un particular, y Saban cosechó un beneficio de 1.600 millones de dólares. Actualmente es uno de los directores del grupo inversor que se hizo con el control de Univisión, la mayor empresa de medios de comunicación en español de Estados Unidos, en , lo que convierte a este ciudadano egipcio con doble nacionalidad estadounidense-israelí en una figura destacada en la dirección de los medios de comunicación en español, Esto le confiere una gran influencia política sobre la población hispanohablante, que los grupos judíos y sus portavoces han señalado a menudo que podría suponer una amenaza para los intereses judíos (principalmente por sus vínculos históricos con la religión católica romana). Saban financia el Centro Saban para la Política de Oriente Medio en la Brookings Institution de Washington D.C. Saban admitió en una ocasión con franqueza al *New York* Times: "Sólo tengo un problema, y mi problema es Israel".

FAMILIA SASSOON. Otra de las familias judías de Babilonia, que más tarde se casó con los Rothschild, uno de los primeros cabecillas de la dinastía Sassoon fue banquero del gobernador provincial de Bagdad y más tarde su hijo se estableció en Bombay (India). Para entonces, los Sassoon se habían extendido a Birmania, Malasia y Asia Oriental. Se dice que todas las sucursales de las casas bancarias de los Sassoon, vinculadas al comercio del opio, tenían un rabino. Los Sassoon también se establecieron en China, con oficinas en Hong Kong y Shanghai. Cabe señalar que el nacionalista chino Chang Kai Shek estaba casado con la hija de T.V. Soong, funcionario de un banco de la familia Sassoon. Los Sassoon fueron una extensión esencial del imperio Rothschild en Asia.

WALTER SHORENSTEIN podría llamarse "el rey judío de San Francisco". Shorenstein, magnate inmobiliario valorado en unos 1.000 millones de dólares, fue durante muchos años el mayor operador inmobiliario comercial de San Francisco y, al parecer, controla alrededor del 25% del centro de la ciudad, donde los precios inmobiliarios se han disparado. A sus ochenta años, el imperio Shorenstein está dirigido por su hijo Douglas. Shorenstein es muy conocido a nivel nacional por haber sido uno de los principales contribuyentes financieros del Partido Demócrata, aunque está claro que los demócratas de base de las pequeñas ciudades y comunidades rurales de Estados Unidos nunca han oído hablar de este genio judío. Una de las principales iniciativas propagandísticas de Shorenstein para influir en los asuntos públicos es la financiación de una organización (que lleva el nombre de su difunta hija) llamada Joan Shorenstein

Center on the Press, Politics and Public Policy en la John F. Kennedy School of Government de la Universidad de Harvard. Shorenstein es, por tanto, desde hace mucho tiempo un actor importante en una gran ciudad donde el dinero judío es supremo desde hace mucho tiempo. No es casualidad que Roy Bullock, el principal agente secreto de la Liga Antidifamación (ADL), que durante mucho tiempo ha tenido como objetivo a los disidentes estadounidenses que desafiaban la influencia israelí y el poder judío, operara desde San Francisco (para un estudio de la ADL y un relato personal del autor Michael Collins Piper sobre sus propios encuentros con Bullock, véase *The Judas Goats*).

GEORGE SOROS, especulador y depredador bursátil de origen húngaro, se ha presentado en los últimos años como una figura "liberal" en los asuntos políticos estadounidenses. Clasificado *por Forbes* como la 80ª persona más rica del mundo, con un patrimonio estimado de 8.500 millones de dólares, ha formado parte del consejo del Council on Foreign Relations, la rama neoyorquina del imperio Rothschild. Sus chanchullos financieros internacionales le valieron el ataque de muchos de los nacionalistas más influyentes del mundo, entre ellos el entonces Primer Ministro de Malasia, Mahathir Mohamad. En Tailandia, los nacionalistas calificaron a Soros de "criminal de guerra económico que desvió la sangre del pueblo". Uno de los principales proyectos de Soros era "extender la democracia" en Europa del Este y también trató de interferir en los asuntos políticos de Rusia en un momento en que el Primer Ministro ruso nacionalista Vladimir Putin estaba desafiando las intrigas del imperio Rothschild y sus tentáculos entre los oligarcas judíos de Rusia (muchos de los cuales tienen doble nacionalidad rusa-israelí). Soros ha sido un "crítico de Israel" y ha expresado su preocupación por el "antisemitismo", reconociendo que la inquietud mundial por el poder judío procede del desencanto por el trato que Israel dispensa a los árabes palestinos cristianos y musulmanes. Ha reconocido abiertamente que el apoyo de Estados Unidos a Israel ha contribuido al aumento del antisemitismo y que personas como él, implicadas en la comunidad financiera mundial, han sido objeto de una retórica "antisemita". En virtud de su importante financiación de una serie de organizaciones "liberales" que han desafiado a la administración de George W. Bush, Soros ha tratado efectivamente de cooptar a estas instituciones y personas con el fin de desviar la atención de las intrigas judías desempeñando el papel de "crítico judío" de los "neoconservadores".

MICHAEL H. STEINHARDT, nacido en Brooklyn, se convirtió en una de las primeras figuras destacadas del sector de los fondos de alto riesgo. Steinhardt admitió que empezó su carrera con la financiación de su padre, Sol Frank "Red" Steinhardt, que fue el primer "perista" de joyas robadas de Nueva York, estrechamente relacionado con el jefe del sindicato del crimen judío, Meyer Lansky. Steinhardt contaba que su padre le entregaba sobres repletos de 10.000 dólares en efectivo, algo que el estadounidense medio de clase media nunca ha visto. Steinhardt incluso sugirió que su propia educación en la prestigiosa Wharton School of Business de la Universidad de Pensilvania podría haber sido financiada por la implicación de su padre en el crimen organizado. Sea como fuere, Steinhardt es ahora un hombre inmensamente rico, conocido por su devoción a las causas judías, cuyo mejor ejemplo quizá sea su financiación del diario proisraelí y "neoconservador" *The New York Sun*. Este vástago del crimen es también miembro del consejo de la Fundación para la Defensa de las Democracias, que ha financiado activamente. Se trata de una idea original de Clifford May, antiguo periodista convertido en profesor y propagandista profesional de la agenda judía global. Steinhardt fue también presidente del Democratic Leadership Council, una organización denominada "centrista". También ha presidido su propia Fundación Steinhardt para la Vida Judía y Taglit Birthright Israel, que financia viajes a Israel de jóvenes judíos estadounidenses.

En la actualidad, Steinhardt es presidente de WisdomTree Investments, que gestiona unos 5.000 millones de dólares y, según se dice, crece alrededor de un 10% al mes.

ARTHUR OCHS SULZBERGER, JR. Nacido en 1951, Sulzberger es el editor de The *New York Times* y presidente de The New York Times Company, heredera de la familia Sulzberger que hizo de The *Times* el primer diario de Estados Unidos. Tradicionalmente liberal, el *Times* es también la principal voz -quizás del mundo- de los intereses judíos en general y del imperio Rothschild y sus intereses globales. Decir más sobre la influencia de este imperio periodístico y su familia sería complicar las cosas.

LAURENCE TISCH Y PRESTON TISCH, los fundadores de la dinastía moderna, eran copropietarios de Loew's Entertainment Corporation. Los hermanos Tisch también fueron figuras clave en el imperio del entretenimiento CBS y sus herederos siguen siendo actores importantes en los asuntos judíos mundiales.

SANFORD I.WEILL no es un nombre familiar, pero es uno de los principales financieros judíos. En un tiempo fue Presidente y Director General de City Group, Inc. que son satélites americanos de las instituciones bancarias controladas por los Rothschild en la 'City' de Londres (ver en otra parte de estas páginas un análisis detallado de la 'City'). (Estos grupos bancarios americanos con la "City" en sus nombres siempre han sido extensiones de los bancos Rothschild de Londres. Weill saltó a la fama a mediados de los sesenta y en los setenta, cuando fusionó su propia firma con otras para crear Shearson-Loeb-Rhodes, una encarnación moderna de la antigua firma bancaria Loeb, con sede en Nueva York (no confundir, por cierto, con Kuhn-Loeb, otra red de 'Nuestra Multitud') y dotada de personal judío alemán. A principios de la década de 1980, Weill vendió Shearson-Loeb-Rhodes a American Express, pero en 1993 volvió a comprar su antigua empresa, ahora conocida como Shearson-Lehman (y Lehman, por supuesto, era el nombre de *otra* institución bancaria neoyorquina de 'Nuestra Multitud' dentro de la esfera del imperio Rothschild). En 1997, tomó el control de Salomon Inc, la empresa matriz del famoso banco judío Salomon Brothers. Weill llamó a su nueva empresa Shearson-Lehman-The Travelers Group, que más tarde se fusionó con CitiCorp, lo que permitió a Weill asumir la dirección de ese grupo. Weill, cuyo valor se estima en 1.900 millones de dólares, también fue nombrado director "Clase A" del Banco de la Reserva Federal de Nueva York. Es, sin duda, un directivo clave del imperio Rothschild.

SAMUEL ZELL, de quien se dice que vale 6.000 millones de dólares y es el 52º estadounidense más rico, empezó su ascenso en el sector inmobiliario. En un momento dado, su empresa Equity Residential fue la mayor propietaria de pisos de Estados Unidos; otra empresa relacionada era la mayor propietaria de oficinas del país. También desempeñó un papel importante en el sector de las casas móviles, a través de su empresa Manufactured Home Communities. Hijo de inmigrantes judíos polacos, también se ha dedicado a los medios de comunicación y ahora es una pieza clave en Anixter International, el mayor distribuidor mundial de productos de comunicaciones y alambres y cables electrónicos. En 2007, Zell se hizo con el control de Tribune Company, editora de prestigiosos periódicos estadounidenses como *Chicago Tribune*, *Los Angeles Times* y *Newsday* de Nueva York. También es propietario del equipo de béisbol Chicago Cubs (propiedad de Tribune Company). El célebre semanario judío *Forward* describió a Zell como un "sionista acérrimo". Ha realizado numerosas donaciones multimillonarias a instituciones académicas israelíes y ha financiado el Centro Israelí para el Progreso Social y Económico, considerado de "derechas". No es sorprendente que Zell también haya apoyado económicamente al Comité Judío Estadounidense, de extrema derecha, y es conocido por su tendencia a hacer donaciones políticas a intereses del Partido Republicano.

Sin embargo, como todos los representantes judíos del poder, también está dispuesto a hacer donaciones al Partido Demócrata. Recientemente se anunció que Zell iba a llevar a la quiebra a la Tribune Company, tras devastar esta institución estadounidense.

Al parecer, sus empleados tendrán que hacer frente a la pérdida de gran parte de sus fondos de pensiones.

KHEDORI ZILKHA fue durante muchos años el patriarca moderno de esta familia de judíos cuyos orígenes se remontan a Babilonia. Formaban parte de los príncipes judíos que reinaron en Babilonia y permanecieron allí tras el final de su exilio. Zilkha fue descrito por el periódico judeo-céntrico *New York Sun* (propiedad en parte del heredero del sindicato del crimen judío Michael Steinhardt - ver MICHAEL STEINHARDT) como "una figura imponente que dominó el paisaje financiero de Oriente Medio, Europa, América y Asia y se convirtió en un actor importante de la banca internacional". Sin embargo, ¿cuántos estadounidenses han oído hablar de la familia Zilkha? La dinastía está ahora encabezada por Ezra Zilkha, quien afirma: "Mi familia estaba orgullosa de formar parte de la comunidad judía establecida por Nabucodonosor. Cuando terminó el cautiverio babilónico y muchos judíos regresaron a Jerusalén, mis antepasados se quedaron. Siempre tengo presente la historia. Mi sensibilidad está arraigada en la antigüedad". Esta familia es una de las fuerzas más poderosas y ricas del imperio Rothschild, fiel a sus raíces talmúdicas y al sueño del Talmud de dominar el mundo judío. *El New York Sun* llegó a describir al propio Ezra Zilkha como "una leyenda viva".

MORTIMER ZUCKERMAN. Figura clave de la red de poder judía, Zuckerman alcanzó una influencia suprema gracias a su cargo de ex presidente de la Conferencia de Presidentes de las Principales Organizaciones Judías Estadounidenses. Este cargo por sí solo le confiere un poder significativo, no sólo dentro del movimiento "sionista", sino también en el conjunto de la comunidad judía de Estados Unidos y, por extensión, de todo el mundo. Sin embargo, ha ampliado su papel e influencia involucrándose en los medios de comunicación estadounidenses. Zuckerman, por supuesto, es más conocido como editor de *US News & World Report*, una de las venerables y antaño tradicionalmente conservadoras voces de la prensa estadounidense, considerada durante mucho tiempo la "alternativa conservadora" a las liberales *Time* y *Newsweek*, aunque muchos críticos honestos de los medios plantearían la cuestión de hasta qué punto *Time* y *Newsweek* eran realmente "liberales". En cualquier caso, bajo la influencia de Zuckerman, *US News & World Report*, sobre todo en los comentarios que Zuckerman publica en sus páginas, se ha convertido en un portavoz intransigente de Israel y su agenda internacional.

Zuckerman empezó como constructor y operador inmobiliario en Boston, en asociación temprana con elementos de la esfera familiar de los Bronfman en Canadá, y fue gracias a ello que amasó su fortuna inicial.

En la actualidad, Zuckerman controla otras instituciones estadounidenses como el *New York Daily News* y, hasta hace poco, el *Atlantic*. Zuckerman ha sido clasificado como el 188º estadounidense más rico. Desempeñó un papel activo en la "oficina de Nueva York" del Real Instituto de Asuntos Internacionales del imperio Rothschild, conocido como Consejo de Relaciones Exteriores, y en el Instituto de Washington para la Política de Oriente Próximo. Siguiendo la tradición del imperio Rothschild, Zuckerman desempeñó un papel decisivo en la construcción de otras fortunas judías, en particular la de su protegido, Daniel Snyder, más conocido como propietario del equipo de fútbol americano Washington Redskins. Snyder es un caso notable. Con el respaldo de Zuckerman y a través de Snyder Communications, una pequeña empresa familiar, el joven Snyder estableció operaciones de "sala de calderas" por todo Estados Unidos, recogiendo los nombres de estadounidenses con apellidos españoles (legales e ilegales), compilando listas de esos nombres y comercializando luego con ellos tarjetas telefónicas, programas de larga distancia, hipotecas, préstamos para automóviles y ofertas de tarjetas de crédito. Esta fue probablemente la primera operación de recopilación de nombres de este tipo, en la que participó la floreciente población latina de EE.UU., y no sólo enriqueció a Snyder (¡*haciéndole* multimillonario!) y al imperio Rothschild, sino que también estableció un grado especial de influencia sobre esta entidad demográfica cada vez más poderosa en virtud de su número. No es algo ampliamente conocido, ni siquiera por los latinos, pero es algo que necesitan saber.

Estos son, pues, los "duques y duquesas" -los rangos más altos- de la corte Rothschild. Veamos ahora el "tercer" nivel: los "señores y señoras" que forman parte de la corte real de la dinastía Rothschild.

Un distinguido Salón de la Fama - En 2008, el gobierno israelí instituyó oficialmente un Salón de la Vergüenza - una "lista de enemigos" virtual - que incluye al autor estadounidense Michael Collins Piper. He aquí un panteón de personalidades estadounidenses y de otros países (del pasado y del presente) acusadas de ser "antisemitas" o de no apoyar suficientemente a Israel. ¡Y eso es sólo un puñado!

- Presidente Richard Nixon
- Presidente John F. Kennedy
- Presidente Jimmy Carter
- Presidente George H.W. Bush
- Presidente Gerald Ford
- Presidente Harry Truman
- Senador Robert F. Kennedy (D-N.Y.)
- El Senador J. William Fulbright (D-Ark.)
- El Senador J. William Fulbright (D-Ark.)
- Senador Charles Percy (R-Ill.)
- Senador Jim Abourezk (D-S.D.)
- Senador Adlai Stevenson (D-Ill.)
- Senador Ernest F. Hollings (D-S.C.)
- Senador Mike Gravel (D-Alaska.)
- Rep. Cynthia McKinney (D-Ga.)
- Rep. Paul Findley (R-Ill.)
- Rep. Pete McCloskey (R-Calif.)
- Ed Zshau (R-Calif.)
- Mary Rose Oakar (D-Ohio)
- General George V. Strong (Jefe de Inteligencia Militar - 1942-45)
- Coronel Sherman Miles (Jefe de Inteligencia Militar)
- General George Brown (Jefe del Estado Mayor Conjunto)
- General Pedro Del Valle (Infantería de Marina de EE.UU.)
- Dr. Mahathir Mohamad
- Thomas Edison
- Carl Jung
- H. L. Mencken
- Theodore Dreiser
- Ernest Hemingway
- Thomas Carlyle
- Henry Adams
- George Eliot
- Jack Kerouac
- Percy Shelley
- H. G. Wells
- D. H. Lawrence
- James Russell Lowell
- Henry Miller
- Sir Walter Scott
- George Sand
- Johannes Brahms
- - William Faulkner

- Diputado Mervin Dymally (D-Calif.)
- Diputado Gus Savage (D-Ill.)
- Rep. John R. Rarick (D-La.)
- Rep. Steve Stockman (R-Texas)
- Rep. Jim Traficant (D-Ohio)
- Rep. Earl Hilliard (D-Ala.)
- Bill Scranton, Embajador de las Naciones Unidas
- Embajador de las Naciones Unidas Andrew Young
- Gobernador John B. Connally (D-Texas)
- Secretario de Defensa James Forrestal
- Secretario de Defensa Caspar Weinberger
- Secretario de Estado James Baker
- General George Patton
- General George C. Marshall
- General George Stratemeyer
- General Albert Wedemeyer
- Coronel Charles A. Lindbergh
- General Robert Wood
- General de División George Van Horn Moseley (Jefe Adjunto de Estado Mayor, Ejército de EE.UU.)
- Almirante Thomas Moorer (Jefe del Estado Mayor Conjunto)
- W. A. Carto
- Walt Disney
- Henry Ford
- Truman Capote
- Lord Byron
- Nathaniel Hawthorne
- Henry James
- F. Scott Fitzgerald
- T. S. Eliot
- Washington Irving
- Gore Vidal
- Rudyard Kipling
- C. Northcote Parkinson
- Franz Liszt
- Somerset Maugham
- Eugene O'Neill
- Ezra Pound
- George Bernard Shaw
- Richard Wagner
- Robert Louis Stevenson
- - George Orwell

CAPÍTULO XII

Los "Señores" de la aristocracia judía estadounidense: el tercer escalón de las familias de la corte Rothschild

La información que sigue se basa en gran medida en los perfiles de unas 180 familias judías con nombre propio (y a menudo relacionadas entre sí) publicados en un "número homenaje" especial (fechado en 1997-1998, vol. 21, nº 10) de la revista *Avenue,* con sede en Nueva York, una publicación "mundana" de escasa tirada fuera del círculo de quienes gustan de leer sobre las modas y los caprichos de la élite del poder.

Este número especial, titulado "Portraits of Family Success in the American Jewish Community" (Retratos del éxito familiar en la comunidad judía estadounidense), destaca los nombres y las empresas de familias judías estadounidenses, centrándose en aquellas que han participado activamente en la comunidad judía y en sus numerosas iniciativas filantrópicas y políticas.

Cabe señalar que existen literalmente cientos, si no miles, de organizaciones comunitarias judías y otras entidades, tanto a nivel local como nacional.

Aunque un puñado de grupos judíos como el Comité Estadounidense-Israelí de Asuntos Públicos (AIPAC) y la Liga Antidifamación (ADL) de B'nai B'rith aparecen con frecuencia en los principales medios de comunicación, principalmente en el contexto de noticias "políticas", hay muchas otras entidades de este tipo que rara vez se mencionan, salvo en los periódicos de la comunidad judía que, por supuesto, no son lectura "cotidiana" para el estadounidense medio.

En cuanto al término "filantrópico", tal y como se utiliza aquí, es bastante impreciso, ya que muchas familias judías, si no la mayoría, sólo son filantrópicas con organizaciones benéficas específicamente judías, aunque hay excepciones.

La lista de *Avenue* -tal como se presenta aquí- no menciona las numerosas organizaciones benéficas, tanto en Estados Unidos (de orientación judía y no judía) como en Israel, que las familias nombradas han financiado con gran éxito. Sólo hemos incluido esta información cuando una familia concreta estaba estrechamente asociada a una "causa" determinada.

También hay que señalar que la mayoría de las familias mencionadas parecen, según el informe de *Avenue*, haber creado una u otra fundación familiar, y que utilizan estas fundaciones para apoyar diversas causas. La mayoría de estas causas -aunque no todas- son de naturaleza judía y, con bastante frecuencia, están vinculadas al Estado de Israel y a diversos organismos e instituciones israelíes. Algunos de estos nombres ya se han mencionado en la lista resumida del capítulo anterior.

Así pues, huelga decir -con algunas excepciones- que los nombres que aquí figuran constituyen los "más ricos entre los ricos" (y, por tanto, los más poderosos) entre la élite judía estadounidense, pero esto no quiere decir que los nombres que aquí aparecen constituyan realmente una lista oficial de los "judíos más ricos de Estados Unidos". Ni mucho menos. De hecho, hay muchos otros empresarios ricos de origen judío, por así decirlo, que no aparecen en los titulares. Hay, por ejemplo, muchos ricos delincuentes judíos que prefieren pasar desapercibidos y no tratan de darse publicidad a sí mismos ni a sus donaciones a organizaciones filantrópicas judías. En este sentido, es poco probable que la revista *Avenue* esté dispuesta a saludar los "logros" de un delincuente judío. Por lo tanto, la lista de *Avenue* está incompleta a este respecto.

En cuanto a la lista, observe que no encontrará a Henry Kissinger, por ejemplo. Aunque rico y poderoso, la riqueza y el poder de Kissinger han sido siempre el resultado de su evolución en la esfera de los ricos y poderosos. Kissinger es una figura política y, como tal, no es más que un funcionario bien pagado de la dinastía Rothschild.

La fama y los "logros" de Kissinger son, en muchos sentidos, una creación de los medios de comunicación controlados por los judíos, pero a diferencia de muchos de los que figuran en la lista *de la Avenida*, él no es uno de los propietarios de los medios *como tal*. Quizás esta distinción sea suficiente para mantener a Kissinger fuera de la lista. Aunque Kissinger forma parte del consejo de administración de muchas empresas, incluidos los medios de comunicación, siempre ha sido más una figura pública (que resulta ser judía) que actúa como facilitador de los poderes entre bastidores que un verdadero "impulsor" por derecho propio. Sin el patrocinio de poderosos patrocinadores, Kissinger no sería más que otro pintoresco académico judío.

Además, para consideración del lector, hay otro factor que cabe señalar: Henry Kissinger se hizo un nombre en la esfera *inmediata* de la familia Rockefeller, que siempre ha funcionado esencialmente como satélite del imperio Rothschild, aunque a veces tenga intereses independientes en juego.

Y para ser justos con los muchos millonarios -y quizá multimillonarios- judíos estadounidenses que no han sido honrados por la lista de "logros familiares" *de Avenue* y que no están necesariamente implicados en actos delictivos, cabe señalar que muchos de ellos han acumulado una gran riqueza pero no han buscado la aclamación pública, el reconocimiento de las revistas de sociedad ni el honor de su propia comunidad judía.

Así que sin duda hay muchas otras fortunas judías que no se mencionan en la lista recopilada por *Avenue*. Pero la lista de *Avenue* es realmente muy completa, y como registro de los principales actores - financieramente hablando- de la "alta sociedad" judía, la lista de Avenue es sin duda un documento valioso (francamente, el autor nunca ha visto nada tan completo). (Francamente, el autor nunca ha visto nada tan exhaustivo.) Probablemente se pueda afirmar que, aunque los nombres judíos constituyen una parte considerable de la lista anual *Forbes* 400 de las familias más ricas de Estados Unidos, una lista secundaria de lo que podría llamarse "*Forbes* 800" -es decir, una lista del siguiente grupo de 400 familias ricas después de las 400 primeras- incluiría sin duda prácticamente todos los nombres que aparecen en la lista de *Avenue* aquí resumida. En resumen, aunque gran parte de la riqueza judía se acumula en la cima, hay una acumulación aún mayor en el "término medio" mucho más amplio de las familias estadounidenses ricas.

Dicho todo esto, echemos un vistazo a los "señores y señoras" de la aristocracia judía, el "tercer nivel" (por así decirlo) de la corte Rothschild:

ABESS. Miami, Florida. Controla el City National Bank de Florida. Entre sus miembros figuran Leonard Abess y Allan Abess, Jr.

ALTHEIM. Ciudad de Nueva York. Philip y Barbara Altheim controlan Forest Electric, filial de EMCOR y la mayor empresa de construcción eléctrica del mundo. Sus hijos son Marc, Jill y Gary.

ANNENBERG. Filadelfia. Dirigida durante mucho tiempo por el difunto Walter Annenberg, que fue embajador de EE.UU. en Inglaterra, nombrado por Richard Nixon. Imperio de Triangle Publications. Publica *TV Guide* y el *Philadelphia Inquirer*.

ARISON. Miami. El hijo de Ted, Micky, controla ahora el imperio familiar, que incluye la línea de cruceros, hoteles, resorts y el equipo de baloncesto Miami Heat. Ted Arison ha regresado a Israel.

ARNOW-WEILER. Boston. Jack Weiler, de origen ruso, se asoció con Benjamin Swig para el desarrollo comercial, haciéndose con siete millones de metros cuadrados. Su hija Joan, su marido Robert Arnow y su hijo David dirigen ahora el imperio. Tienen un hijo, Noah.

BARNETT. Fort Worth, Texas. Dirigió los hoteles Hilton en Israel. Louis Barnett y su esposa Madlyn (de soltera Brachman, véase BRACHMAN) tienen un hijo, Eliot, que se dedica al desarrollo de centros comerciales. La familia también participa en el sector inmobiliario, farmacéutico y petrolero. La familia financia el Instituto Barnett de Biotecnología de la Universidad Northeastern.

BELFER. Nueva York. Refugiados de Polonia, Arthur y Rochelle Belfer fundaron la familia que ahora dirigen Robert Belfer y sus hijas Selma Ruben y Anita Saltz. Arthur Belfer estaba involucrado en el negocio del petróleo y el gas, que más tarde evolucionó hasta convertirse en la infame empresa Enron. [Para más información sobre la "conexión judía" de Enron, véase *The New Jerusalem*, de Michael Collins Piper. Su hijo Robert formaba parte del comité ejecutivo de Enron, pero escapó a la atención de los medios de comunicación.

BELZ. Memphis. Belz Enterprises y el Grupo Hotelero Peabody (Memphis) forman parte del patrimonio familiar creado por Philip Belz, que se dedicó al sector inmobiliario y a la gestión. Su hijo Jack Belz y su esposa Marilyn dirigen el negocio familiar. Su hija Jan, casada con Andrew Groveman, empezó a hacerse un nombre, activa en el campo de la emigración judía soviética.

BELZBERG. Canadá-Nueva York-Israel. Sam Belzberg dirige Gibralter Capital. Esposa: Frances. Su hija Wendy (editora del influyente periódico judío *Forward*) está casada con Strauss Zelnick, director de BMG Records. Su hija Lisa está casada con Matthew Bronfman (véase BRONFMAN). La familia es una de las fundadoras originales del Centro Simon Wiesenthal. Su antiguo rabino, Marvin Heir, se trasladó de Canadá a Los Ángeles, donde fundó el Centro.

BENARD-CUTLER. Boston. Con sus socios -Heldon Adelson, Irwin Chafetz y el Dr. Jordan Shapiro- Ted Benard-Cutler dirige el grupo

Interface, que diseñó Comdex, feria mundial de las industrias informática y de comunicaciones. Comdex fue vendida a la empresa japonesa Softbank en 1995. Benard-Cutler y Chafetz dirigen ahora GWV International, que organiza viajes por Nueva Inglaterra. Benard-Cutler y su esposa Joan tienen hijos, Joel y Robert, y una hija, Ellen Colmas.

BERNHEIM. Nueva York. El corredor de bolsa Leonard Bernheim fue superado socialmente por su esposa Elinor Kridel Bernheim, que participó activamente en los asuntos judíos de Nueva York, al igual que sus hijos Charles y Leonard.

BINSWANGER. Filadelfia. Isidore Binswanger es el fundador del Maimonides College, el primer colegio rabínico de las costas americanas. Su hijo Frank creó una gigantesca empresa inmobiliaria internacional con 20 oficinas en Estados Unidos y Canadá. También trabaja en Japón y otros países de Asia y Europa. Frank Jr. y John Binswanger siguen activos en el negocio familiar. Su hijo Robert dirige el Dartmouth College of Education.

NEGRO. Nueva York. Leon Black fue Director General de Drexel Burnham Lambert y actualmente es Presidente de Apollo Advisors LP y de su filial Lion Advisor, LP.

BLAUSTEIN. Baltimore. Louis Blaustein empezó vendiendo parafina, antes de fundar la American Oil Company (AMOCO). Su hijo y heredero Jacob fue llamado en una ocasión "el jefe titular de la comunidad judía estadounidense" y desempeñó un papel importante en los primeros años de las Naciones Unidas. Las hermanas Fanny Thalheimer y Ruth Rosenberg. Otros miembros de la familia: David Hirschhorn, Barbara Hirschhorn, Mary Jane Blaustein, Arthur Roswell, Elizabeth Roswell, Jeanne Blaustein Borko, Susan Blaustein Berlow.

BLOQUE. Nueva York. Alexander Block fundó Block Drugs, que pasó a fabricar Polident, Nytol y Sensodyne. Su hijo Leonard, su nieto Thomas y su nieta Peggy Danziger (esposa de Richard Danziger) siguen activos en el negocio familiar.

BLOOMBERG. Nueva York. Elegido alcalde de Nueva York en 2001, Michael Bloomberg empezó en Salomon Brothers antes de crear un imperio multimedia que suministra artículos a periódicos y una cadena de televisión por satélite 24 horas directa al hogar.

BLUMENTAL. Charlotte, Carolina del Norte. Herman Blumenthal dirige la Radiator Speciality Company, que fabrica unos 4.000

productos de automoción. Él y su esposa Anita tienen tres hijos, Alan, Philip y Samuel, que participan activamente en las actividades de la empresa y en las actividades "filantrópicas" de la familia.

BRACHMAN. Fort Worth. El fundador de la familia, Leon Brachman, inició un negocio de fabricación de productos químicos y se diversificó creando Computerized Business Systems, que diseña programas para pequeñas empresas. Su hijo Marshall está asociado al Comité de Asuntos Públicos Americano-Israelí (AIPAC) en Washington. Su hija Wendy vive en Israel. Madlyn, miembro de la familia, se casó con la familia Barnett de Ft.Worth (véase BARNETT).

BRAMAN. Miami. Norman Braman empezó en Filadelfia, donde creó los Keystone Discount Stores (38 tiendas). Con su esposa Irma, se retiró a Miami, donde dirige una cadena de concesionarios de automóviles. Antiguo propietario de los Philadelphia Eagles.

BROAD. Los Ángeles. Eli Broad fundó SunAmerica, Inc, una empresa de servicios financieros. Copropietario de los Sacramento Kings, también es conocido como coleccionista de arte contemporáneo.

BUTTENWIESER. Nueva York. El difunto Benjamin Buttenwieser era socio del imperio bancario Kuhn-Loeb y fue Alto Comisionado Adjunto de Estados Unidos en Alemania tras la Segunda Guerra Mundial. Su esposa, Helen, era miembro de la familia bancaria Lehman Brothers. Su hijo Lawrence es socio del bufete neoyorquino Rosenman & Colin. Su hijo Peter fue director de un instituto de Filadelfia y está relacionado con las actividades de las fundaciones Ford y Danforth (no judías). Su hijo Paul es psiquiatra y novelista en Belmont, Massachusetts.

CARDIN. La riqueza del difunto marido de Shoshana Cardin, el magnate inmobiliario Jerome Cardin, le permitió ascender en la comunidad judía como primera mujer presidenta de la Conferencia de Presidentes de las Principales Organizaciones Judías Estadounidenses y presidenta de United Israel Appeal. Su hija Nina fue una de las primeras mujeres admitidas como rabina conservadora. Su hijo Sandy dirige la Fundación Schusterman en Tulsa, Oklahoma.

CARTER Se dice que Victor Carter se ha "especializado en dar la vuelta a empresas en quiebra", pero es más conocido por dirigir United Way, City of Hope e Israel Bonds. Su esposa Andrea trabaja en la Country Music Commission.

CHANIN. Nueva York. Los hermanos Irwin y Henry Chanin fueron importantes promotores inmobiliarios en Nueva York a principios del siglo XX. El hijo de Irwin, Marcy, y su esposa Leona Feifer Chanin (vicepresidenta primera del Congreso Judío Americano) tienen hijos: dos de ellos son abogados, James Chanin, de Oakland (California), y Ann Glazer, de Los Ángeles. Otra hija, Nancy Sneider, vive en Boca Ratón, Florida. El hijo de Irwin, Paul Chanin, reside en Aspen (Colorado), donde está la fundación familiar. Dirige el famoso restaurante Pinon's como actividad secundaria.

COHEN. Nueva Orleans. Rosalie Cohen, hija del fundador de Universal Furniture, Leon Palter, es una de las principales figuras de la poderosa comunidad judía de Crescent City.

CONE. Una gran familia judía del Sur (descendiente de los 13 primeros hijos de Herman Cone) que se hizo rica gracias a Cone Mills, el mayor fabricante de tela vaquera del mundo.

CORWIN. Los Angeles. Bruce C. Corwin es presidente de Metropolitan Theatres Corporation, propietaria de cines y concesiones de palomitas. Apoya a la "conservadora" Universidad Pepperdine de Malibú.

CORONA. Chicago. Henry Crown, ya fallecido, estaba estrechamente vinculado al crimen organizado en Chicago y construyó un importante imperio inmobiliario basado en Material Service Corp, una empresa de materiales de construcción. En 1959, la familia se hizo con el control del contratista de defensa General Dynamics. La familia Crown desempeñó un importante papel en la financiación del programa secreto israelí de desarrollo de armas nucleares. Su hijo Lester es ahora el cabeza de familia. Su hijo Dan dirige Crown Cinemas.

CUMMINGS. Chicago. Nathan Cummings fundó el conglomerado de producción alimentaria más conocido por sus productos "Sara Lee". Sus tres hijos y diez nietos continúan la fundación familiar.

DAVIDSON. Detroit. William Davidson se hizo cargo de la empresa de parabrisas de su tío, que se convirtió en Guardian Industries, quinto fabricante mundial de vidrio. Propietario del equipo Detroit Pistons. El Instituto William Davidson, fundado por Davidson en la Escuela de Administración de Empresas de la Universidad de Michigan, se aventuró en las economías recién desarrolladas de Europa del Este.

DEUTSCH. Santa Mónica. Carl Deutsch dirige los servicios inmobiliarios y de gestión de la familia.

DURST. Nueva York. Joseph Durst y sus tres hijos, Seymour, David y Royal, así como sus nietos Douglas, Robert, Jonathan y Joshua, urbanizaron amplias zonas de la Tercera Avenida y el West Side de Nueva York.

EISNER. Los Angeles. Michael Eisner organizó la fusión de Capital Cities, propietaria de ABC y otras propiedades. Se hizo cargo de Walt Disney Company en 1984. Nieto del cofundador de la American Safety Razor Co.

EPPLER. Cleveland-Palm Beach. Heinz Eppler, de origen alemán, se hizo cargo de Miller-Whol y convirtió la empresa en 420 tiendas de ropa femenina, vendidas en 1984 a Petrie Stores Corporation. Su hijo David tiene su sede en Washington, D.C.

EVERETT. Descritos como "inversores privados de éxito", Henry y Edith Everett participan activamente en diversas filantropías judías. Su hijo David también participa activamente en asuntos judíos.

FEINBERG. Chicago. Rueben Feinberg es Presidente del Jefferson State Bank en Chicago.

FELDBERG. Boston. Sumner y Stanley Feinberg, primos, fundaron las tiendas T.J. Maxx (más de 500 puntos de venta), las tiendas Hit or Miss (500 puntos de venta) y el catálogo Chadwick.

FELDMAN. Dallas. Jacob "Jake" Feldman, ya fallecido, fundó Commercial Metals, una importante empresa que cotiza en bolsa en Nueva York. Su hijo y heredero Robert participó activamente en la comunidad judía de Dallas.

FEUERSTEIN. Westport, Connecticut-Newport Beach, California-Los Ángeles-Nueva York. Herederos de Aaron Feurstein, propietario del imperio textil Malden Mills, que producía tejido Polartec a partir de botellas de plástico recicladas. El hermano de Aaron, Moses, fue una figura destacada del judaísmo ortodoxo estadounidense. El hijo de Moses, Morty, dirige la comunidad ortodoxa de Vancouver (Canadá).

FISHER. Nueva York. Fundada por Zachary y Lawrence Fisher, se trata de una importante familia de promotores inmobiliarios neoyorquinos.

MAX FISHER. Detroit. Importante industrial del petróleo y actor clave en los asuntos del Partido Republicano, Max Fisher mantiene desde hace tiempo relaciones comerciales con Israel y la inteligencia israelí. *La Gaceta de la Policía Nacional* (diciembre de 1974) lo describió como uno de los poderosos "hombres misteriosos" que indicaban al político republicano de Michigan Gerald Ford (futuro presidente de Estados Unidos) "qué hacer y cuándo hacerlo". (En *Juicio Final*, el estudio de este autor sobre la conspiración del asesinato de JFK, describimos la conexión Ford-Fisher -y los vínculos de Fisher con la inteligencia israelí- a la luz del papel de Ford en la Comisión Warren, que ostensiblemente "investigó" el asesinato de JFK, pero que de hecho sirvió para ocultar el largamente secreto vínculo israelí con el asesinato del Presidente).

FRIEDMAN. Mill Valley, California. Eleanor Friedman -una de las numerosas herederas de los miles de millones de Levi Strauss- y su marido, Jonathan Cohen, son los fundadores del New Israel Fund, considerada una de las fundaciones "liberales" que defienden causas de izquierda en Israel, en particular los derechos de la mujer, el pluralismo religioso y la mejora de las relaciones con los palestinos cristianos y musulmanes.

GERBER. Chicago. Max Gerber fundó la Gerber Plumbing Fixtures Company, hoy controlada por su hija Harriet Gerber Lewis y sus hijos, Alan e Ila.

GIDWITZ. Chicago. Gerald Gidwitz es presidente de Helene Curtis, empresa de productos de cuidado personal. Su hijo Ronald es presidente de la empresa, que fue comprada por Unilever en 1996. La familia también es propietaria de Continental Materials Corporation, que fabrica equipos de calefacción y aire acondicionado.

GODCHAUX. Nueva Orleans. Herederos de Godchaux Sugar, en su día el mayor productor de azúcar de Luisiana, y de los famosos grandes almacenes Godchaux' de Nueva Orleans. Los miembros de la familia están repartidos por todo Estados Unidos.

ORO. Los Ángeles. Stanley Gold dirige Shamrock Holdings, una empresa de inversiones diversificadas asociada con los herederos de Disney. Es uno de los principales inversores de Koor Industries, la mayor empresa industrial de Israel. El Sr. Gold tiene un hijo, Charles, y una hija, Jennifer.

GOLDSMITH. Nueva York. Varios hijos de Grace, esposa del corredor de bolsa Horace Goldsmith -James, William y Thomas Slaughter- controlan la fundación creada gracias a la generosidad de Goldsmith. Richard y Robert Menschel -dos banqueros de Goldman Sachs que son primos- también participan en los negocios de la familia.

GOLDENBERG. Filadelfia. Herederos de una fortuna en confitería y barras de chocolate, que produce Goldenberg Peanut Chew, el único producto de la empresa. Entre los miembros de la familia figuran Carl, Ed y David.

GOTTSTEIN. Alaska. Barney Gottstein. Dirige Carr Gottstein Foods, con sede en Anchorage, la mayor empresa de Alaska, que opera en supermercados, venta al por mayor de comestibles e inmobiliaria. Fue vicepresidente nacional de AIPAC, el grupo de presión israelí, y formó parte del Comité Nacional Demócrata. Su hijo Robert colabora estrechamente con el evangelista cristiano proisraelí Pat Robertson para promover causas judías.

GRASS. Scranton, Pensilvania. Alex Grass llevó el Centro de Descuentos Thrift del pequeño estado de Keystone City al siguiente nivel y creó más de 2.700 farmacias Rite Aid en 23 estados, con filiales como Auto Palace (recambios de automóviles), Concord Custom Cleaners, Encore Books y Sera-Tec Biologicals. Fue Presidente de la Universidad Hebrea de Israel. Entre sus hijos figuran Martin y Roger.

ALAN GREENBERG. Nueva York. Alan "Ace" Greenberg fue Presidente de Bear Stearns y ha participado en muchas causas judías.

MAURICE GREENBERG. Nueva York. Conocido como "Hank" Greenberg, este barón de los seguros se hizo con el control de American International (AIG) y desarrolló una intensa actividad en Extremo Oriente. Desempeña un papel importante en el influyente Consejo de Relaciones Exteriores. Sus hijos son Jeffrey, Evan, Lawrence "Scott" y su hija Cathleen.

GRUSS. Nueva York. Joseph Gruss se dedicó a la exploración de petróleo y gas en Texas, Oklahoma y Wyoming y fundó Gruss & Company, que se dedica a fusiones y adquisiciones de petróleo y gas. El marido de su hija Evelyn, Kenneth Lipper, abogado, es banquero de inversiones y ex teniente de alcalde de finanzas de Nueva York. Su hijo Martin se dedica a las carreras de caballos.

GUMENICK. Miami. Nathan Gumenick construyó y fue propietario de 10.000 pisos y 500 viviendas en Miami, convirtiéndose en el primer promotor inmobiliario de gran altura de la meca judía del retiro. Fue uno de los principales promotores del Museo Conmemorativo del Holocausto de Estados Unidos durante su desarrollo. Su hijo Jerome participa activamente en la comunidad judía de Richmond, Virginia.

HAAS. Los miembros de esta familia inmensamente rica son herederos de la fortuna de la confección Levi-Strauss. En total, la riqueza combinada de los distintos miembros de la familia les convierte sin duda en la familia más rica del país.

HALPERN Sam Halpern y su hermano Arie -inmigrantes de origen polaco que llegaron a Estados Unidos- estaban muy implicados en la construcción de complejos turísticos en Israel. Es evidente que los Halpern acumularon su fortuna en el mercado negro de la Unión Soviética y más tarde en la industria de la construcción en Estados Unidos.

HASSENFELD. Nueva York-Rhode Island. Herederos del imperio Hasbro, productor de Mr. Potato Head y GI Joe, la mayor empresa juguetera del mundo. Miembros de la familia: Alan y Harold.

HASTEN. Indianápolis, Indiana. Hart y Mark Hasten han desarrollado una cadena de 1.500 centros de convalecencia y han participado en los sectores bancario e inmobiliario, incluido el holding familiar Hasten Bancshares, Inc. Hart es próximo al bloque Likud de Israel.

HECHINGER/ENGLAND. Washington, D.C. Nacidos de la cadena de ferreterías Hechinger en la región de la capital nacional, John Hechinger y Ross Hechinger. Richard England se casó en el seno de la familia Hechinger. Su hijo Richard formó parte del comité ejecutivo del American-Israel Public Affairs Committee (AIPAC).

GOTTESFELD HELLER Fanya Gottesfeld Heller, viuda del inversor Joseph Heller, es famosa no sólo por la generosidad de su marido, que distribuye entre causas judías, sino también por haber escrito unas memorias muy elogiadas sobre sus años como "superviviente del Holocausto" nacida en Ucrania.

HEYMAN. Nueva York-Connecticut. Sam Heyman y su esposa Ronnie (ambos licenciados en Yale y Harvard) se hicieron ricos gracias a la participación de Sam en GAF Corporation, una importante empresa de fabricación de materiales de construcción y productos químicos. En 1991, Sam escindió la división química, que ahora cotiza en bolsa con el nombre de International Specialty Products. La Sra. Heyman (de soltera Feuerstein, véase FEUERSTEIN) fue compañera de estudios de Derecho de Hillary Rodham Clinton.

HOCHBERG. Nueva York y Chicago. Herederos de Joseph Hochberg, que dirigió Children's Bargaintown USA. Su hijo Larry es presidente de Sportmart, una cadena de artículos deportivos.

HOFFMAN. Dallas, Texas. Edmund Hoffman hizo fortuna como primer embotellador y distribuidor de Coca-Cola (con sede en Dallas) en el suroeste de Texas. Su hijo Richard es un médico de éxito en Colorado. Su hijo Robert es uno de los fundadores de la revista de humor National Lampoon.

JESSELSON. Nueva York. Michael, Daniel y Benjamin son los herederos de Ludwig Jesselson, que llegó a ser Consejero Delegado de Philipp Brothers, uno de los mayores mercados mundiales de más de 150 materias primas, entre ellas acero, petróleo crudo, productos químicos y cemento. Posteriormente, la empresa fue adquirida por el banco internacional Salomon Brothers, Inc.

KAPLAN. Nueva York. Stanley Kaplan es el mago de la educación que está detrás de los cursos de formación SAT que los estudiantes de secundaria utilizan para preparar los exámenes de acceso a la universidad. Stanley dice que está especialmente interesado en desarrollar "líderes" en las comunidades negra e hispana, lo que para los líderes negros e hispanos de base significa desarrollar personalidades negras e hispanas que cumplan las órdenes de la élite judía estadounidense.

KEKST. Nueva York. Gershon Kekst dirige la empresa de comunicación corporativa y financiera Kekst and Company. Es hijo de David y su esposa Carol.

KLINGENSTEIN. Nueva York. Entre los herederos del Dr. Percy Klingenstein, jefe de cirugía del Tercer Hospital General del Ejército de Estados Unidos, figuran Frederick Klingenstein, banquero de inversiones, y John Klingenstein.

KRAFT. Boston. Robert Kraft, propietario de los New England Patriots, hizo su fortuna fundando International Forest Products, una de las mayores empresas privadas de papel y embalaje del país.

KRAVIS. Tulsa. La fortuna familiar fue creada por Raymond Kravis, un consultor de petróleo y gas entre cuyos clientes figuraban Joseph P. Kennedy y el Chase Bank, controlado por los Rockefeller. Sus hijos Henry y George se asociaron con su primo, George Roberts, y dieron fama internacional y fortuna a su empresa Kohlberg Kravis Roberts & Company en las compras apalancadas de los años 80. Adquirieron 36 empresas, entre ellas RJR Nabisco. El equipo Kohlberg-Kravis estaba estrechamente vinculado a la política republicana de la época.

KRIPKE. Omaha. ¡Buenas relaciones! Myer Kripke era un rabino de Omaha (Nebraska) cuya esposa, Dorothy, escribía libros infantiles. A la esposa del legendario inversor multimillonario (no judío) Warren Buffet, afincado en Omaha, le gustaban los libros de la Sra. Kripke, y las dos mujeres se hicieron amigas. Como resultado, las Kripke fueron invitadas a convertirse en "modestas inversoras" de la empresa Berkshire Hathaway de Buffet y se embolsaron una gran suma de dinero. Su hijo Paul es profesor de filosofía en Yale.

LAUDER. Nueva York. Leonard y Ronald Lauder son herederos de la fortuna de los cosméticos Estee Lauder. Ronald fue también embajador de Estados Unidos en Austria y Presidente del Fondo Nacional Judío. En 1989 se presentó como candidato republicano a la alcaldía de Nueva York.

THOMAS H. LEE. Boston. Thomas H. Lee, operador de compras apalancadas, ganó mucho dinero vendiendo su empresa de refrescos Snapple a Quaker Oats. Ahora, como todos los jóvenes judíos bien educados, es filántropo.

LEHMAN. Skokie, Illinois. La familia Lehman, encabezada por Kenneth Lehman, no debe confundirse con la familia neoyorquina "Our Crowd" de banqueros internacionales judeo-alemanes, sino que hizo su dinero a través de una empresa familiar, Fel-Pro Incorporated, fabricante de piezas para automóviles. Lehman no es un negrero. Su empresa ofrece a sus empleados numerosas prestaciones y todo tipo de regalos económicos y becas.

PRESTAMISTA. Connecticut. Marvin y Murray Lender son unos magnates de los bagels congelados que han vendido su empresa y dedican su fortuna a causas judías.

LEVENTHAL & SIDMAN. Boston. Socios de Beacon Properties, el mayor fondo de inversión inmobiliaria de Estados Unidos, Edwin Sidman y Alan Leventhal sacaron su empresa a bolsa en 1994 y ampliaron sus intereses a todo el país. Leventhal estuvo estrechamente vinculado a las actividades políticas de Bill Clinton.

LEVIN. Nueva York. Gerald Levin, que llegó a ser consejero delegado del imperio Time Warner controlado por la familia Bronfman, empezó como lugarteniente de Lewis Strauss, el jefe judío de la Comisión de Energía Atómica. Aunque no hay nada en el registro público que lo sugiera, es una apuesta segura que Levin y Strauss fueron fundamentales para "ayudar" a Israel a adquirir armas atómicas. En la actualidad, Levin es miembro del Consejo de Relaciones Exteriores, controlado por los Rothschild. Una importante figura mediática.

LEVINSON. Nueva York. La viuda de Morris Levinson, Barbara, se convirtió en una figura destacada de la comunidad judía al distribuir la riqueza que Morris acumuló como conglomerado de alimentos y cosméticos que se fusionó con Nabisco. Morris es también uno de los fundadores del Centro de Estudios Democráticos, descrito como "el principal think tank". Su hijo Adam reside en Tallahassee (Florida), pero participa activamente en asuntos judíos a escala nacional. Su hijo Joshua es profesor en la Universidad Hebrea. Su hija Judy está casada con John Oppenheimer.

LEVY. Dallas, Texas. Irving, Milton y Lester Levy, hermanos, controlan NCH Corp., que fabrica y distribuye productos de limpieza a hoteles, organismos oficiales y empresas industriales. Sus cuatro hijos también trabajan en el negocio familiar.

LEON LEVY. Nueva York. Líder de la élite judía sefardí estadounidense (a la que Stephen Birmingham rinde homenaje en su libro *The Grandees*), Leon Levy hizo fortuna como director general de Urban Substructures, Inc., que participó en la construcción e ingeniería de muchas propiedades destacadas de la ciudad de Nueva York. Levy también fue Presidente de la Conferencia de Presidentes de las Principales Organizaciones Judías Americanas. Sus hijos son Mark, Mimi, Judy y Janet. Su esposa Elsi es músico profesional.

LIPPERT. Nueva York. Albert y Felice Lippert han ganado millones ayudando a millones de personas a perder peso. Formando equipo con Jean Nidetch, una corpulenta ama de casa judía que había creado grupos de apoyo a la dieta, crearon Weight Watchers International y vendieron el exitoso negocio a Heinz Foods en 1978. Hijos Keith y Randy.

LISTA. Nueva York. Albert List triunfa en la distribución de electrodomésticos, luego se diversifica y toma el control de la Hudson Coal Company, montando un conglomerado que incluye la cadena de cines RKO.

LOEB. Nueva York. Carl Morris Loeb, ya fallecido, hizo millones con American Metal Co. y pasó a fundar Loeb Rhoades (ahora Shearon Lehman/American Express). El hijo de Carl, John, se casó con la hija de Arthur Lehman, de Lehman Brothers. John Loeb tiene dos hijos, Arthur y John Jr (que fue embajador de EE.UU. en Dinamarca), y su hija Ann se casó con Edgar Bronfman, de quien tuvo un hijo, Edgar Bronfman Jr. Este mestizaje entre familias judías ilustra cómo la élite judía mantenía su riqueza "en la tribu", por así decirlo. Esta familia Loeb no debe confundirse con la familia Loeb del imperio bancario Kuhn Loeb, aliada de los Rothschild, otra gran fortuna judía.

LOWENBERG. San Francisco. William Lowenberg, superviviente del Holocausto y jefe de la Lowenberg Corporation, es un importante promotor inmobiliario en San Francisco, uno de los principales centros de riqueza judía en América. Su hijo David continúa el nombre de la familia y su compromiso con los negocios judíos.

MACK. New York. H. Bert Mack empezó en la demolición y fue responsable de importantes operaciones en los lugares donde se construyeron las Naciones Unidas, la Feria Mundial de Nueva York y el puente Triboro. Hoy, la empresa Mack es un importante promotor inmobiliario. Sus hijos son Earl, Bill, David y Fred.

MANDEL. Cleveland. Morton, Jack y Joseph Mandel crearon Premier Industrial Corporation, que hoy es uno de los principales fabricantes de productos electrónicos. Fusionaron Premier con Farnell Electronics, una empresa británica, para formar Premier Farnell PLC.

MARCUS. Dallas. Es la familia de los famosos grandes almacenes Nieman-Marcus. Aunque la empresa se vendió en 1969, Stanley Marcus permaneció varios años en el consejo de administración. También fue Presidente de la American Retail Federation.

BERNARD MARCUS. Atlanta. El imperio Home Depot, el mayor del país, es obra de Bernard Marcus, cuyos hijos, Fred, Morris y Suzanne, son los herederos de la fortuna.

MERKIN. Nueva York. Hermann Merkin fundó el banco de inversiones Merkin & Co, del que forman parte su hijo Sol y su yerno Andrew Mendes. Su hija Daphne es columnista de The *New York Times*.

MEYERHOFF. Baltimore. Harvey Meyerhoff, magnate de la construcción y los centros comerciales, fue el primer presidente del Museo Conmemorativo del Holocausto de Estados Unidos en Washington D.C. y también presidente de United Way. Su hijo Joseph Meyerhoff II es una destacada personalidad de Baltimore, al igual que su hija Terry Rubenstein y Zoh Hieronimus, conocido locutor de radio.

MEYERSON. Dallas. La fama de Mort Meyerson se debe a su asociación con Ross Perot, de quien se dice que es su "mano derecha" como Presidente de Electronic Data Systems y después como Consejero Delegado de Perot Systems Corporation.

MILKEN. Nueva York-Los Ángeles. Los tristemente célebres hermanos Milken -Michael y Lowell- saltaron a la fama durante los escándalos financieros de la década de 1980, pero siguen siendo figuras importantes en la comunidad judía mundial y gozan del respeto de los "conservadores" que admiran la piratería al estilo Milken.

MILLSTEIN. Nueva York. Ira Millstein es socio del influyente bufete neoyorquino Weil Gotshal & Menges y ha impartido clases en la Yale School of Management y en la Facultad de Derecho de la Universidad de Nueva York. Ha formado parte de numerosas comisiones gubernamentales y de la National Association of Corporate Directors.

MILSTEIN. Nueva York. La Circle Floor Company, fundada por Morris Milstein, instaló los suelos del Rockefeller Center y de las Naciones Unidas, pero los hijos de Morris, Seymour y Paul, desarrollaron el negocio familiar, Milstein Properties, hasta convertirlo en una importante empresa inmobiliaria, propietaria de hoteles, oficinas y pisos. También controlaron durante un tiempo el imperio internacional United Brands y, en 1986, compraron la Caja de Ahorros Emigrant. Los miembros de la familia Howard y Edward controlan Douglas Elliman, una empresa de gestión y corretaje de propiedades, y Liberty Cable Television Company.

MUSHER. Nueva York. Sidney Musher fue un ejecutivo farmacéutico que desempeñó un papel fundamental en la apertura del mercado estadounidense a los productos israelíes. Sus hijos David y Daniel son médicos.

NAGEL. Los Ángeles. La Nagel Construction Company financia el negocio de Jack y Gitta Nagal, ambos supervivientes del Holocausto. Sus hijos Ronnie, David y Careena viven en Los Ángeles. Su hija Esther vive en Englewood, Nueva Jersey.

NASH. Nueva York. Con su socio Leon Levy (véase LEON LEVY), Jack Nash fue uno de los fundadores del exitoso fondo de capital riesgo Odyssey Partners. Su yerno es el inversor George Rohr. La esposa de Jack, Helen, es una sofisticada autora de libros de cocina kosher.

NASHER. Dallas. Otro miembro de la élite judía de Texas, Raymond Nasher fue un importante promotor de centros comerciales, entre ellos el famoso NorthPark, uno de sus éxitos.

OFFIT. Nueva York. Ex directivo de Salomon Brothers, Morris Offit fundó su propio banco de inversiones, Offitbank, y su propia empresa de asesoría de inversiones, Offit Associates.

PEARLE. Dallas. El Dr. Stanley Pearle, optometrista, hizo fortuna con los famosos Pearle Vision Centers, los mayores minoristas de gafas del mundo.

PECK. Nueva York. Stephen y Judith Peck son miembros de la alta sociedad judía. Él presidió el consejo del famoso Hospital Mt. Sinai y ella presidió el consejo de la United Jewish Appeal-Federation. Su nuera, Stephanie Rein, y su hijo, Emmanuel, son grandes nombres del mundo empresarial judío de Nueva York.

PERELMAN. Nacido en Filadelfia, es el heredero de Belmont Industries. Nacido en Filadelfia, es el heredero de Belmont Industries, una empresa metalúrgica que se convirtió en holding de varias otras empresas de la región. Ronald Perelman controla ahora más de 44 empresas del imperio MacAndrew & *Forbes*. Entre sus participaciones más conocidas están Revlon, el gigante de los cosméticos, Coleman Co. (que fabrica material de camping), California Federal Bank y Consoli dated Cigar (que produce varias marcas de puros). Su hijo Steven participa en el negocio familiar.

POLK. Chicago. Sam y Sol Polk crearon los grandes almacenes Polk Brothers, que desempeñaron un papel importante en el área metropolitana de Chicago hasta su cierre en 1992, pero la familia sigue siendo rica. Entre los miembros de la familia figuran el corredor de bolsa Howard Polk, la ejecutiva inmobiliaria Roberta Lewis y Bruce Bachmann.

PRITZKER. Chicago. Los hoteles Hyatt, las líneas de cruceros Royal Caribbean, las aerolíneas Continental y Braniff, la revista *McCall*'s y el pulpo del entretenimiento Ticketmaster han formado parte de la gigantesca fortuna de la familia Pritzker. El fundador de la familia, Nicholas, era un inmigrante de Kiev que creó un bufete de abogados con el que inició su ascenso a la riqueza y el poder. Sus hijos Harry, Jack y Abraham, así como los hijos de este último, Jay, Robert y Donald, son los "grandes" de la familia. Su Grupo Marmon está especializado en la compra y reestructuración de empresas en crisis.

RATNER. Cleveland-Nueva York. La empresa Buckeye Material Company de la familia Ratner, con sede en Cleveland, se convirtió en Forest City Enterprises (ahora Forest City Ratner Companies), que es un importante promotor inmobiliario en su ciudad natal y en Nueva York. Participaron en la remodelación de la calle 42. Entre los miembros de la familia figuran Charles, James, Ronald, Albert, Leonard y Max, fundador de la Cámara de Comercio Israelí-Americana. Mark Ratner es profesor de Química en la Universidad Northwestern.

REDSTONE. Nacido Rothstein, Sumner Redstone se hizo cargo de la cadena de cines de su padre. Nacido Rothstein, Sumner Redstone se hizo cargo de la cadena de cines de su padre y la amplió a casi 900 sucursales. En 1987, orquestó la compra apalancada de Viacom, Inc, una de las principales empresas de medios de comunicación del mundo, que controla los estudios Paramount, Blockbuster Video, Simon & Schuster, Nickelodeon y MTV. Su hija Shari Redstone participa cada vez más en el imperio de su padre.

RESNICK. Nueva York. Jack y Pearl Resnick y su hijo Burton han hecho una fortuna en el sector inmobiliario de Nueva York, comprando y renovando oficinas. Su hija Marilyn está casada con Stanley Katz y participa activamente en asuntos judíos en Estados Unidos e Israel.

RIFKIND. Nueva York. Abogado de renombre y socio del influyente y elitista bufete Paul, Weiss, Rifkind Wharton & Garrison, Simon Rifkind fue "asesor" del general Dwight Eisenhower en asuntos como la difícil situación de los desarraigados supervivientes del Holocausto y desempeñó un papel fundamental en las presiones para la creación de Israel. Su hijo Robert, socio del bufete igualmente elitista Cravath, Swaine & Moore, fue presidente del Comité Judío Americano.

ROSE. Nacido en Jerusalén, David Rose se trasladó a Nueva York y creó una gran y poderosa empresa inmobiliaria, Rose Associates. Nacido en Jerusalén, David Rose se trasladó a Nueva York y creó una gran y poderosa empresa inmobiliaria, Rose Associates, que construyó, poseyó y/o gestionó propiedades en Nueva York, así como en Washington, D.C., Boston, Florida y Connecticut. Sus hijos Frederick, Daniel y Elihu, así como sus nietos Adam y Jonathan, se encargan ahora de los asuntos del imperio Rose.

ROSENWALD. Chicago-Nueva Orleans. Julius Rosenwald hizo fortuna al hacerse con el control de Sears & Roebuck, el gigante de los catálogos. Su hijo Lessing, sin embargo, disgustó a muchos miembros de la comunidad judía estadounidense por ser un ferviente partidario de las causas antisionistas. Su hija Edith, gran defensora de los "derechos civiles" en el Sur, que operaba en una fabulosa mansión de Nueva Orleans inspirada en "Tara" en *Lo que el viento se llevó*", se casó con la familia Stern. Su familia dirigía el imperio mediático WDSU en Nueva Orleans y eran amigos personales de Clay Shaw, que fue procesado por el fiscal del distrito de Nueva Orleans Jim Garrison por su implicación en el asesinato de John F. Kennedy. (Véase *Juicio Final* de este autor, Michael Collins Piper, para más información sobre el extraño papel de la familia Stern en los casos que rodean a Shaw y al presunto asesino Lee Harvey Oswald) La familia es bastante numerosa y sigue activa en el sector inmobiliario y la televisión por cable.

RUDIN. Nueva York. Jack y Lewis Rudin y sus hijos, entre ellos William y Eric, dirigen Rudin Management, que gestiona propiedades residenciales y de oficinas en Nueva York.

SAFRA. Nueva York-Monte Carlo. Aunque el judío de origen sirio Edmond Safra murió hace varios años en Montecarlo en un misterioso incendio (con acusaciones de implicación del crimen organizado judío ruso en su muerte), no hay ningún misterio sobre el hecho de que su imperio bancario mundial, basado en Republic New York Corp. y Trade Development, con sede en Suiza (que se fusionó con American Express), era muy poderoso en el turbio mundo de las finanzas internacionales. El imperio familiar está ahora controlado por sus hermanos Joseph y Moise y sus herederos.

SAUL. Nueva York. Joseph Saul fundó la cadena de moda Brooks, que vendió con enormes beneficios en 1984. Ahora dedica sus beneficios a diversas causas judías, en particular a intereses israelíes.

SAUNDERS. Boston. La empresa Saunders Real Estate Corp., de Donald Saunders, posee el hotel Park Plaza de Boston, así como un gran número de otras propiedades comerciales en el Estado de la Bahía. Sus hijas Lisa y Pamela se consideran herederas de la fortuna. Saunders está casado con la actriz Liv Ullman.

SCHEUER. Nueva York. Una empresa de gas y carbón y propiedades inmobiliarias en Nueva York son la fuente de la riqueza de esta familia. Un miembro de la familia, James, fue congresista. Walter es gestor de inversiones y productor de documentales. Steven es crítico de medios de comunicación. Amy es psicoterapeuta. Richard ha presidido el consejo de administración del Hebrew Union College y financia excavaciones arqueológicas en Palestina.

SCHOTTENSTEIN. Columbus, Ohio. Este imperio minorista e inmobiliario es conocido por Schottenstein Stores Corporation, Value City Department Stores, Value City Furniture y American Eagle Outfitters. Jay Schottenstein está ahora a la cabeza del imperio familiar.

SCHUSTERMAN. Tulsa, Oklahoma. Charles Schusterman dirige Samson Investment Company, el mayor productor independiente de gas de Oklahoma. Su hija Stacy participa en el negocio familiar. Su hijo Jay vive en Colorado. Su hijo Hal vive en Israel.

SELIG. Atlanta. Heredero de Ben Massell, promotor inmobiliario, S. Stephen Selig es a su vez un importante promotor de Atlanta, a través de Selig Enterprises. Su hija, Mindy Selig Shoulberg, es una figura importante en la comunidad judía de la ciudad.

SILVERSTEIN. Nueva York. Hijo de un agente inmobiliario convertido en gran promotor de torres de oficinas, Larry Silverstein es probablemente más conocido hoy en día como el operador judío que se hizo con el control de los contratos de arrendamiento del World Trade Center poco antes de la tragedia del 11 de septiembre, una historia que ha sido cubierta en detalle por los periodistas del *American Free Press*, el semanario populista nacional con sede en Washington D.C. Los rumores que vinculan a Silverstein con la CIA y el crimen organizado circulan desde hace tiempo.

SIMON. Indianápolis. Uno de los cinco mayores imperios de centros comerciales del país -de hecho, el segundo mayor- es la base de la fortuna de los hermanos Melvin y Howard Simon, que han desarrollado 62 centros comerciales y 55 galerías comerciales. En 1996, su patrimonio creció aún más cuando se fusionaron con la empresa (no judía) DeBartolo Realty Corp. Mel es copropietario del equipo de baloncesto Pacers y ha producido películas basura como *Porky's*. Su hijo David, que fue banquero de inversiones en CS First Boston y Wasserstein, Perella, participa ahora en el negocio familiar, que incluye el famoso Mall of America de Minneapolis, posiblemente el mayor centro comercial de Estados Unidos en su momento.

SKIRBALL. Los Ángeles. Jack Skirball fue rabino, promotor inmobiliario y productor de cine, tres profesiones que parecen interesar a todos los buenos chicos judíos. Su acaudalada familia sigue activa en los negocios judíos de California.

SLIFKA. New York. La Halcyon/Alan B. Slifka Management Company proporciona a esta familia el dinero que necesita para seguir activa en el negocio judío en Nueva York.

CHARLES E. SMITH. Washington, D.C. No se deje engañar por el nombre. Es judío y fue uno de los mayores promotores inmobiliarios del área de Washington. Robert Smith y su cuñado Robert Kogod dirigen ahora el imperio que incluye el complejo de apartamentos Crystal City, en Arlington (Virginia), y Skyline City, en Virginia.

RICHARD SMITH. Boston. Con sede en Nueva Inglaterra, la cadena de cines General Cinema se expandió hasta hacerse con el control de Neiman-Marcus (los grandes almacenes de Dallas), así como de Harcourt Brace Publishing (ahora Harcourt General). General Cinema se conoce ahora como GC Cos. Robert Smith, hijo de Richard, se hizo cargo del negocio familiar. La familia se describe como "muy discreta".

SONNABEND. Boston. Robert, Paul y Stephanie Sonnabend son los directores de Sonesta International Hotels Corporation. Son propietarios de 19 hoteles, incluido uno en El Cairo (Egipto).

SPERTUS. Chicago. Los hermanos Herman y Maurice fundan una empresa de fabricación de armazones, Metalcraft Corporation (más tarde Intercraft Industries Corporation), y hacen la fortuna de la familia.

SPIELBERG. Los Ángeles. Todo el mundo conoce a Stephen Spielberg, la leyenda del cine responsable de un amplio abanico de películas, entre ellas *La lista de Schindler*, una extravagancia sobre el Holocausto. Su empresa principal es Dreamworks SKG. Amblin Entertainment es otra parte del imperio Spielberg.

MARY ANN STEIN. Indianápolis. Mary Ann Stein, heredera de banqueros y hombres de negocios, es tan activa en causas liberales que se convirtió en presidenta del New Israel Fund, organización dedicada a promover el "liberalismo" en la sociedad israelí, causa que enardece a los sionistas de línea dura, sobre todo teniendo en cuenta los gestos amistosos del New Israel Fund hacia los palestinos cristianos y musulmanes (véase también FRIEDMAN).

SAM STEIN. Jacksonville, Florida. Sam Stein fundó la tienda Steinmart en Mississippi y su hijo Jay ha desarrollado una cadena de 150 tiendas especializadas en "artículos de gama alta a precios reducidos" en 21 estados. La esposa de Jay, Cynthia, es profesora de arte y participa activamente en asuntos judíos en Jacksonville.

STEINBERG. Nueva York. Saul Steinberg hizo fortuna con Leasco, una empresa de alquiler de ordenadores, y luego con Reliance Insurance, que compró en 1968. Su hermano Robert y su cuñado Bruce Sokoloff estaban muy implicados en el negocio familiar. Su hija Laura está casada con Jonathan Tisch, del poderoso imperio mediático Tisch (véase TISCH). Su hijo Jonathan es propietario de *Financial Data*, que publica la revista Individual Investor.

STEINHARDT. Nueva York. Se dice que el magnate y gestor de fondos de cobertura Michael Steinhardt siente "pasión" por la "continuidad judía". Aunque es "ateo declarado", según *Avenue*, Steinhardt es "uno de los principales defensores estadounidenses de las causas judías e israelíes". Es uno de los financiadores de *Forward*, el influyente semanario judío con sede en Nueva York.

STERN & LINDENBAUM. Nueva York. Heredero de la fortuna Hartz Mountain (productos para animales domésticos), Leonard Stern es propietario del periódico "liberal" *Village Voice* y participa en diversas empresas inmobiliarias. Su hijo Emanuel dirige el SoHo Grand Hotel y está casado con la influyente familia Peck (véase PECK). La riqueza de la suegra de Leonard, Ghity Amiel Lindenbaum, también contribuye a la fortuna familiar.

STONE. Cleveland. Irving, Morris y Harry Stone fueron los herederos de la American Greetings (card) Corporation ( ). El personaje de dibujos animados "Ziggy" es una de sus contribuciones a la cultura popular.

STONEMAN. Boston. Samuel Stoneman fue vicepresidente del consejo de la General Cinema Corporation. Sus hijas son Jane Stein y Elizabeth Deknatel. Dirigen la fundación familiar.

AARON STRAUS. Baltimore. La fortuna familiar se basa en la empresa nacional Reliable Stores Corporation. Son grandes contribuyentes a causas "buenas" en el área de Baltimore.

NATHAN & OSCAR STRAUS. Nueva York. Herederos de la fortuna de los grandes almacenes R. H. Macy y Abraham & Straus. H. Macy y los grandes almacenes Abraham & Straus. Oscar Straus II y Oscar Straus III son ahora figuras clave de la familia.

STRAUSS. Dallas. Ex Presidente Nacional Demócrata y Embajador de Estados Unidos en Rusia, Robert Strauss es un abogado muy influyente de Akin, Gump, Strauss, Hauer & Feld. Hijo de Charles, comerciante, Robert Strauss desempeñó un papel clave en la llegada de Lyndon Johnson a la presidencia. La esposa de su hermano Ted, Annette, fue alcaldesa de Dallas.

STRELITZ. Norfolk, Virginia. La cadena de muebles Haynes, con sede en Virginia, es la fuente de la riqueza de esta familia. E. J. Strelitz es el director general.

SWIG. San Francisco. Esta familia posee el Hotel Fairmont de San Francisco y otros Fairmonts por todo el país. El Hotel Plaza es una de las joyas de su corona. Benjamin Swig y su hijo Melvin abrieron el primer centro comercial de Estados Unidos. Ben se asoció con Jack Weiler (véase ARNOW-WEILER) en el negocio inmobiliario comercial. El hermano de Ben, Richard, y sus hijos Kent, Robert y Steven participan en la fundación familiar, al igual que su cuñado, Richard Dinner.

SYMS. Nueva York. Syms, director de Syms Corp, una cadena de 40 tiendas que vende marcas de diseño a precios rebajados, ha incorporado a su hijo Robert y a su hija Marcy al negocio. Marcy es ex vicepresidenta del Congreso Judío Americano. La familia también se dedica al sector inmobiliario.

TAUBER. Detroit. Joel Tauber hizo fortuna en la industria manufacturera: Key Fasteners, Key Plastics (piezas de automóvil), Keywell Corporation (chatarra) y Complex Tooling & Molding (piezas de ordenador). Su hijo Brian participa en el negocio familiar. Su hija Ellen Horing es gestora de fondos en Nueva York. Su hija Julie McMahon trabaja con niños desfavorecidos.

TAUBMAN. Nueva York. Promotor de grandes centros comerciales en todo el país, Taubman tuvo tempranos tratos comerciales con Max Fisher, de Detroit (véase MAX FISHER), y estuvo estrechamente asociado con Leslie Wexner (véase WEXNER), de las tiendas The Limited. Taubman participó en la compraventa del rancho Irvine, en el sur de California. Taubman compró la casa de subastas Sotheby's y fue condenado a un año de cárcel por fijación de precios. *Vanity* Fair informó a finales de 2002 de que Taubman era una figura popular entre sus compañeros de prisión. Sus hijos William y Robert son los principales actores del imperio familiar.

TISCH. Nueva York. Lawrence y Preston Tisch, destacados defensores de Israel y más conocidos en la actualidad por su control del imperio de radiodifusión CBS, figuraban entre los judíos más poderosos de Estados Unidos, aunque Lawrence falleció recientemente. Loews, CAN Financial, Lorillard y Bulova forman parte del imperio Tisch. Lawrence tenía hijos: James, Daniel, Tom y Andrew, este último en el comité ejecutivo del American Israel Public Affairs Committee. Preston, propietario del equipo Giants, fue director general de Correos de Estados Unidos. Su hijo Steve es cineasta y su hijo Jonathan es presidente de Loew's Hotels.

TISHMAN. Nueva York. Esta familia de constructores incluye a David, Norman, Paul, Louis y Alex. Muchos miembros de la familia son muy activos en asuntos judíos. Nina Tishman Alexander y su marido Richard Alexander, así como Bruce Diker, otro heredero de la familia, son algunos de los miembros de la familia implicados en diversas causas.

WASSERMAN. Los Ángeles. El difunto Lou Wasserman, durante mucho tiempo jefe de MCA, el conglomerado del entretenimiento, fue, junto con su socio Jules Stein, uno de los padrinos del ascenso (cinematográfico y político) de Ronald Reagan. Le apodaban el "Rey" de Hollywood.

WEILL. Nueva York. Como Presidente y Director General del Grupo Travelers, Sanford Weill es uno de los magnates judíos más ricos de Estados Unidos. Su hijo Marc dirige Travelers. Su hija Jessica Bibliowicz dirige Smith Barney Mutual Funds.

WEINBERG. Baltimore-Hawaii. Harry Weinberg empezó en el negocio del transporte público en Baltimore, y luego se expandió a Hawai, donde se convirtió en un importante agente inmobiliario en los años 50, cuando se produjo el auge del turismo aéreo a las islas.

WEINER. Nueva York. Presidente y Director General del Republic National Bank de Nueva York y de la Republic New York Corporation - fundada por Edmond Safra (véase SAFRA) - Walter Weiner fue socio fundador de Kronish, Lieb, Weiner & Hellman. Sus hijos son John y Tom.

WEXNER. Nueva York-Columbus, Ohio. Leslie Wexner parece ser el dueño de todo: The Limited, Express, Lerners, Victoria's Secret, Henry Bendel, Abercrombie & Fitch, Bath and Body Works y Lane Bryant. Le interesaba especialmente formar a futuros líderes judíos.

WINIK. Nueva York. Elaine Winik fue la primera mujer Presidenta de la United Jewish Appeal-Federation y Presidenta de la United Jewish Appeal. Su hija Penny Goldsmith es una figura importante en el AIPAC y la ADL. Los Winik hicieron fortuna con la fabricación de bolsos.

INVIERNO. Milwaukee. Elmer Winter fundó Manpower, la agencia de trabajo temporal con 1.000 oficinas en 32 países. También desempeñó un papel activo en el desarrollo de las relaciones comerciales entre Estados Unidos e Israel y fue Director Nacional del Comité Judío Americano.

WOLFENSOHN. Nueva York. Nacido en Australia y formado como banquero de inversiones en Londres, James Wolfensohn se convirtió en socio ejecutivo de Salomon Brothers en Nueva York. En 1995, fue nombrado director del Banco Mundial, una verdadera potencia judía.

WOLFSON. Miami. La Wolfson-Meyer Theater Company se convirtió en Wometco y fue adquirida en 1984 por Kohlberg, Kravis, Roberts & Company tras establecerse como pionera en la difusión de cine y televisión en los años veinte. Las sociedades de inversión Wolfson Initiative Corporation y Novecentro Corporation forman parte del imperio familiar. Entre los miembros de la familia figuran Louis III y Mitchell. El Wolfson más conocido es el tristemente célebre Louis, que se vio envuelto en un desagradable escándalo relacionado con el ex juez del Tribunal Supremo de Estados Unidos William O. Douglas, que recibía dinero de la fundación de la familia Wolfson.

ZABAN. Atlanta. Mandle Zaban, su hermano Sam y su hijo Erwin crearon Zep Manufacturing a partir de una empresa de mantenimiento, que evolucionó hasta convertirse en National Service Industries, hoy dirigida por Erwin, que fue director de la Liga Antidifamación.

ZALE. Texas. Morris Zale creó una de las mayores cadenas de joyerías del mundo, pero la empresa se vendió en 1987. Los herederos David, Marjory, Stanley y Janet siguen activos en el negocio judío. Ambos hijos siguen en el negocio de la joyería. (El negocio de la joyería siempre ha sido particularmente "judío".) ZARROW. Tulsa, Oklahoma. Henry y Jack Zarrow fabrican piezas y suministros para instalaciones petrolíferas a través de Sooner Pipe and Supply Corporation.

¿William F. Buckley Jr. es judío?

Aunque el difunto William F. Buckley, Jr. era ampliamente reconocido como un devoto "católico irlandés", su origen católico romano no procedía, como generalmente se cree, de su padre escocés-irlandés, sino más bien de su madre. Aunque la madre de Buckley nació en el seno de una familia católica de Nueva Orleans apellidada Steiner (un apellido alemán que a veces es judío), el columnista *del Chicago Tribune* Walter Trohan confesó en privado a sus íntimos que le habían dicho que había sangre judía en la familia de la madre de Buckley, pero que ella se había convertido al catolicismo, como hicieron muchas familias judías de Nueva Orleans durante los siglos XVIII y XIX. En cualquier caso, Buckley era seguidor del sionismo.

ZILJA. Una familia judía verdaderamente "global", los Zilkhas son los herederos del Zilkhas International Bank, que fue el mayor banco comercial privado del mundo árabe. Tras la creación de Israel, la familia francófona afincada en Bagdad se trasladó al oeste. El cabeza de familia, Ezra, tiene a su hijo Elias y a sus hijas Donna Zilkha Krisel y Bettina-Louise. Fueron importantes miembros de la pequeña élite judía sefardí de Estados Unidos y activos en Israel. También se dedicaron a la fabricación de armas.

ZIMMERMAN. Boston-Atlanta-Palm Beach. Harriet Zimmerman, hija de un magnate del calzado de Boston, fue vicepresidenta del AIPAC y se jactaba de que "el mayor donante a Israel del mundo es el Congreso de Estados Unidos". Su hijo Robert trabaja en Connecticut. Su hija Claire Marx participa activamente en asuntos judíos.

Este es un resumen de las familias judías más poderosas de Estados Unidos. Como hemos dicho, esta lista no es en absoluto exhaustiva. Hay muchos más nombres que podrían añadirse a la lista, por lo general "pequeños" (por así decirlo) de algunos de los pueblos y ciudades más pequeños de todo el país. Además, un número creciente de poderosas y ricas familias judías extranjeras -de Israel, Irán, Rusia y otros lugares- se están asentando en las costas estadounidenses.

Aunque resulta cómodo, como recurso literario vistoso, poder decir que existen "200" o "300" o "400" familias particulares -al estilo de algunos libros de fantasía y conspiración o incluso al estilo de las revistas *Forbes* y *Fortune*-, esto traicionaría la realidad.

Lo que hemos reunido aquí para el lector, en un formato de fácil lectura, basado en una fuente totalmente "respetable" y comprensiva, es un relato útil y revelador del vasto conjunto de riqueza y poder reunidos en un número relativamente pequeño de manos, unas pocas familias cuyos rostros y nombres son en gran medida desconocidos para el público estadounidense (o mundial) en general.

Pero tenga la seguridad de que son poderosos, y la gente entre bastidores (y los que ocupan cargos políticos) saben muy bien quiénes son estos intermediarios de élite. Son capaces de hacer presidentes y políticos americanos, y son capaces de romperlos. Ellos son realmente los que gobiernan América - o al menos hacen todo lo que está en su poder para hacerlo.

A modo de conclusión, que puede horrorizar a algunos lectores sensibles, probablemente no sea casualidad que la doctora Miriam Rothschild, de la rama británica de la familia, fuera una entomóloga de renombre internacional, y resulta que las pulgas y otros parásitos eran su especialidad. De hecho, escribió un libro titulado *Fleas, Flukes and Cuckoos*, que el imperio Rothschild consiguió convertir en un insólito bestseller. Y probablemente no sea una coincidencia que David

Rockefeller, el testaferro estadounidense del imperio Rothschild, también esté fascinado por los escarabajos, otro parásito, que colecciona sin descanso. (Estos Rothschild y Rockefeller son realmente parásitos de cierto orden "humano", y a su alrededor han pululado estos poderosos compañeros parásitos que quieren consumir el mundo.

Pero pueden detenerse.

Cómo los judíos atacaron a Martin Luther King

En 2007, la Unión Americana de Libertades Civiles (ACLU) publicó apresuradamente un "estudio de caso" retrospectivo sobre "los peligros del espionaje doméstico por parte de las fuerzas de seguridad federales". El estudio se centra en la ahora ampliamente conocida (pero entonces completamente secreta) vigilancia del difunto Martin Luther King Jr. por parte del FBI en la década de 1960, que describe como "un capítulo ignominioso del pasado de Estados Unidos".

Aunque el informe de la ACLU demostraba los peligros de utilizar al FBI para llevar a cabo una vigilancia nacional de ciudadanos estadounidenses con fines políticos, no mencionaba un elemento especialmente interesante: el hecho de que gran parte de la "ignominiosa" vigilancia del FBI sobre King y otros fue llevada a cabo de hecho en nombre del FBI por la poderosa agencia judía conocida como Liga Antidifamación (ADL) de B'nai B'rith.

El ataque de la ADL contra King fue una sorpresa para muchos, especialmente porque la ADL había elogiado a menudo a King, sobre todo en sus publicaciones dirigidas al público negro. La primera revelación pública del espionaje de la ADL a King se produjo en la edición del 28 de abril de 1993 del *San Francisco Weekly*, *un* periódico liberal "alternativo", que informaba: "Durante el movimiento por los derechos civiles, mientras muchos judíos tomaban la iniciativa en la lucha contra el racismo, la ADL espiaba a Martin Luther King y pasaba la información a J. Edgar Hoover", dijo un antiguo empleado de la ADL.

"Era de dominio público y se aceptaba casualmente", dijo Henry Schwarzschild, que trabajó en el departamento de publicaciones de la ADL entre 1962 y 1964.

"Pensaban que King era una especie de electrón libre", dijo Schwarzschild. "Era un predicador baptista y nadie podía estar seguro de lo que iba a hacer. A la ADL le preocupaba mucho tener un misil sin guía.

Resulta que la ADL también se dedicó a espiar intensamente a otros líderes negros de los derechos civiles, no sólo a King. La publicación en 1995 de documentos previamente clasificados del FBI relativos al asesinato del presidente John F. Kennedy y la posterior investigación de la Comisión Warren revelaron nuevas intrigas de la ADL contra el célebre cómico y activista político negro Dick Gregory, quien, al margen del caso, se había implicado como investigador independiente en el asesinato de Kennedy.

CAPÍTULO XIII

Tácticos judíos: Una visión general de los principales agentes políticos de alto nivel del imperio Rothschild

Aunque hay literalmente cientos, si no miles, de organizaciones políticas centradas en los judíos que operan en Estados Unidos y en todo el mundo, las organizaciones políticas con sede en Estados Unidos tienden a ser las más influyentes. No sólo actúan para controlar los asuntos de la comunidad judía, sino que muchas de ellas actúan para controlar todos los asuntos de Estados Unidos, manipulando la opinión pública, presionando a periódicos, revistas y otros medios de comunicación para que sigan la línea de la propaganda judía, amenazando e intimidando a quienes se oponen a la influencia judía y, por supuesto, presionando en nombre de Israel.

A lo largo de los años se han publicado varios libros exhaustivos que trazan la historia (y a veces las intrigas) de estas organizaciones, y quedaría fuera del alcance de este libro explorarlas todas. Pero en este capítulo presentamos una visión general de algunos de los principales tácticos judíos que operan en suelo estadounidense.

La siguiente lista resumida no es en absoluto exhaustiva, pero es representativa y se centra en aquellos líderes concretos -algunos los describirían como "pícaros"- que actúan como publicistas y creadores de opinión política para la comunidad judía y que, por tanto, tienen un impacto en los asuntos públicos en su conjunto.

ABRAHAM FOXMAN, que nació en Polonia y llegó a Estados Unidos en 1950, es sin duda uno de los judíos más poderosos del planeta por su cargo de Presidente y Director Nacional de la Liga Antidifamación (ADL) de B'nai B'rith. Aunque es licenciado en Derecho, Foxman también estudió en el Seminario Teológico Judío de América.

Sin embargo, ha dedicado la mayor parte de su carrera a los asuntos de la ADL, a la que se unió por primera vez en 1965 en su división de asuntos internacionales. Sin embargo, Foxman dirige la ADL como

Director Nacional desde 1987 y es una figura familiar en los medios de comunicación estadounidenses. Decir más sobre las actividades de Foxman sería ir demasiado lejos. La ADL no sólo actúa como agencia de propaganda del Estado de Israel, sino que también se dedica al espionaje nacional ilegal extensivo de personas consideradas "sospechosas". La ADL es un conocido canal de la agencia de inteligencia israelí, el Mossad. Véase *The Judas Goats* de Michael Collins Piper para una mirada en profundidad a la historia criminal de la ADL.

MARVIN HIER y ABRAHAM COOPER - Estos dos rabinos son como dos gotas de agua en el mar. Hier es el autoproclamado "decano" de la operación de propaganda judía con sede en Los Ángeles conocida como Centro Simon Wiesenthal, y Cooper es su "decano asociado". Hier fue calificado como "el rabino más influyente de Estados Unidos" por la revista *Newsweek* en 2007, que afirmaba que Hier "está a sólo una llamada de distancia de casi todos los líderes mundiales, periodistas y ejecutivos de estudios de Hollywood". Hier ganó dos Oscar por su participación en la producción de dos documentales sobre el Holocausto. El Centro Simon Wiesenthal, que se disfraza de organización de "derechos humanos", está bien financiado por reyes judíos del dinero como la familia Belzberg (véase SAMUEL BELZBERG) y ha llegado a ser muy influyente. Cooper es una figura omnipresente cuyos editoriales se publican constantemente de costa a costa en EE.UU. y en todo el mundo. (En una ocasión, Cooper calificó a este autor, Michael Collins Piper, de "antiamericano" por atreverse a criticar el apoyo de Estados Unidos a Israel. Por su parte, este autor llama con razón "anquilosado" a Cooper). Estos dos rabinos bien pagados, Hier y Cooper, son actores principales de la red judía mundial.

MALCOLM HOENLEIN, durante mucho tiempo vicepresidente ejecutivo de la poderosa Conferencia de Presidentes de las Principales Organizaciones Judías Estadounidenses, ha estado asociado, naturalmente, con muchas de las operaciones sionistas más influyentes. También ha sido una figura importante en las filas del Consejo de Relaciones Exteriores, la rama estadounidense del Real Instituto de Asuntos Internacionales del imperio Rothschild, con sede en Londres. Entre las empresas a las que está afiliado se encuentra, como era de esperar, Bank Leumi USA, una división de la empresa bancaria con sede en Israel.

MORTON KLEIN, Presidente Nacional de la Organización Sionista de América, es una de las figuras judías más poderosas del mundo. Nacido en un campo de desplazados en Alemania tras la Segunda Guerra Mundial, Klein, economista de profesión, está íntegramente vinculado a todas las operaciones judías y sionistas importantes de Estados Unidos y ha sido aclamado por múltiples fuentes judías como -no es de extrañar- una de las principales voces de la causa sionista mundial.

JACQUES TORCZYNER, nacido en Bélgica, llegó a Estados Unidos en 1940, donde participó activamente en la Organización Sionista de América, de la que fue presidente durante cinco mandatos consecutivos. También fue presidente de la sección estadounidense del Congreso Judío Mundial. Fue uno de los "americanos" que, en 1945, asistieron a una reunión especial convocada por el padre fundador de Israel, David Ben-Gurion, en la que se organizó el apoyo a los grupos terroristas judíos en Palestina.

En 1990, Andrew St. George, corresponsal diplomático jefe del diario *Spotlight*, con sede en Washington D.C., fue informado discretamente de que se había celebrado en Nueva York una reunión de alto nivel entre algunos de los principales mecenas financieros y dirigentes del movimiento sionista mundial. La reunión se celebró en el piso neoyorquino de Edgar Bronfman, presidente del Congreso Judío Mundial.

La reunión se dedicó a planear un enérgico asalto contra el supuesto "auge del antisemitismo en Estados Unidos". Junto a Bronfman asistieron a la reunión reyes judíos del dinero como Michael Milken e Ivan Boesky, el financiero de Wall Street (y más tarde embajador de EEUU en Francia) Felix Rohatyn y Jacques Torczyner (entonces presidente de la ZOA), entre otros.

La fuente de St. George le contó que durante esta reunión, el citado Torczyner dijo: "Es hora de acabar con Willis Carto y Liberty Lobby [el editor de *The Spotlight*]. Hay que acabar con él".

Torczyner afirmó específicamente que Carto y sus socios del Liberty Lobby "no eran burgueses" -es decir, no eran sólo personas sin influencia- y debían ser "cazados y abatidos como codornices".

Está claro que la franqueza de Torczyner ha causado revuelo entre algunos de estos barones judíos del poder, que han declarado: "No podemos utilizar contra nuestros enemigos el tipo de tácticas que los nazis utilizaron contra nosotros" (o palabras por el estilo).

Felix Rohatyn habló con St. George sobre el encuentro. Como antiguo corresponsal internacional de Time-Life, St. George ha conocido a lo largo de los años a muchas personas pintorescas e influyentes, desde el dictador cubano Fidel Castro al gángster Frank Costello y muchos más, incluido Rohatyn.

En cualquier caso, St. George informó de la historia a Carto y a Mark Lane, el audaz y nada apologético abogado judío antisionista de Liberty Lobby, que escribió entonces una carta a Torczyner en la que le decía en esencia: "Sabemos lo que ha dicho y nos tomamos en serio sus amenazas. Está usted advertido".

Huelga decir que la carta de Lane surtió el efecto deseado y, como demuestra el expediente, Liberty Lobby siguió librando una guerra contra el sionismo hasta que se vio obligado a declararse en quiebra y luego a cerrar en 2001, tras una larga campaña de acoso legal que duró ocho años y tuvo lugar en tribunales desde California a Washington, DC, y tan lejos como Suiza, una serie de circunstancias que demostraron concluyentemente que los elementos sionistas estaban en la raíz del asunto.

Afortunadamente, tras la destrucción de Liberty Lobby, Willis Carto y sus socios -incluido el autor, Michael Collins Piper- se reagruparon y crearon *American Free Press*, con sede en Washington.

Baste decir que Jacques Torczyner representa los elementos más viles, violentos y odiosos del imperio Rothschild.

Una vez más, esta lista de tácticos judíos, que actúan como "piernas" para el imperio Rothschild y los Nuevos Fariseos en su afán de dominación mundial, está lejos de ser exhaustiva. Estos criminales tienen numerosos agentes trabajando para ellos en prácticamente todas las ciudades de América y han hecho mucho para llevar a América - y al mundo - al peligroso estado en el que nos encontramos hoy. Son los tácticos de primera línea del Nuevo Orden Mundial.

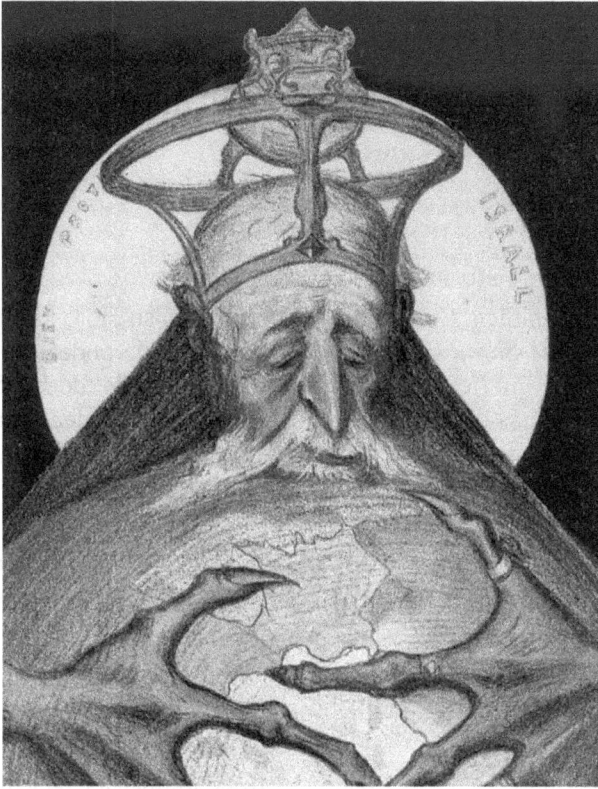

Esta caricatura francesa de 1898 que representa al coronado Alphonse de Rothschild -la rama francesa de la familia Rothschild- como un codicioso depredador que agarra el globo en sus garras, retrata con precisión la forma en que la dinastía bancaria europea de los Rothschild extendió su hegemonía imperial. Hoy en día, en Estados Unidos, la influencia de los Rothschild -aunque primordial- está en gran medida oculta, y ciertas familias e instituciones financieras "respetadas" -no todas judías- actúan como "tapaderas" de los Rothschild.

Los estadounidenses (y otros) que se atreven a desafiar al imperio Rothschild (y a la causa sionista) son objeto de fraude, boicots económicos, acoso, persecución e incluso procesamiento penal. De hecho, cada vez se reconoce más la presencia judía en la vida social, económica y política de América y del mundo, y en general se considera que Estados Unidos es el verdadero centro del poder judío. Si el pueblo judío no se une a la comunidad de la humanidad, corre el riesgo de enfrentarse a graves problemas.

CAPÍTULO XIV

El poder judío en América: Los "mayores" triunfos

El escritor británico Geoffrey Wheatcroft, en su libro de 1996, *La controversia de Sión*, declaró que, en términos de poder e influencia judíos, "es en América donde el triunfo es mayor de todos". Señalaba que, con poco más del 2,5% de la población estadounidense, los judíos "disfrutan de un éxito asombrosamente desproporcionado en todos los ámbitos en los que se les ha permitido actuar".

Como hemos señalado antes, el profesor judío Norman Cantor, escribiendo en *The Sacred Chain*, fue aún más franco -de hecho profundo- en su valoración: Nada en la historia judía ha igualado este grado de consecución judía de poder, riqueza y preeminencia. Ni en la España musulmana, ni en la Alemania de principios del siglo XX, ni siquiera en Israel, porque no había niveles comparables de riqueza y poder a escala mundial que pudieran alcanzarse en este pequeño país.

Cantor concluyó: "Los Morgan, los Rockefeller, los Harriman, los Roosevelt, los Kennedy, los titanes de épocas pasadas, han sido suplantados por el judío como autor de hazañas irreprochables...".

Del mismo modo, el autor judío Charles Silberman, en *A Certain People*, respondió a la pregunta de quién dominaba la élite estadounidense: Según un estudio de los orígenes étnicos y raciales de las personas incluidas en la edición de 1974-75 de *Who's Who in America*, los judíos tenían dos veces y media más probabilidades de figurar en la lista que los miembros de la población general.

Además, en relación con la población, había más del doble de judíos que de personas de origen inglés, el grupo que antaño dominaba la élite estadounidense.

El cambio con respecto al medio siglo anterior es sorprendente: en 1924-25, las personas de origen inglés tenían casi dos veces y media más probabilidades de aparecer en la lista que los judíos estadounidenses...

En 1971-1972, los sociólogos Richard D. Alba y Gwen Moore analizaron un grupo mucho más reducido de ejecutivos en unas ocho áreas de actividad y descubrieron una concentración aún mayor.

De las 545 personas estudiadas, el 11,3% eran judías, cuatro veces más que en la población general...

El fenómeno no se limita a Estados Unidos. En Gran Bretaña, los judíos representan alrededor del 1% de la población, pero entre el 6 y el 10% de la élite británica; en Australia, donde los judíos representan el 0,5% de la población, constituyen el 5% de la élite...

La representación judía entre los empresarios de éxito es considerablemente mayor que entre los líderes empresariales: alrededor del 23% de las personas que figuraban en la lista *Forbes* 1984 de los 400 estadounidenses más ricos eran judíos... La proporción exacta varía algo de un año a otro.

En 1982, primer año de publicación de los 400 de *Forbes*, 105 miembros del grupo, es decir, el 26%, eran judíos. Esta cifra descendió a 98 (25%) en 1983, cuando el boom bursátil catapultó a varios recién llegados a la lista, y a 93 (23%) en 1984.

El escritor judío Edward S. Shapiro, en *A Time for Healing: American Jewry Since World War* II, ha demostrado además el alto estatus de los judíos dentro de la "élite estadounidense".

En la década de 1980, en función de los ingresos y la educación, los judíos se encontraban en los escalones superiores de la sociedad estadounidense y habían ascendido a puestos de poder político, económico y social.

A partir de la década de 1960, los judíos dirigieron algunas de las ramas más importantes del gobierno federal, como la Reserva Federal y los Departamentos de Trabajo, Comercio, Estado y Hacienda...

El sistema social era lo suficientemente abierto como para permitir que los judíos se convirtieran en una parte importante de la élite estadounidense.

Según un análisis de los datos del American Leadership Study realizado por los sociólogos Richard D. Alba y Gwen Moore, los judíos constituían más del 11% de la élite estadounidense...

Washington D.C. fue un caso especial. La expansión del gobierno federal en la posguerra provocó un aumento de la población judía del área metropolitana de Washington, que pasó de menos de veinte mil en 1945 a ciento sesenta y cinco mil cuatro décadas después.

El mismo autor judío también señaló que alrededor de una cuarta parte de los estadounidenses más ricos eran judíos: Desde principios de la década de 1980, la revista *Forbes* publica una recopilación anual de los cuatrocientos estadounidenses más ricos. Basándose estrictamente en su porcentaje de la población general, debería haber unos doce judíos en esta lista. En cambio, había más de cien. Los judíos, que representan menos del 3% de la población estadounidense, constituyen más de una cuarta parte de los estadounidenses más ricos. Están sobrerrepresentados por un factor de nueve. En cambio, grupos étnicos mucho más numerosos que los judíos -italianos, hispanos, negros y europeos del Este- estaban escasamente representados en la lista. Cuanto más alta es la clase de activos incluida en la lista de *Forbes*, mayor es el porcentaje de judíos. Más del 30% de los multimillonarios estadounidenses son judíos. El mismo fenómeno se da en Canadá, donde las tres mayores familias empresariales son judías: los Belzberg de Vancouver, los Bronfman de Montreal y los Reichmann de Toronto.

Incluso es posible que *Forbes* subestimara el número de judíos estadounidenses superricos, ya que muchos de ellos se enriquecieron en el sector inmobiliario, el más difícil de evaluar y el más fácil de ocultar.

En el número del 22 de julio de 1986 de *Financial World* se publicó una lista aún más impresionante. En ella figuran cien ejecutivos de Wall Street -banqueros de inversión, gestores de fondos, arbitrajistas, especialistas en adquisiciones, especuladores, operadores de materias primas y corredores- que ganaron al menos 3 millones de dólares en 1985.

La lista comienza con Ivan Boesky, de quien se dice que ganó 100 millones de dólares... Las ganancias de Boesky fueron empequeñecidas por los 500 millones de dólares que ganó Michael Milken al año siguiente... Milken y Boesky eran judíos, al igual que la mitad de las personas citadas por el *Mundo Financiero*. Entre los peces gordos judíos de Wall Street figuran George Soros (93,5 millones de dólares), Asher Edelman (25 millones), Morton Davis (25 millones) y Michael Steinhardt (20 millones).

El ya mencionado escritor judío Charles Silberman, en *A Certain People*, señalaba que los judíos estaban "mejor situados" que "la mayoría de los demás" grupos: ...Si el estereotipo de que los judíos son uniformemente ricos es erróneo, no obstante están mejor situados por término medio que los miembros de la mayoría de los demás grupos étnicos y religiosos. En 1984, por ejemplo, menos de una de cada seis familias judías estadounidenses tenía unos ingresos inferiores a 20.000, en comparación con una de cada dos familias blancas no hispanas.

En el otro extremo de la pirámide de ingresos, el 41% de los hogares judíos tenían ingresos de 50.000 dólares o más, cuatro veces más que los blancos no hispanos.

Una de las razones de esta diferencia es que los judíos están mejor formados que el resto de los estadounidenses. Tres de cada cinco hombres judíos tienen estudios superiores, casi tres veces más que los blancos no hispanos; uno de cada tres tiene un título universitario o profesional, tres veces y media más que el conjunto de la población.

Las disparidades son más o menos las mismas entre mujeres judías y no judías: las primeras tienen el doble de probabilidades que las segundas de tener un título universitario ( ) y cuatro veces más probabilidades de tener un título de posgrado o profesional. Hoy en día, además, la asistencia a la universidad es casi universal entre los jóvenes judíos.

Una encuesta nacional realizada en 1980 entre estudiantes de bachillerato reveló que el 83% de los estudiantes judíos pensaba ir a la universidad y la mitad de ellos esperaba cursar estudios superiores o profesionales; entre los estudiantes blancos no judíos, la mitad pensaba ir a la universidad y menos de una quinta parte esperaba cursar estudios superiores o profesionales.

La diferencia es tanto cualitativa como cuantitativa. Los judíos no sólo están más escolarizados, sino que reciben una educación mejor...

Desde los años cincuenta o sesenta, cuando las instituciones de la Ivy League adoptaron políticas meritocráticas de admisión, los judíos han constituido aproximadamente un tercio de la población estudiantil universitaria y casi el mismo porcentaje en Derecho y Medicina.

El autor estadounidense de origen judío Lenni Brenner, que escribe en *Jews in America Today*, también señala que los judíos son "el grupo étnico más rico".

Aunque [los judíos] representan el 2,54% de la población, reciben alrededor del 5% de la renta nacional. Los judíos representan casi el 7% de las clases media y alta del país.

En 1972, casi 900.000 de los dos millones de familias judías pertenecían a las clases media y alta, mientras que sólo 13,5 millones de los 53 millones de familias estadounidenses estaban clasificadas en esta categoría. Según [Gerald Krefetz, en *Jews and Money*], el 43% de todos los judíos ganaban más de 16.000 dólares, frente a sólo el 25,5% de todos los estadounidenses.

Mientras que las familias millonarias representan algo menos del 5% de la población judía, los judíos constituían entre el 23% y el 26% de los 400 estadounidenses más ricos entre 1982 y 1985, y quizás incluso más de la población de contribuyentes millonarios, estimada en 574.342 en 1980.

No cabe duda de que, por término medio, los judíos estadounidenses son el grupo étnico o religioso más rico del país. Según el *American Demographics* de junio de 1984, la renta media anual de los hogares judíos es de 23.300 dólares, frente a los 21.700 dólares de los episcopales. Los presbiterianos reciben 20.500 $, las personas sin afiliación religiosa 17.600 $, los católicos 17.400 $, los metodistas 17.000 $ y los luteranos 16.300 $ de media. Los fundamentalistas blancos y los baptistas del Sur ganan más de 14.000 dólares. Las estadísticas muestran que los judíos llevan ganando más que los episcopales y los presbiterianos, el arquetipo de los WASPS, desde finales de los años 60 .... "Ya no son una élite paria", escribe Brenner, los judíos estadounidenses ricos modernos son socios de pleno derecho de sus homólogos cristianos.

El autor judío Steven Silbiger, en su libro *The Jewish Phenomenon (El fenómeno judío)*, que era esencialmente un libro que ensalzaba el éxito judío, señalaba lo siguiente: Una encuesta realizada en 1993 entre los suscriptores de *The Exponent*, el semanario judío de Filadelfia, ofrecía una imagen clara de la riqueza y el gasto de los judíos. Este tipo de encuesta no tiene nada de científica, pero los resultados muestran que los judíos son conservadores [fiscalmente], pero gastan en cosas que les gustan...":

- El 26,1% posee una segunda vivienda;

- El 34,7% ha viajado fuera de Estados Unidos en los últimos doce meses;

- El 49,2% ha comido fuera diez o más veces en los últimos treinta días;

- El 21% pertenece a un club de salud.

En *The Jewish Phenomenon (El fenómeno judío)*, Silbiger desveló que los judíos pueden "hacer o deshacer" el éxito editorial de un libro, ya que, como señaló:

Los judíos son la piedra angular de las ventas de libros de tapa dura, "representan entre el 50 y el 75% de las ventas de libros de tapa dura no institucionales en Estados Unidos". Incluso un 25% representaría una parte sorprendentemente desproporcionada de las ventas totales. Los libros de bolsillo son las ediciones más caras, por delante de las más baratas, que dan a los editores los mayores márgenes. Los compradores judeoamericanos son, por tanto, extremadamente importantes para la industria editorial.

En el mismo libro, Silbiger citaba cifras precisas que mostraban que, mientras que, por término medio a escala nacional, el 19% de los encuestados había comprado un libro de tapa dura en los 12 meses anteriores, un asombroso 70% de los judíos encuestados lo había hecho.

Para las compras de 1 a 5 libros, la media nacional era del 13%, frente al 39% de los compradores de libros judíos. Cuando se trata de comprar 10 libros o más, las cifras son igual de sorprendentes. La media nacional era del 3%, frente al 17% de los compradores de libros judíos.

Así, algunos argumentarían que esto sólo demuestra la alfabetización judía, otros podrían argumentar que, por el contrario, sólo refleja el hecho de que los judíos, en general, tienen más renta disponible (para comprar libros) que los no judíos.

Para subrayar este punto, debemos mirar la tabla de Silbiger sobre la cantidad de valores e inversiones que se poseen, comparando la media nacional con la de los inversores judíos:

Valor de las acciones	Media nacional	Inversores judíos
Acciones propias	27%	73%
50,000 $ à 99,999	2.1%	12%
100.000 o más	1.8%	38%
$100K-$499,999	NA	24%
$500K-$999,999	NA	7%
1 millón o más	NA	7%

En muchas otras áreas, también, encontramos que los judíos están muy por delante del estadounidense medio. *En A Time for Healing: American Jewry Since World War II*, el ya mencionado autor judío

Edward S. Shapiro señala que los judíos reinan en lo que se refiere al "más alto nivel de educación": en el período de posguerra, los judíos estadounidenses se convirtieron en el grupo étnico o religioso más educado de todos los principales de Estados Unidos. A mediados de la década de 1970, según el estudio *Ethnicity, Denomination, and Inequality* (1976) del padre Andrew M. Greeley, los judíos tenían una media de catorce años de educación. Esto suponía medio año más que los episcopales, el grupo religioso estadounidense de mayor estatus social.

Mientras que menos de la mitad de los estadounidenses cursan estudios superiores, más del 80% de los judíos lo hacen y, como muestran las estadísticas de Harvard, Princeton y Yale, los judíos tienen más probabilidades de asistir a instituciones de élite. En 1971, por ejemplo, los judíos representaban el 17% de los estudiantes de universidades privadas.

En 1982, el autor judío Gerald Krefetz, escribiendo en *Jews and Money*, señaló la fuerte representación de los judíos en los campos de la medicina y el derecho: ... En Estados Unidos hay aproximadamente 30.000 médicos judíos, o casi el catorce por ciento de todos los médicos que ejercen en el sector privado. De los quinientos mil abogados, se calcula que más del veinte por ciento son judíos, casi diez veces la representación que cabría esperar.

En 1939, se calculaba que más de la mitad de los abogados que ejercían en Nueva York eran judíos. Hoy, la proporción es aún mayor: quizá tres de cada cinco abogados sean judíos.

La última encuesta del Colegio de Abogados de Nueva York reveló que el 60% de los 25.000 abogados de la ciudad eran judíos, el 18% católicos y el 18% protestantes. La mayoría de los abogados judíos - alrededor del 70%- proceden de Europa del Este... El escritor judío Steven Silbiger, en *The Jewish Phenomenon*, amplía los datos sobre los judíos en la medicina y el derecho: La Asociación Médica Americana calcula que actualmente hay 684.000 médicos en Estados Unidos. Los médicos judíos son unos 100.000, es decir, el 15%. Como en el caso de los abogados, esta cifra es siete veces superior a la proporción de judíos en la población general. El 9% de las solicitudes de ingreso en las facultades de medicina en 1988 procedían de judíos.

En la actualidad, el 15% de los 740.000 abogados de Estados Unidos son judíos. La representación judía es siete veces superior a la de la población general. En los círculos jurídicos de élite, la concentración es aún más sorprendente. El 40% de los socios de los principales bufetes de Nueva York y Washington son judíos. Los judíos ocupan dos de los nueve escaños (22%) del Tribunal Supremo.

El escritor judío Lenni Brenner, en *Jews in America Today*, expuso los hechos que rodean el predominio judío en el mundo académico estadounidense: Al menos el 20% de los profesores de las principales universidades estadounidenses son judíos, incluido más del 25% en las prestigiosas facultades de medicina, el 38% en facultades de derecho similares, e incluso más en Harvard, donde la mitad del profesorado de derecho es judío. En la actualidad, los judíos representan el 20% de los médicos y abogados del país.

En A Time for Healing: American Jewry Since World War II, el escritor judío Edward S. *Shapiro* desarrolló este punto: en 1940, sólo el 2% de los profesores estadounidenses eran judíos. En la década de 1970, la cifra había aumentado al 10%. La presencia judía de posguerra en el mundo académico no sólo era notable por su elevada proporción, sino también por su perfil distintivo.

Los académicos judíos se reúnen en los campos intelectualmente más exigentes -campos que hacen hincapié en el razonamiento abstracto y teórico- y en las instituciones más prestigiosas.

Estaban sobrerrepresentadas en antropología, economía, historia, matemáticas, física y sociología, e infrarrepresentadas en agricultura, educación, economía doméstica, periodismo, biblioteconomía, enfermería y educación física.

La ingeniería eléctrica, la rama más teórica de la ingeniería, tenía una mayor proporción de judíos que la ingeniería mecánica, civil o química.

La medicina era una profesión de alto nivel y los judíos estaban desproporcionadamente representados en bioquímica, bacteriología, fisiología, psicología y otros campos académicos relacionados con la medicina.

Según cualquier criterio posible, Everett Carl Ladd Jr. y Seymour Martin Lipset escribieron en 1975 que los académicos judíos habían "superado con creces a sus colegas gentiles".

En aquella época, los judíos constituían una quinta parte del profesorado de las universidades de élite y una cuarta parte del profesorado de la Ivy League. Constituían una proporción aún mayor de los profesores de la Ivy League menores de treinta y cinco años y del profesorado de las facultades de medicina y derecho de élite.

En 1968, el 38% de los profesores de las facultades de Derecho de élite estadounidenses eran judíos.

El escritor judío Charles Silberman añadió: "Sea cual sea la proporción exacta (la élite de una persona es la camarilla de otra), no cabe duda de que los judíos desempeñan un papel importante en la vida intelectual estadounidense.

En 1975, por ejemplo, los judíos representaban el 10% de todos los profesores, pero el 20% de los que enseñaban en universidades de élite; casi la mitad de los profesores judíos -frente al 24% de los episcopales y el 17% de los católicos- enseñaban en las instituciones de más alto rango.

Los profesores judíos también son mucho más propensos a publicar artículos en revistas académicas que sus colegas no judíos; por ejemplo, los judíos representan el 24% de la élite académica, es decir, los que han publicado veinte artículos o más.

Y el muy citado Steven Silbiger dijo: "La oleada de académicos judíos es relativamente reciente: La oleada de académicos judíos es relativamente reciente.

En 1940, sólo el 2% de los profesores estadounidenses eran judíos. En 1970, esta cifra se había quintuplicado hasta alcanzar el 10%. Las cuotas restrictivas de la primera mitad del siglo llegaron a su fin y una nueva generación de judíos se formó en mayor número.

En la década de 1990, los judíos representaban el 35% de los profesores de las escuelas de élite, y hoy un judío ha sido presidente de casi todas las instituciones de élite, incluidas Harvard, Yale, Penn, Columbia, Princeton, el MIT y la Universidad de Chicago.

Todo esto puede verse como un tributo al duro trabajo judío. Pero, de nuevo, hemos observado cómo los judíos, en sus propios escritos y revistas, han afirmado abiertamente la superioridad intelectual judía, basada -como ellos dicen- en la condición de los judíos como "Pueblo Elegido de Dios", por encima de todos los demás.

Algunos argumentarían (con razón) que gran parte de este "fenómeno" (descrito por Steven Silbiger) puede atribuirse al hecho -como han señalado tantos judíos y no judíos- de que "los judíos permanecen unidos y se ayudan mutuamente a salir adelante".

¿Es algo bueno, o no? El hecho de que "los judíos permanezcan unidos" ha llevado a que los judíos desempeñen un papel desproporcionado en la dirección de los asuntos estadounidenses y mundiales. Este es precisamente el fenómeno que hemos visto a lo largo de la historia: se remonta a la época de Babilonia, cuando el Talmud codificó la filosofía y el modo de vida judíos, estableciendo la agenda para la dominación judía definitiva del planeta, sentando las bases de la utopía judía: el Nuevo Orden Mundial.

En los Estados Unidos de hoy, estamos siendo testigos del poder abrumador de la dinastía Rothschild. Lo que una vez fue la nación más poderosa del planeta está bajo el dominio de esta dinastía malvada, actuando como el mecanismo por el cual el Nuevo Orden Mundial pasa del sueño a la realidad.

El expediente y los hechos hablan por sí solos.

La cuestión es si los estadounidenses de hoy deben adaptarse a las realidades que Wilhelm Marr instó a sus compatriotas alemanes del siglo XIX a afrontar en términos inequívocos. Dijo a su pueblo: "Os lo ruego, os lo suplico. No reprendáis a los judíos. Elegís amos extranjeros en vuestros parlamentos. Los hacéis legisladores y jueces. Les hacéis dictadores del sistema financiero del Estado. Les entregáis vuestra prensa porque la frivolidad ostentosa es más de vuestro gusto que la seriedad moral.

¿Qué espera de todo esto?

La raza judía se nutre del talento. Te han vencido y te lo has merecido mil veces.

No te quejes de cómo los judíos hacen bajar los precios en los negocios o de cómo se apoderan de la sobreproducción de los estafadores corporativos y venden a precios bajísimos, ganan dinero y lo invierten usurpadoramente. ¿No está todo esto en consonancia con el dogma del individualismo abstracto que usted ha aceptado con entusiasmo de la judería?

Ya no se puede impedir la gran misión del Semitismo. El Cesarismo judío es sólo cuestión de tiempo.

Estoy seguro de ello.

Sólo cuando este cesarismo haya llegado a su apogeo podremos quizás ser ayudados por este "Dios desconocido" al que se construyeron altares en la Roma imperial.

Tenemos que admitirlo una vez más, afrontémoslo: somos los vencidos. Somos los subyugados.

El rostro orgulloso y audaz de este guerrero árabe refleja la actitud progresista de tantas buenas personas de todo el planeta que están dispuestas a luchar contra las fuerzas que trabajan por un imperio judío global. Hoy, en Palestina, los asediados cristianos y musulmanes están en primera línea, pero en los años venideros, muchos otros pueblos se unirán a la lucha por la supervivencia humana.

CONCLUSIÓN

¿Reinará la Casa de David?

Este libro ha sido un viaje largo, difícil y doloroso, que abarca una visión general de los hechos incómodos que apuntan a la realidad de lo que es el Nuevo Orden Mundial.

Como hemos visto, mucho de lo que muchos han creído durante mucho tiempo que es el Nuevo Orden Mundial es cualquier cosa menos la verdad.

Hemos examinado los hechos y los mitos, y ahora hemos llegado al punto en que tenemos que pensar en el camino a seguir para quienes se oponen al Nuevo Orden Mundial.

Los que trabajan para hacer avanzar el Nuevo Orden Mundial -los Nuevos Fariseos- siempre han sabido de dónde vienen y hacia dónde van (y van). La agenda de los Nuevos Fariseos nunca ha variado.

Su objetivo es restablecer el trono de David y establecer la dominación judía del mundo - la utopía judía.

La dinastía Rothschild ha secuestrado la república americana y Estados Unidos se ha convertido en la nueva Babilonia, con las fuerzas del Nuevo Orden Mundial impulsando implacablemente su agenda a un ritmo más rápido que nunca. Ellos creen que la victoria final está a su alcance, pero sólo si son capaces de destruir a la oposición y continuar dividiendo y conquistando a aquellos que se atreven a desafiar su agenda.

De este modo, la sangre y el tesoro del pueblo estadounidense se están vertiendo en conflictos globales diseñados para instaurar el nuevo orden mundial. Las guerras libradas en nombre de la hegemonía israelí en Oriente Medio son en realidad sólo el principio. Nos esperan muchas otras guerras de conquista. Las naciones que desafíen el nuevo orden mundial serán el objetivo.

Y para que no quede ninguna duda de que el imperio Rothschild y los nuevos fariseos consideran ahora a Estados Unidos como la fuerza preeminente en su búsqueda del imperio global, es esencial considerar este punto: Los propagandistas de la agenda judía acusan ahora abiertamente a los críticos de Israel (y del favoritismo estadounidense hacia Israel) de ser no sólo antisemitas y antiisraelíes, sino también anticristianos y antiamericanos, que los sentimientos antiisraelíes son de hecho la base subyacente del antiamericanismo y que, a su vez, el antiamericanismo está inextricablemente ligado a los sentimientos antiisraelíes, antisemitas e incluso *anticristianos*. Estas extraordinarias afirmaciones se alimentan en los niveles más altos de los medios de comunicación controlados por los judíos y se insertan en el discurso del debate público en Estados Unidos.

En cierto sentido, hay algo de verdad en el tema del "antiamericanismo" como forma de oposición a Israel. Mucha gente de todo el mundo, preocupada por el nuevo imperialismo que está llevando a cabo Estados Unidos en nombre de Israel, reconoce que esta política no es "americanismo" sino, de hecho, el producto de la dinastía Rothschild y de la agenda judía histórica.

Sin embargo, como de costumbre, a los teóricos utópicos judíos siempre se les da muy bien distorsionar la realidad para adaptarla a su particular visión del mundo. De hecho, la gente de todo el mundo no es particularmente "antiamericana" (en el sentido de que tengan un problema con el *pueblo* estadounidense).

Por eso, como la gente de todo el mundo suele entender mejor que los estadounidenses quién gobierna realmente Estados Unidos, sienten cierta simpatía por los estadounidenses que se han dejado manipular implacablemente por una minoría poderosa. Así que hay muy poco "antiamericanismo" en el sentido general del término.

De hecho, la mayoría de los pueblos del mundo no tienen ningún problema con los principios de democracia, libertad e independencia, por muy vagamente que se definan. La idea de que el resto del mundo (con la excepción de Israel) es "antiamericano" es un peligroso mito propagado para poner a los estadounidenses en contra de cualquiera que se atreva a cuestionar el poder judío en Estados Unidos.

El concepto de "antiamericanismo" es, por tanto, una invención judía. Fue a raíz de los atentados terroristas del 11 de septiembre y en el periodo previo a la invasión estadounidense de Irak en 2003 cuando los medios de comunicación controlados por los judíos empezaron a promover el "antiamericanismo", con el fin de avivar el fuego de la llamada "guerra contra el terror", de la que se decía que la campaña para destruir Irak era un componente esencial.

Los medios de comunicación empezaron a informar a los estadounidenses de que "el mundo entero está contra nosotros" o, como decían generalmente los medios, "el mundo entero está contra nosotros, los buenos estadounidenses, y nuestro buen amigo Israel". El tema del "antiamericanismo" rampante se inculcó a los estadounidenses con el objetivo de convertirlos en "anti" de todos aquellos que se negaran a apoyar las guerras que el lobby judío exigía a los estadounidenses que emprendieran. En cierto sentido, el apoyo a la guerra de Irak (en particular) se convirtió en la vara de medir para saber quién estaba en sintonía con la agenda judía global y quién no.

En cualquier caso, como hemos visto, el "antiamericanismo" se equipara con la oposición no sólo a Israel y a los intereses judíos, sino también al propio cristianismo, un tema realmente extraordinario.

Aunque sin duda es difícil para el estadounidense medio comprender un conflicto histórico y geopolítico de tal magnitud y con ramificaciones mundiales obviamente inmensas, esto es precisamente lo que afirma uno de los "intelectuales" más reputados de la élite judía en un audaz ensayo publicado en el número de enero de 2005 de la revista *Commentary*, la publicación del Comité Judío Estadounidense.

En su ensayo "El americanismo y sus enemigos", el profesor de Yale David Gelernter sostiene que el propio "americanismo" -al menos tal como lo definen Gelernter y sus colegas- no es más que una evolución moderna del antiguo pensamiento sionista, que se remonta al propio Antiguo Testamento. Estados Unidos, argumenta, es esencialmente el nuevo Israel, un auxiliar virtual del Estado de Israel.

El hecho de que la propuesta de Gelernter se publicara en *Commentary* *-editado durante mucho tiempo* por el neoconservador "ex trotskista" Norman Podhoretz y dirigido ahora por su hijo John Podhoretz- significa mucho. Conocido como uno de los principales medios de comunicación que influyen en la política exterior de Estados Unidos bajo la administración Bush, *Commentary* es sin duda una de las principales -y más duras- voces de la élite judía del poder, no sólo en Estados Unidos, sino en todo el mundo.

Es más, aunque Gelernter es informático, sus opiniones sobre asuntos políticos se publican regularmente a bombo y platillo en las páginas de todas las revistas y periódicos de *la* élite estadounidense, desde el *Washington Post* hasta el *New York Times* y el *Weekly Standard*, el periódico "neoconservador" del barón mediático del imperio Rothschild, Rupert Murdoch.

Comprender lo que dice Gelernter es comprender la mentalidad de quienes promueven un nuevo orden mundial, y reconocer que Estados Unidos es visto ahora como la fuerza que hará realidad este imperio judío.

Argumentando que lo que él llama "sionismo estadounidense" se remonta, en términos estadounidenses, a la época de los padres fundadores puritanos y peregrinos, Gelernter señala que "los puritanos se veían a sí mismos como el nuevo pueblo elegido de Dios, viviendo en la nueva tierra prometida de Dios; en pocas palabras, como el nuevo Israel de Dios".

Gelernter añade que "muchos pensadores han señalado que el americanismo está inspirado, próximo o entrelazado con el puritanismo", y que "uno de los eruditos más impresionantes que lo ha dicho recientemente es Samuel Huntington, en su formidable libro [de 2004] sobre la identidad estadounidense, *¿Quiénes somos?* [4]Gelernter

---

[4] Antiguo asiduo del Consejo de Relaciones Exteriores (CFR), la rama neoyorquina de los Rothschild, Huntington es también autor de *La crisis de la democracia, publicado* en 1975 por la Comisión Trilateral, un grupo de poder del Nuevo Orden Mundial aliado del CFR, que sugiere que hay *demasiada* democracia en Estados Unidos y que debería abolirse. A los ojos de la élite, la "democracia" es un derecho que sólo se concede a quienes la favorecen. Fue Huntington quien popularizó la ahora famosa expresión "choque de civilizaciones" en un artículo publicado en 1993 en la revista *Foreign Affairs* del CFR y en un libro de 1996, *The Clash of Civilisations and the Remaking of World Order*. Sin embargo, el término "choque de civilizaciones" fue utilizado por primera vez en 1956 en una publicación académica de pequeña tirada, *The Middle East Journal, por* un teórico judío y propagandista antiárabe y antimusulmán de línea dura, Bernard Lewis, y más tarde en su libro de 1964, *The Middle East and the West*. Lewis retomó su tema del "enfrentamiento" para los círculos de alto nivel en un artículo titulado "Las raíces de la ira musulmana", que apareció en septiembre de 1990 en el *Atlantic Monthly*, entonces propiedad del multimillonario judío Mortimer Zuckerman, que durante varios años fue presidente de la Conferencia de Presidentes de las Principales Organizaciones Judías Estadounidenses, la alianza oficial de los principales grupos de poder judíos estadounidenses. En 2004, Huntington, en su libro *"¿Quiénes somos?"* (citado por Gelernter), proclamó públicamente las raíces "anglosajonas" de Estados Unidos y abogó por impedir la entrada en el país de determinados grupos - musulmanes y católicos hispanos- en nombre de la "lucha contra el terrorismo y el antisemitismo", ya que los judíos siempre han creído que los católicos y los musulmanes desconfían del poder judío y no son fáciles de controlar.

afirma que el puritanismo del tipo elegido por Huntington es el verdadero fundamento de Estados Unidos y ha sido la fuerza motriz del pensamiento estadounidense desde los primeros días de nuestra historia. Todo es judío, según Gelernter: El puritanismo no sólo inspiró o influyó en el americanismo, sino que se convirtió en americanismo.... No se puede entender realmente a los peregrinos, o a los puritanos en general, sin conocer la Biblia hebrea y la historia judía clásica; conocer el propio judaísmo también es útil.....

Los primeros en adoptar el americanismo tendían a definir incluso su propio *cristianismo* [haciendo hincapié en el de Gelernter] de un modo que lo asemejaba al judaísmo.

Y probablemente merezca la pena señalar que Gelernter observa que el puritanismo ha experimentado una transición, hasta el punto de que muchas congregaciones puritanas se han hecho unitarias. Irónicamente, hay muchos cristianos -incluidos partidarios fundamentalistas de Israel- que ni siquiera consideran cristianos a los unitarios (otra cuestión que otros debatirán). (En cualquier caso, Gelernter sugiere que (al menos desde el punto de vista sionista) la forma moderna de "puritanismo" que sustenta el "americanismo" es de hecho cualquier cosa menos cristiana. Y esto, por supuesto, sorprendería de nuevo a muchos cristianos partidarios de Israel que proclaman que Estados Unidos es una nación cristiana que hace su parte para ayudar a cumplir las supuestas promesas de Dios al pueblo judío.

La valoración que Gelernter hace de la Biblia, tal y como él la lee, es que los estadounidenses, en particular, tienen "una misión divina para toda la humanidad" y que se pueden extraer tres conclusiones: "Todo ser humano, en todas partes, tiene derecho a la libertad, la igualdad y la democracia". Fue aquí donde Gelernter comenzó a desarrollar su tema particular, a saber, que el sionismo es una parte integral e inseparable de lo que él denomina "americanismo": Resumir el credo del americanismo como libertad, igualdad y democracia para todos es exponer sólo la mitad del asunto. La otra mitad tiene que ver con una tierra prometida, un pueblo elegido y una misión universal divinamente ordenada. Esta parte del americanismo es la versión estadounidense del sionismo bíblico: en pocas palabras, el sionismo estadounidense.

Al afirmar que el "americanismo" (tal y como él lo define) es "sionismo americano" - que América es una "tierra prometida" sionista que es una con el Estado de Israel y el propio sionismo tradicional, Gelernter sugiere que tanto Israel como América son Estados judíos, declarando:

La contribución del Israel clásico (y del sionismo clásico) al americanismo es incalculable. Que yo sepa, ningún historiador o pensador moderno ha hecho justicia a este hecho extraordinario... A menos que lo comprendamos, nunca entenderemos del todo el americanismo, o el antiamericanismo.

En resumen, Gelernter afirmaba que el "antiamericanismo" es la oposición a la teología sionista, que, según él, desempeñó un papel considerable como "argamasa" que "cimentó los cimientos de la democracia estadounidense". Gelernter aplicó todo esto a su visión de la orientación internacionalista de la política exterior estadounidense que empezó a surgir en su sentido más grandioso, particularmente bajo la administración de Woodrow Wilson (época en la que, cabe recordar, el imperio Rothschild cimentó su poder en Estados Unidos con la institución del monopolio de la Reserva Federal sobre la economía y el sistema político estadounidenses).

En su libro de 2007, pretenciosamente titulado *Americanism: The Fourth Great Western Religion (Americanismo: la cuarta gran religión occidental), que en realidad es* una reedición de su ensayo en *Commentary, Gelernter* escribe que la participación de Estados Unidos en la Primera Guerra Mundial fue su intento de actuar como el nuevo pueblo elegido, de embarcarse en una búsqueda caballeresca para perfeccionar el mundo, de extender la libertad, la igualdad y la democracia por toda la humanidad.....

Ningún presidente ha hablado el lenguaje de la Biblia, la misión divina y el sionismo americano con más coherencia que Woodrow Wilson.... [y] el americanismo inspiró su desgarradora e histórica decisión de comprometer a América en la guerra...

Con el tiempo, llegó a creer que Estados Unidos, ahora una gran potencia, debía luchar para llevar el americanismo al mundo... Y algunos de los detractores de Wilson se empeñaron en destacar el componente del Antiguo Testamento de las creencias de Wilson como particularmente odioso.

Quienes lean la valoración de Gelernter sobre el internacionalismo de Wilson y su versión del "americanismo" no podrán evitar acordarse - como debe ser- del gran proyecto utópico judío descrito anteriormente en estas páginas. Así, en opinión de Gelernter, Estados Unidos es ahora el encargado de establecer un nuevo orden mundial.

Según Gelernter, presidentes posteriores, como Franklin D. Roosevelt y Harry S. Truman, emprendieron guerras en nombre del americanismo.

Y Ronald Reagan afirmó este "americanismo" cuando habló de una "ciudad brillante sobre una colina", citando el libro bíblico de Mateo, en el mismo espíritu que el padre puritano John Winthrop.

Fue Reagan, argumenta Gelernter en *Commentary*, cuyo "uso de estas palabras vinculó la América moderna a la visión cristiana humana, a la visión puritana, a la visión (en última instancia) de la Biblia hebrea y del pueblo judío, que crearon esta nación". Hoy, Gelernter sostiene que "el hecho de que el americanismo sea el sucesor del puritanismo es crucial para [entender] el antiamericanismo".

Según el punto de vista judeocéntrico expuesto por Gelernter, la oposición de la Europa moderna a los proyectos globales de los neoconservadores proisraelíes no es más que la manifestación de una antigua opinión: En el siglo XVIII, los antiamericanos eran conservadores, monárquicos y antipuritanos... En el siglo XIX, las élites europeas se volvieron cada vez más hostiles al cristianismo, lo que inevitablemente condujo a la hostilidad hacia América.

Así lo proclamó brillantemente Gelernter ... En los tiempos modernos, el antiamericanismo está estrechamente asociado con el anticristianismo *y* el antisemitismo. [Énfasis de Gelernter]

Y aunque muchos cristianos estadounidenses podrían estar encantados con el debate de Gelernter sobre el cristianismo aplicado a su versión del "americanismo", merece la pena señalar a esos cristianos que, en su libro *Americanism: The Fourth Great Western Religion*, Gelernter afirma sin rodeos que "se puede creer en el americanismo sin creer en Dios, siempre que se crea en el hombre". Así que la definición de "cristianismo" de Gelernter (que la mayoría de los cristianos afirman que es una creencia en Dios) no es de lo que los cristianos podrían pensar erróneamente que Gelernter está hablando cuando discute el cristianismo y el "americanismo".

En resumen, la versión de Gelernter del "americanismo" no es cristianismo en absoluto.

Más bien, es una expresión moderna del viejo sueño talmúdico babilónico de una utopía judía: la dominación mundial de todos los pueblos por los judíos. Pero en el contexto actual, los judíos utilizarán América y el "americanismo" para hacer avanzar su agenda. La teoría de Gelernter es totalmente coherente con la sugerencia del filósofo judío Max Dimont (comentada en nuestras primeras páginas) de que Estados Unidos es de hecho el nuevo centro del poder judío, que es de hecho la nueva Babilonia.

En su libro, Gelernter afirma con franqueza que Estados Unidos (en la raíz de lo que él llama "sionismo estadounidense") tiene ahora el deber imperial (incluso divino) de rehacer el mundo, que el "americanismo" es el "Credo" de este programa global, que esta "cuarta gran religión occidental" es la fuerza motriz de -y debe establecer- un nuevo régimen a escala global: en resumen, el Nuevo Orden Mundial: Somos el único niño grande [en el mundo actual]. Si ha de haber justicia en el mundo, Estados Unidos debe crearla... Debemos perseguir la justicia, ayudar a los que sufren y derrocar a los tiranos. Debemos difundir el Credo.

Todo esto refleja el estado de ánimo de quienes hoy dictan la política estadounidense en nombre de un gran proyecto para hacer avanzar su agenda global.

Lo que representa es nada menos que el nuevo orden mundial contra el que los patriotas estadounidenses llevan advirtiendo desde hace generaciones, un proyecto que es verdadero "antiamericanismo" en su definición más básica.

El resultado final, en el gran plan, es el establecimiento de un imperio mundial dirigido desde América, que es ahora la nueva fundación -la nueva Babilonia- de la utopía judía: el Nuevo Orden Mundial.

Mientras que la "verdadera" Jerusalén, en la Palestina ocupada, puede servir como capital espiritual del sionismo internacional, Estados Unidos proporcionará el dinero, las armas y los jóvenes que lucharán y morirán para hacer del mundo un lugar seguro para la riqueza y la supremacía judías, todo ello en nombre del "americanismo", que es ahora la gran máscara judía.

Así que, al final, la tesis que hemos estado explorando -que el imperio Rothschild y los nuevos fariseos han reclamado América como su nueva base de poder- no es una horrible "teoría de la conspiración antijudía" llena de odio.

De hecho, como hemos visto, según la cosmovisión judía, Estados Unidos es la base misma del sionismo global en el siglo XXI.

Esta conclusión es ineludible.

Los hechos que llevan a esta conclusión están justo delante de nosotros, demasiado visibles.

Al final, la única cuestión real que queda por resolver es qué piensan hacer los estadounidenses -y otros en todo el mundo- al respecto...

En 1940, la agencia de noticias alemana World Service evaluó con precisión la situación del Imperio Británico y, en retrospectiva, los comentarios alemanes reflejaron proféticamente la situación actual de Estados Unidos.

Sustituya la palabra "inglés" por "estadounidense" en los siguientes párrafos y *considere los impactantes paralelismos en la realidad estadounidense moderna...*

Los estadistas de la plutocracia inglesa son, por tanto, meros diputados y administradores de la clase dominante, compuesta por judíos y una aristocracia fuertemente judaizada, que están en posesión de la enorme riqueza del Imperio Británico.

De hecho, no son más que los directores generales de una enorme empresa de altas finanzas, con un único objetivo en mente: aumentar el patrimonio de la empresa lo más rápido y ampliamente posible.

Como resultado, los estadistas ingleses o bien son ellos mismos grandes capitalistas, con fuertes intereses en muchas empresas industriales, o bien están comprados por el capitalismo financiero judeo-inglés y deben obedecer ciegamente los dictados de la camarilla plutocrática judeo-inglesa.

Durante este mismo trágico periodo, el iconoclasta estadounidense Ezra Pound describió la guerra que se estaba librando en Europa como una "guerra contra la juventud, contra una generación" que, según él, era el resultado natural de "la edad de los principales proxenetas de la guerra".

Pound denunció enérgicamente la idea de que los jóvenes estadounidenses debían ir pronto a la guerra para promover la agenda capitalista judía: No quiero que mis compatriotas de entre 20 y 40 años vayan y sean masacrados para apoyar los chanchullos de Sassoon y otros judíos británicos en Singapur y Shanghai. Esta no es mi idea de patriotismo americano... Los hombres que invernaron en Valley Forge no sufrieron aquellos meses de intenso frío y hambre... con la esperanza de que... la unión de las colonias pudiera algún día atizar guerras entre otros países para venderles municiones.

Los agitadores preferirían lanzarte a una guerra de diez años y matar a cinco o diez millones de jóvenes antes que dejar que el debate sobre la reforma monetaria florezca en las portadas de los periódicos estadounidenses.

Pound dijo a sus compatriotas estadounidenses que tenían que entender al enemigo: "No mueras como una bestia". Si te van a hundir en medio del Atlántico o del Pacífico o te van a quemar en el desierto, al menos debes saber por qué te lo están haciendo. Morir sin saber por qué es morir como un animal...

Si quieres morir como un ser humano, al menos tienes que saber por qué te lo hacen.

En 1899, el Partido Social Reformista Alemán adoptó resoluciones que reflejaban el poder del imperio Rothschild y propuso que "la cuestión judía se convierta en una cuestión mundial que se resuelva en común con las demás naciones...". La 'verdadera' conferencia de paz será aquella en la que los pueblos del mundo aborden la posición de los hebreos". Hasta entonces, según los reformistas, correspondería a cada nación ocuparse por sí misma del poder del dinero.

Adolf Stoecker, la gran voz alemana del nacionalismo, propone una solución al problema. La solución está en manos del pueblo judío: Israel debe renunciar al deseo de ser el amo... Debe renunciar a la presunción de que el judaísmo será la religión del futuro porque pertenece por completo al pasado. Y que los cristianos insensatos ya no fortalecerán a la nación en su oscuridad. Una vez que Israel haya reconocido esto, renunciará debidamente a su supuesta misión...

En resumen, todo depende de los judíos. ¿Renunciarán a su pretensión de ser el pueblo elegido de Dios y se unirán por fin a la comunidad humana?

¿Abandonarán la búsqueda de la utopía judía, o se arriesgarán los judíos a la inevitable batalla -y devastadora derrota- que les infligirá el "Otro"? La elección es suya.

Michael Collins Piper

UNA CARTA DEL AUTOR...

Estimado lector:

Cuando empecé a ser consciente de la naturaleza del proceso político estadounidense en mis años mozos, pensé erróneamente que era una cuestión de "demócratas contra republicanos", y luego evolucioné hacia la idea de que en realidad era una cuestión de "liberales contra conservadores".

Llegué a comprender que esas viejas etiquetas no significaban nada en absoluto: que el poder del dinero era lo que realmente dictaba la vida política en Estados Unidos y en el mundo entero.

Sin embargo, me ha llevado muchos años comprender que la verdadera batalla es entre el Bien y el Mal y me he dado cuenta de que los que controlan el poder del dinero en nuestro planeta hoy en día - los que están presionando para un Nuevo Orden Mundial (una plantación global bajo su control) - representan este Mal.

Este volumen, EL NUEVO BABILÓN, es mi modesto esfuerzo, basado en el trabajo de muchos otros, por reunir las pruebas que lo demuestran.

No sabe cuánto agradezco las amables palabras y los ánimos que sigo recibiendo de mis lectores.

Mis mejores deseos y que Dios le bendiga.

MICHAEL COLLINS PIPER

ES MICHAEL COLLINS PIPER

No cabe duda de que Michael Collins Piper es hoy uno de los principales objetivos del lobby israelí ...

Descrito como el "Voltaire americano", Michael Collins Piper es realmente el autor que el lobby israelí adora odiar.

Repetidamente atacado por los propagandistas israelíes, Piper no se da por vencido, a pesar de que su vida ha sido amenazada por Irv Rubin, el violento líder de la Liga de Defensa Judía, un movimiento terrorista.

Un día, tras descubrir que su teléfono había sido pinchado, Piper bromeó: "No fue el Vaticano quien pinchó mi teléfono".

Al estilo de su combativo y pintoresco tatarabuelo, el famoso constructor de puentes "coronel" John Piper -padre sustituto y primer socio comercial del gigante industrial Andrew Carnegie-, el franco autor aprovecha cualquier oportunidad para enfrentarse a sus numerosos detractores, aunque éstos suelen negarse a debatir con él.

Como su antepasado, Piper es un constructor de puentes a su manera: en los últimos años ha dado conferencias por todo el mundo, en lugares tan diversos como Abu Dhabi (Emiratos Árabes Unidos), Moscú (Rusia), Kuala Lumpur (Malasia), Tokio (Japón), Teherán (Irán) y por todo Canadá. A los defensores de la guerra y el imperialismo, de mentalidad policial, les molestaron los enérgicos esfuerzos de Piper por forjar lazos de entendimiento entre personas de todos los credos y colores.

Amante de los perros, los gatos y todos los animales, un progresista americano a la antigua usanza en la tradición de LaFollette-Wheeler, Piper rechaza las etiquetas "liberal" y "conservador" por arcaicas, artificiales y divisorias, palabras de moda manipuladas por los medios de comunicación y diseñadas para suprimir la disidencia popular y la libre investigación. En una ocasión le ofrecieron una lucrativa misión en una operación encubierta de inteligencia en África, pero la rechazó, prefiriendo su independencia, una postura acorde con su herencia étnica: otro de los tatarabuelos de Piper era un nativo americano de pura cepa.

Piper extrae gran parte de sus escritos de su biblioteca de unos 10.000 volúmenes, entre ellos muchas obras raras, y es colaborador habitual *de*

American Free Press, semanario nacional con sede en Washington, y de la revista histórica *The Barnes* Review. Un crítico de medios de comunicación calificó a Piper como uno de los 25 mejores escritores de Internet. En 2006, Piper comenzó a presentar un comentario radiofónico en Internet, que ahora puede encontrarse en michaelcollinspiper.podbean.com.

A lo largo de su carrera, Piper ha desvelado varias historias importantes. En 1987, fue *el primero* en revelar que el Departamento de Justicia había tendido una trampa al tesorero del Estado de Pensilvania, Budd Dwyer, lo que condujo a su sorprendente suicidio público. Piper fue también el *primero* en revelar que Roy Bullock, afincado en San Francisco, era un agente de la Liga Antidifamación (ADL), intermediario del Mossad israelí implicado en el espionaje ilegal de ciudadanos estadounidenses. Esto ocurrió *siete años* antes de que *el New York Times* confirmara el vínculo de Bullock con la ADL. *La ADL nunca perdonará a Piper el papel esencial que desempeñó en primera línea para desenmascarar a Bullock.*

Piper *fue el único* periodista que se atrevió a afirmar que el atentado de Oklahoma City fue una operación de "bandera falsa" del Mossad para implicar a Sadam Husein, un proyecto desbaratado por los investigadores estadounidenses que rechazaron las maquinaciones de Israel, optando en su lugar por otro encubrimiento de "loco solitario". El trabajo pionero de Piper sobre el papel de Israel en el 11-S ha sido recogido por los buscadores de la verdad y condenado por su exactitud por los defensores de Israel.

Otros títulos

*Ⓞ*MNIA VERITAS   Omnia Veritas Ltd presenta:

HISTORIA PROSCRITA
I
LOS BANQUEROS Y LAS REVOLUCIONES

POR

VICTORIA FORNER

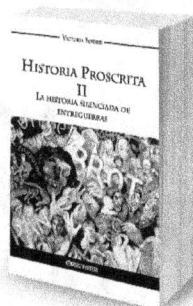

Los procesos revolucionarios necesitan agentes, organización y, sobre todo, financiación, dinero.

LAS COSAS NO SON A VECES LO QUE APARENTAN...

*Ⓞ*MNIA VERITAS   Omnia Veritas Ltd presenta:

HISTORIA PROSCRITA
II
LA HISTORIA SILENCIADA DE ENTREGUERRAS

POR

VICTORIA FORNER

"El verdadero crimen es acabar una guerra con el fin de hacer inevitable la próxima."

EL TRATADO DE VERSALLES FUE "UN DICTADO DE ODIO Y DE LATROCINIO"

*Ⓞ*MNIA VERITAS   Omnia Veritas Ltd presenta:

HISTORIA PROSCRITA
III
LA II GUERRA MUNDIAL Y LA POSGUERRA

POR

VICTORIA FORNER

Distintas fuerzas trabajaban para la guerra en los países europeos

MUCHOS AGENTES SERVÍAN INTERESES DE UN PARTIDO BELICISTA TRANSNACIONAL

OMNIA VERITAS
OMNIA VERITAS LTD PRESENTA:
JOHN COLEMAN
LA JERARQUÍA DE LOS CONSPIRADORES
HISTORIA DEL COMITÉ DE LOS 300
por John Coleman
LA JERARQUÍA DE LOS CONSPIRADORES
HISTORIA DEL COMITÉ DE LOS 300
Esta conspiración abierta contra Dios y el hombre incluye la esclavización de la mayoría de los humanos...

OMNIA VERITAS
OMNIA VERITAS LTD PRESENTA:
LA DICTADURA del
ORDEN MUNDIAL
SOCIALISTA
LA DICTADURA del ORDEN MUNDIAL SOCIALISTA
Todos estos años, mientras nuestra atención se centraba en los males del comunismo en Moscú, los socialistas de Washington estaban ocupados robando a Estados Unidos...
POR JOHN COLEMAN
"Hay que temer más al enemigo de Washington que al de Moscú"

OMNIA VERITAS
OMNIA VERITAS LTD PRESENTA:
JOHN COLEMAN
La GUERRA
de las DROGAS
contra AMÉRICA
La GUERRA de las DROGAS contra AMÉRICA
El narcotráfico no puede ser erradicado porque sus gestores no permitirán que se les arrebate el mercado más lucrativo del mundo...
POR JOHN COLEMAN
Los verdaderos promotores de este maldito comercio son las "élites" de este mundo

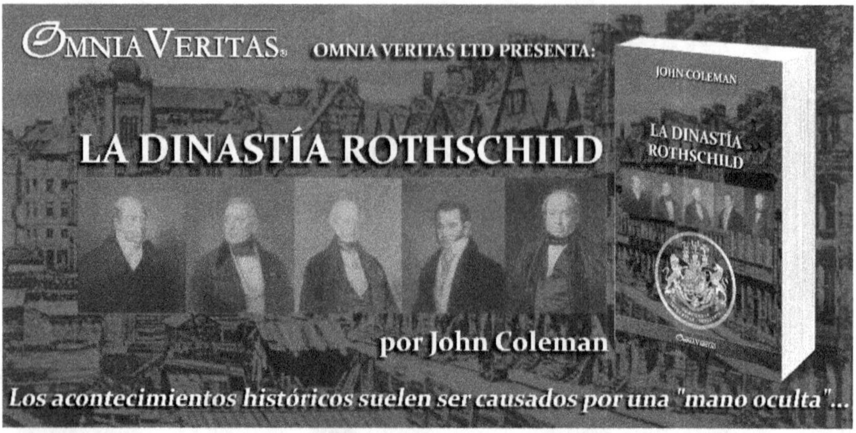
OMNIA VERITAS
OMNIA VERITAS LTD PRESENTA:
LA DINASTÍA ROTHSCHILD
por John Coleman
JOHN COLEMAN
LA DINASTÍA ROTHSCHILD
Los acontecimientos históricos suelen ser causados por una "mano oculta"...

OMNIA VERITAS
OMNIA VERITAS LTD PRESENTA:
EL INSTITUTO TAVISTOCK
de RELACIONES HUMANAS
La formación de la decadencia moral, espiritual, cultural, política y económica de los Estados Unidos de América
Sin Tavistock no habrían existido la Primera y la Segunda Guerra Mundial
por John Coleman
JOHN COLEMAN
Los secretos del Tavistock Institute for Human Relations

OMNIA VERITAS
OMNIA VERITAS LTD PRESENTA
LA MAYORÍA DESPOSEÍDA
EL TRÁGICO Y HUMILLANTE DESTINO DE LA MAYORÍA ESTADOUNIDENSE

www.ingramcontent.com/pod-product-compliance
Lightning Source LLC
Chambersburg PA
CBHW071639270326
41928CB00010B/1974